인생교과서

미켈란젤로

KI신서 6661
인생교과서 미켈란젤로

1판 1쇄 인쇄 2016년 7월 21일
1판 1쇄 발행 2016년 7월 28일

지은이 / 박성은 고종희
공편 / 재단법인 플라톤 아카데미
펴낸이 / 김영곤 펴낸곳 / (주)북이십일 21세기북스
인문기획팀장 / 정지은 책임편집 / 장보라
디자인 / 표지 씨디자인 본문 김현주
출판사업본부장 / 안형태 출판영업팀장 / 이경희
출판영업팀 / 정병철 이은혜 권오권 출판마케팅팀 / 김홍선 최성환 백세희 조윤정
홍보팀장 / 이혜연 제작팀장 / 이영민

출판등록 2000년 5월 6일 제406-2003-061호
주소 (우 10881) 경기도 파주시 회동길 201(문발동)
대표전화 031-955-2100 팩스 031-955-2151

© 박성은, 고종희, 재단법인 플라톤 아카데미, 2016

ISBN   978-89-509-6608-9 04100
       978-89-509-6064-3 04100(세트)

(주)북이십일 경계를 허무는 콘텐츠 리더

21세기북스 채널에서 도서 정보와 다양한 영상자료, 이벤트를 만나세요!
북이십일과 함께하는 팟캐스트 '[북팟21] 이게 뭐라고'

페이스북 facebook.com/21cbooks   블로그 b.book21.com
인스타그램 instagram.com/21cbooks   홈페이지 www.book21.com

미켈란젤로

완벽에의 열망이 천재를 만든다

박성은 + 고종희

21세기북스

이 책을 읽기 전에

● 『인생교과서』 시리즈는 인류의 위대한 스승 19명에게 묻고 싶은 인생의 질문에 대해 각 계의 대한민국 대표 학자들이 답하는 형식으로 이루어져 있다. "삶이란 무엇인가", "행복이란 무엇인가", "죽음이란 무엇인가" 등 인생의 화두라 할 수 있는 질문에 대해 저마다 어떻게 생각했는지 비교하며 살펴볼 수 있다.

● 『인생교과서 미켈란젤로』는 박성은(현 이화여자대학교 명예교수), 고종희(한양여자대학교 교수)의 글로 구성되었다. 미켈란젤로에게 묻고 싶은 19개의 질문 중 한 질문에 두 저자가 답한 경우도 있고, 한 저자가 답한 경우도 있다. 이 책을 읽고 마지막 20번째의 질문은 여러분 스스로 만들어보고, 이에 대한 답을 생각해보는 기회를 가져도 좋을 것이다.

● 미켈란젤로라는 인물을 오랜 시간 연구해온 두 저자는 오늘날 우리 개인과 사회에 미켈란젤로의 정신이 필요하다는 생각은 같이하지만, 각각 다른 시각으로 삶에 대한 통찰과 지혜를 풀어내고 있다. 따라서 이 책에서 같은 주제에 대한 두 저자의 다른 해석을 살펴보는 색다른 재미를 느낄 수 있을 것이다.

발간사

현자 19人이 목숨 걸고 사유한 인생의 질문과 답

플라톤 아카데미 총서 편집국

2010년에 설립된 재단법인 '플라톤 아카데미Academia Platonica'는 인문학 연구 역량을 심화시키고, 탁월함Aretē의 추구라는 인문 정신의 사회적 확산을 위해 설립된 공익 재단입니다. 재단의 출연금을 조성하신 분의 의지에 따라 '기부자 개인이나 관련 기업의 홍보는 일절 하지 않는다' 는 방침을 세웠고, 설립 이후 오 년 동안 이 원칙을 지켜 왔습니다. 대학의 사명이라 여겨졌던 인문학 연구의 심화 와 확산을 한 기업가가 돕겠다고 나선 것은 인문학 공부 가 주는 의미와 효과 때문일 것입니다. '플라톤 아카데미' 라는 이름처럼, 저희 재단은 그리스 철학자 플라톤이 제 기한 인문학 공부의 의미와 그 효용성을 널리 전하고자 했습니다.

플라톤은 『국가』 제7권에서 유명한 '동굴의 비유'를 통해 국가 수호자가 갖추어야 할 덕목과 그들이 받아야 할 지도자 교육에 대해 설명했습니다. 그는 스승인 소크라테스의 입을 통해 "우리의 관심사는 국가 안에서의 특정 계급의 특별한 행복이 아니라, 전체의 행복이라는 것"을 강조합니다. 우리 재단의 설립자가 아무 대가를 바라지 않고 인문학의 심화와 확산을 시도하는 것은 바로 이러한 '전체의 행복'을 지향하기 때문입니다.

인문학 공부는 개인에게도 큰 도움이 됩니다. 소크라테스의 입을 빌려 말한다면, 인문학이 '철학과 공무 양쪽에 다 참여할 수 있는 능력'을 제공해주기 때문입니다. 재단법인 플라톤 아카데미가 추구하는 인문학은 국가와 사회 전체의 행복을 추구하는 공적 성격을 지니면서, 동시에 개인의 공무 처리 능력을 함양한다는 점에서 사적 유익도 분명히 존재합니다. 플라톤은 그런 인문학적 사유의 사적 유익을 다음과 같이 표현했습니다.

"여러분은 차례대로 동료 시민들의 거처(동굴)로 내려가서 어둠에 싸인 사물들을 보는 일에 익숙해지지 않으면 안 되오. 일단 익숙해지면 여러분은 그것들을 그곳에 있는 사람들보다 월등히 더 잘 보게 될 것이며, 모든 영상映像을 그것이 무엇이며, 어디서 왔는지 식별할 수 있을 테니 말이오. 여러분은 아름다움과 정의와 선에 관하여 진리를 보았기 때문이오."

재단법인 플라톤 아카데미는 '나는 누구인가?'에 대한 인문학적 성찰에서 출발해 '어떻게 살 것인가?'라는 질문으로 시작하는 타자에 대한 사회적 존재로서의 책임과 전체의 행복을 추구합니다. 이러한 공공성의 확보는 우리 모두 '철학과 공무에 다 참여할 수 있는 능력'을 함양하는 유익을 제공합니다. 따라서 재단법인 플라톤 아카데미를 통한 인문학의 심화와 확산 사업은 기부자와 그 기부의 혜택을 받는 우리 모두에게 의미와 유익을 주는 학문적 성찰이라 하겠습니다.

재단법인 플라톤 아카데미는 공공성과 개인적 유익을 확대하기 위해 지난 삼 년 동안 새로운 사업을 추진해왔습니다. 인류의 스승이라 할 수 있는 현자 19명(부처, 공자, 예수, 무함마드, 호메로스, 플라톤, 아리스토텔레스, 아우구스티누스, 장자, 이황, 간디, 데카르트, 니체, 칸트, 헤겔, 미켈란젤로, 베토벤, 톨스토이, 아인슈타인)을 오늘의 시점으로 소환하여 그들과 상상의 대화를 나누는 것이었습니다. 그들의 면면은 인류의 현자라 불리기에 손색이 없습니다.

위대한 현자들에게 삶이란 무엇인지, 행복이란 무엇인지 등 인생의 본질적인 질문들을 물어보고, 그들은 이러한 질문에 대해 어떻게 생각했을지 살펴보기로 했습니다.

이를 위해 우리나라 인문학계에서 해당 인물을 연구해오신 대표 학자들을 초청해서 그 현자들의 생각을 대신 추론하시도록 부탁했습니다. 단순하게 그 인물에 대해 전기적인 연구를 하는 것도 아니고, 사상사적 의미를 밝히는 작업도 아니었습니다.

인간이라면 누구나 가질 법한 삶의 근본적인 고민들에 대해 함께 이야기해보고 고민하는 시간을 마련함으로써 인류의 현자 19명이 평생 목숨을 걸고 사유했던 인생의 질문을 우리도 해보고자 했습니다. 그것이 공통된 질문일 수도 있고, 상이한 질문일 수도 있지만, 묻고 답하는 상상의 인문학을 통해 우리 자신이 놓치지 말아야 할 인생의 질문을 도출하고자 했습니다.

19명의 현자들을 오늘의 시점으로 소환해 그들의 학문과 사상을 추론하며 인생의 질문을 도출하셨을 뿐 아니라, 스스로 상상의 답변을 마련해주신 학자들에게 찬사를 보냅니다. 연구 과정도 고단했겠지만, 발표하는 시간도 쉽지 않은 지적 모험이었을 것입니다. 그리고 그것을 다시 출간하기 위한 원고 작업은 상상하지 못할 시간과 노력을 요구하는 것이었을 겁니다. 그럼에도 우리나라를 대표하는 학자분들께서 재단이 추구하는 정신에 공감해주셨고, 최선을 다해 연구하고, 발표하고, 그리고 집필에 임해주셨습니다. 진심으로 감사드립니다.

더불어 앞선 학자분들의 노력을 후원해주시고, 강의에 참여해 함께 토론해주셨던 재단 관계자분들과 수공회 회원분들께도 찬사를 보냅니다. 격주로 수요일에 모인다고 해서 '수공회'라 이름 붙인 이 공부 모임은 재단의 프로젝트를 위한 든든한 정신적인 버팀목이 되어주셨습니다. 만 삼 년 동안 진행되었던 쉽지 않은 인문학 성찰의 여정에 함께 참여해주시고 후원해주신 수공회 도반 여러분들께도 감사드립니다.

『인생교과서』 시리즈의 현자가 19명인 이유는 특별한 나머지 한 분을 포함시키기 위해서입니다. 바로 이 책을 읽고 계신 독자 여러분입니다. 인류의 스승들이 던졌던 인생의 질문을 숙고하신 다음, 여러분이 마지막 스무 번째 현자가 될 수 있는 가능성을 열어두시기 바랍니다. 사실 인문학은 답을 찾는 학문이 아닙니다. 오히려 질문을 제기하는 것이 인문학의 본질적 의무입니다. 현자들의 질문과 답을 사숙하신 다음, 스스로에게 인생의 질문을 던지는 독자들이 되시기를 바랍니다. '나는 누구인가? 어떻게 살아야 하는가? 어떻게 죽어야 멋진 죽음인가?'

인간 삶을 빛내는 영원한 가치의 근원, 미켈란젤로

박성은
(현 이화여자대학교 명예교수)

나는 누구인가? 산다는 것은 무엇이고 행복이란 무엇인가? 이와 같은 인생의 질문들은 인류가 시작된 이래 수천 년을 통해 지속되어온 인문학의 핵심 문제들이다. 그러면 예술은 이와 같은 질문에 어떻게 답하고 있을까? 예술, 특히 형태와 색채가 주는 아름다움을 통해 삶의 의미와 가치를 추구하는 미술의 경우는 어떠한가? 16세기 이탈리아 르네상스를 대표하는 조각가이자 화가이며 건축가이자 시인이었던 미켈란젤로를 통해 미술은 어떻게 이런 인문학적인 문제들에 접근하고 있는지 그의 삶과 작품을 통해 살펴보는 것이 이 글의 목적이다. 예술이란 다양한 정의가 가능하겠지만 기본적으로 자기표현과 함께 자기초월의 수단으로 사용된다. 그래서 인간사회는 예술가를 필요로 하고 16세기 이탈리아의 미켈란젤로는 자신의 예술을 통해 신성에 도달한 예술가였다. 만년에 그는 예술가로서 어느 누구도 누려보지 못한 물질적인 부와 명예를 가졌지만 그의 일상적 삶은 언제나 검소했다. 예술가 미켈란젤로에게는 오직 작품제작만이 끊임없는 신성神性에 도달하고자 하는 자기수행 방법이었다.

서양미술사에서 레오나르도 다빈치, 라파엘로와 함께 16세기 르네상스시대의 3대 천재 예술가로 불리는 미켈란젤로는 무엇보다도 조각가로서 천부적인 재능을 타고난 예술가였다. 석재나 목재와 같은 입체적인 덩어리를 망치와 끌을 사용해 깎아내는 과정에서 형상을 드러내는 것을 조각¹⁾이라 하는데, 그는 힘이 넘치던 장년시절에 오늘날 세계적으로 잘 알려져 있는 〈다비드〉상과 〈피에타〉상을 제작했을 뿐만 아니라 89세 고령의 나이로 세상을 떠나기 직전까지도 공방에서 그의 마지막 작품인 〈론다니니의 피에타〉를 위해 끌과 망치를 들었다. 그러나 미켈란젤로는 화가로서 회화에서도 인류사회에 영원히 빛나는 작품을 남겨놓았다. 프레스코기법²⁾으로 그려진 시스티나 성당 천장화 〈천지창조〉와 제단화 〈최후의 심판〉이 그것이다. 바티칸의 시스티나 성당은 교황의 개인 예배당으로 오늘날에도 추기경단이 교황선출을 이곳에서 한다. 천장에서 시작된 〈천지창조〉와 제단에서 끝나는 〈최후의 심판〉은 세계와 인간의 시작과 끝 즉 알파와 오메가를 한 공간 안에 보여준다. 화가 미켈란젤로는 힘이 솟아오르는 장년의 나이에 세계의 시작을, 노년의 나이에 인간의 종말을 거대한 화면을 통해 남겼다. 그런데 천장화로서 〈천지창조〉의 인물들은 마치 입체적인 조각상들이 시스티나 성당 천장에 올라가 앉아 있는 것처럼 볼륨감을 느끼게 해주어 그가 역시 조각가였음을 다시 한 번 실감케 해준다.

예술가 미켈란젤로 부오나로티의 삶과 작품세계는 한눈에 보기에 격렬하고 극적이다. 넓고 깊은 바다에 끊임없이 몰아치는 높고 거친 파도의 연속처럼 보인다. 이것은 물론 그의 일생을 관통하는 불같고 주변과의 타협을 모르는 거친 성격에서 오는 것이기도 하지만, 이와 같은 인간들 욕망의 거친 세계에서 물러나 제작을 위해 작품 앞에 서게 되면 그는 완벽한 몰입의 상태에 들어간다. 예술가로서 노동자처럼 끌과 망치를 들고 거대한 대리석 덩어리 앞에 서서, 비계 위에서 목을 꺾고 천장화를 위해 붓을 휘두르면 그는 신神과 합일하는 지복의 경지로 들어선다. 그의 작품들은 그가 조각가로서, 화가로서 그리고 건축가로서 그의 영혼이 신과 합일된 빛나는 인간정신의 결과다.

미켈란젤로의 미술작품들은 그의 기독교신앙과 고대

그리스 조각품에 대한 열정의 결합으로 예술을 통해 영원히 변치 않는 삶의 본질을 찾아 노력한 구도求道의 흔적들이다. 미켈란젤로는 신플라톤주의자로 고대 그리스에서 발전한 플라톤의 이데아사상에 경도되어 조각에서 영원히 변하지 않는 인간의 모습을 찾아내고자 일생을 노력한 조각가였다. 현재까지 온 인류를 감동시켜온 미켈란젤로의 조각과 회화 그리고 건축들은 그의 기독교정신이 15세기 피렌체에서 재생Renaissance된, 고대 그리스로마의 형식을 빌려 표현된 것들이다. 90년에 가까운 삶을 통해 제작된 작품들 속에 그가 탐구한 인생의 다양한 문제들에 대한 답이 고스란히 담겨 있는 것이다. 16세기 전성기 르네상스를 대표하는 천재적인 예술가 미켈란젤로는 성聖과 속俗 사이에서 갈등하는 이중적인 존재였다. 신앙심이 깊은 예술가 미켈란젤로는 따라서 이교도적인 그리스로마의 자연주의 형식을 통해 기독교주제를 표현해내는 데 있어 끊임없는 갈등을 느꼈다. 그러나 뼛속 깊이 조각가였던 그는 인체에 대한 무한한 관심과 애정을 갖고 특히 당시 로마에서 고대 헬레니즘양식을 대표하는 라오콘 조각상 발굴에 참여하면서 희랍 조각 작품에 매혹되어 마침내 기독교적인 주제를 이교도 양식을 통해 감동적으로 표현해내는 데 성공했다.

미켈란젤로의 작품들은 때로는 마치 베토벤 9번 합창 교향곡의 합창처럼 폭풍과 같이 휘몰아치고, 때로는 고요하며 격정적인 선율을 타고 들려오는 피아노협주곡 '황제'처럼 우리의 영혼 속 깊숙이 밀려들어온다. 미켈란젤로가 그의 긴 인생에서 유년과 청소년시절, 그리고 장년과 노년시절이라는 단계를 통해 생각하고 추구했던 인생의 문제와 해답들이 마치 고요하고 무한한 공간을 유영하는 충만한 기氣처럼 미적 감각을 통해 우리에게 전달되어 온다. 인생이란 무엇인가? 신이란 무엇인가? 행복이란 무엇인가? 참으로 추상적이고 관념적인 질문들이다. 이와 같은 인문학적인 문제들에 대한 다양한 해답이 현자 미켈란젤로의 다양한 작품들을 통해 때로는 고통스럽게 때로는 장엄하게 울려퍼진다.

인생의 문제와 해답으로서 사유의 결과를 문자를 통해 전달하는 철학과 문학에 비해 전통적으로 시각예술, 공간예술, 조형예술로 분류되는 미술은 그 매체와 형식의 특수성 때문에 미술작품 속에서 인생의 문제와 답을 찾아내는 일이 쉽지 않다. 문학은 문자를, 음악은 소리를, 그리고 무용은 신체를 통해 인간의 생각과 감정을 전달하듯이 회화와 조각은 점, 선, 면으로 이루어진 형태와 색채, 그리고 질감을 통해 작가의 생각과 감정을 관람객에게 전달한다는 사실을 우리는 무엇보다 먼저 상기해야 한다. 따라서 잠시 미술에 관해 이야기하는 것이 미켈란젤로의 삶과 작품을 이해하는 데 도움이 될 것 같다.

15~16세기 서구사회는 중세 신 중심의 기독교가 인간 중심으로 바뀌었지만 여전히 신앙심이 깊었던 기독교사회로, 이 시기 피렌체와 로마를 중심으로 발전한 르네상스미술은 본질적으로 종교미술이다. 따라서 당시 미술작품의 제작 목적은 오늘날 현대미술의 제작 목적과 근본적으로 차이가 있다. 우리 시대의 미술애호가들은 작품 자체의 형식적인 아름다움을 감상하기 위해 작품을 갤러리에서 구입하는 데 비해, 르네상스시대 후원자들은 가문을 위한 교회 가족예배당 제단이나 무덤과 같은 특정한 장소를 위해, 그리고 세속적인 각종 축하행사를 위한 실용적인 목적에서 작품을 주문했다. 사후에 자신과 가족의 구원과 영생을 위해 묻히게 될 무덤과 가족예배당 제단을 장식하는 제단화alterpiece³⁾의 유행은 14~16세기 알프스 이북과 이남의 부유한 상인 주문자들이 가장 관심을 쏟았던 분야로 영적인 기독교의 구원관이 세속적인 물질로 대체되는 순간이었다. 이와 같은 미술 후원자patron 문제는 교회, 수도원과 교회의 고위성직자 그리고 세속 군주나 귀족들의 전유물이었던 미술이 중세시대로부터 15, 16세기

에 들어서면 커다란 변화를 일으켜 주로 상업과 공업으로 부를 축적한 상인계급 사람들에게 주문되는 커다란 변화를 보였다. 여기서 우리는 미켈란젤로가 속해 있던 르네상스시대 기독교미술의 제작 목적과 후원자의 특성에 대해 이해할 수 있다.

주문자 또는 후원자 문제와 함께 미술작품을 대할 때 양식적인 특징을 이해하는 것 역시 중요하다. 16세기 르네상스시대 대부분의 화가나 조각가들은 사실주의 회화나 조각을 제작하기 위해 15세기 화가 마사초나 조각가 도나텔로와 같은 이들에게서 시작된 명암법, 원근법, 그리고 단축법을 자유자재로 사용하고 있었다. 그러나 예술가 미켈란젤로의 천재성은 15세기 인체를 표현할 때 사용된 사실주의를 넘어선 그의 예술적 상상력에 있다. 고대 그리스로마에서 탄생해 15세기 초기 르네상스시대에 재생된 미술은 자연 즉 대상을 객관적으로 모방mimesis하려는 사실주의양식이다. 그러나 16세기 전성기 르네상스시대에는 사실주의를 넘어선 이상화된 자연주의양식이 추구된다. 15세기 말 피렌체 공방의 견습생으로서 소년 미켈란젤로는 대상을 변형하지 않고 있는 그대로 현실세계를 재현representation하고자 하는 당시 '사실주의양식'의 미술을 공부했다. 그러나 청장년 시기에는 불완전한 현실세계를 이상화시키고자 하는 '이상화된 자연주의'를 발전시켜 라파엘로와 함께 16세기 전성기 르네상스를 완성시키며 17세기 바로크양식의 문을 연다.

전통적으로 시각미술, 공간미술 또는 조형미술로 불리는 미술의 중요한 요소는 형태와 색채다. 그리고 화면이나 공간에서 형태와 색채를 적절하게 배치하는 것을 우리는 구도 또는 구성이라고 부른다. 이때 중세미술을 제외한 19세기까지 서양미술에서 중요시한 미적 원칙이 비례와 균형 그리고 조화다. 미술작품을 감상할 때 이 구도의 특징에 따라 그 작품이 전달하고자 하는 메시지를 수용하는 심리적이며 미적인 효과가 결정되므로 작품을 보는 관람객에게 이 요소를 이해시키는 것은 매우 중요하다. 즉 15세기와 16세기 르네상스시대 화가들이 즐겨 사용한 수평선이나 수직 또는 삼각구도와 같이 움직임이 없거나 절제된 구도를 사용한 작품 앞에서 관객은 마치 자신의 영혼이 내면세계로 깊이 침잠하는 것과 같은 명상적이며 관조적인 느낌을 받게 된다. 그러나 같은 주제라도 17세기 바로크양식과 18세기 로코코양식에서 선호되던 대각선구도나 지그재그 그리고 소용돌이구도로 된 움직임이 강한 동적인 작품 앞에 서면 수용자는 마치 자신의 영혼이 소용돌이치며 하늘로 상승하는 것과 같은 격렬한 감정을 느끼게 된다.

　서구철학과의 관계 속에서 미켈란젤로의 작품을 들여다보면 전기의 작품들은 고대 그리스 철학자 플라톤에게서 내려오는 형상철학을 근본으로 하고 있음을 느끼게 된다. 즉 영원불변하는 존재로서 인간의 본질을 조각가 미켈란젤로는 자신의 인체조각을 통해 드러내고자 노력하고 있는 것이다. 구체적으로 미켈란젤로 전기 인체조각의 사상적 토대가 된 것은 신플라톤주의 이론으로, 현재 베드로대성당에 소장되어 있는 〈피에타〉 조각상 앞에서 우리는 영원불변하는 부동의 존재로서 고요하고 정적인 동정녀 마리아의 얼굴을 확인하게 된다. 그리스 철학에서 영원불변의 'Being'으로 이 세상에서 시간에 따라 변하지 않는 존재인 것이다. 그러나 후기 노년의 작품인 시스티나의 거대한 제단화 〈최후의 심판〉 앞에서 우리는 시간 속에 변화하는 역동적인 인간 군상에 전율하게 된다. 하늘로 치솟고 땅으로 추락하는 수백 명의 인체에서 전기 미켈란젤로가 추구했던 미학의 커다란 변화를 느끼게 된다. 전기의 인체들이 스스로 자족하는 완결된 존재로서 'Being'에 해당한다면 여기서 인체들은 시간의 흐름 속에서 생성 변화하는 'Becoming'의 존재들로 표현되어 있다. 그것은 존재론적으로 영원불변의 부동의 존재로서 '있음

Being'의 세계에서 시간 속에서 변화하는 생성Becoming의 세계로 진입하고 있는 모습을 보여준다. 이제 고대에서 중세를 거쳐 근세로 들어선 서양미술사의 거대한 흐름은 미켈란젤로에 의해 역동적인 방향으로 바뀌는 그 출발점에 서 있는 것이다.

16세기 동시대 미술가들이 15세기 선배들이 확립해놓은 미술기법과 양식을 답습하고 있을 때 미켈란젤로는 이처럼 16세기의 이상적이며 고전적인 르네상스미술을 정점에 올려놓는 동시에 다가오는 17세기의 역동적인 바로크미술 양식을 제시한 것이다. 인간과 자연을 영원불변하는 정적이고 공간적인 존재로 파악한 르네상스미술과 그것을 시간의 흐름 속에서 생성 변화하는 역동적인 형태로 파악하는 바로크미술 양식은 고대 그리스 철학에서 시작된 존재론적 관점에서 세계의 본질을 파악하고자 하는 두 개의 상이한 입장에 대한 미술적 대응이다. 그리고 이와 같은 미켈란젤로의 작품은 1888년 24세의 젊은 미술사학자 H. 뵐플린이 『르네상스와 바로크』에서 당시까지 18세기 고전주의자들에 의해 고전적인 르네상스미술의 퇴조로 폄하되던 17세기 바로크미술을 절제된 자기 완결적인 르네상스미술과는 다른 역동적 가치를 지니는 새로운 양식개념으로 제시하는 데 그 초석이 되어주었다.[4] 우리가

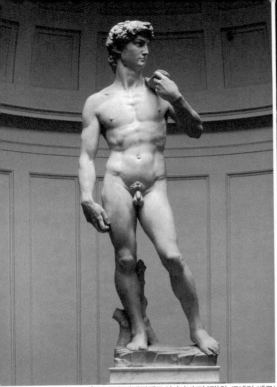

[그림1] 16세기 미켈란젤로의 〈다비드〉(좌)와 17세기 베르니니의 〈다비드〉(우)

16세기의 이상화된 자연주의를 대표하는 조각가 미켈란
젤로의 다비드와 17세기 바로크양식을 대표하는 조각가
베르니니의 다비드를 나란히 놓고 비교해볼 때 그 느낌을
더 잘 이해할 수 있다.[그림1] 미켈란젤로의 다비드는 수
직구도를 사용해 그 조형적인 형태가 고요하며 명철한 조
화를 보이는 '완결된 자족적인 존재'로 보인다. 그러나 베
르니니의 다비드는 대각선으로 배치되어 있어 마치 스크

류처럼 무서운 힘으로 몸을 비틀며 골리앗을 향해 돌을 던지고 있는, 시간과 함께 변화하는 순간의 모습을 역동적으로 포착하고 있다.

오늘날 우리에게 알려진 미켈란젤로에 관한 대부분의 내용은 1558년 조르조 바사리가 쓴 전기의 개정판을 참고하고 있다. 미켈란젤로의 제자로서 그를 숭배하던 화가이자 건축가인 바사리는 1550년 피렌체에서 『이탈리아의 훌륭한 건축가, 화가, 조각가의 생애Le Vite de'più eccellenti architetti, pittori, et scultori italiani』라는 책을 출판해 서양미술사가의 아버지가 되었다. 즉 어떻게 13세기의 치마부에와 14세기 화가 조토가 중세 암흑기를 넘어 고대의 자연주의 회화를 부활시키기 시작했는지 그리고 그것이 미켈란젤로의 미술작품에서 어떻게 정점에 도달했는지를 자연주의 미술의 발전사 관점에서 서술했는데, 그 역사적 과정을 각 미술가들의 생애와 작품에 대한 전기형식으로 소개하고 있다.

그런데 바사리가 쓴 전기 내용을 불만스럽게 여긴 78세의 미켈란젤로는 1553년 제자인 콘디비에게 자신의 삶을 설명해주면서 전기를 새롭게 쓰게 했다. 그러나 제자 콘디비가 쓴 『미켈란젤로의 생애』는 결국 스승의 이야기를

"무비판적으로 수용해 미켈란젤로에 관한 신화를 만들어 냈다"고 훗날 미술사학자들로부터 비판받고 있다. 예를 들면 콘디비의 책은 '어떠한 문화적 전통에도 속하지 않고 정규미술교육도 받지 않은 천재'라고 미켈란젤로를 추켜세우면서 미켈란젤로가 자수성가했음을 강력하게 주장하고 있는데 이는 미켈란젤로의 동시대인들과 이후 서양 미술사학자들이 미켈란젤로를 자만심에 빠진 아주 괴팍하고 고독한 예술가로 인식하게 하는 데 커다란 원인을 제공하게 되었다고 한다. 이후 바사리는 콘디비가 쓴 전기를 참고로 1558년 개정판을 출판했고 오늘날 미술사학자 대부분에게 기본적인 정보를 제공하고 있다.

이후 샤를 드 톨네이, 움베르토 발디니, 로베르토 살비니 같은 20세기 석학들이 참여해, 1965년 뉴욕의 레이날 컴퍼니에 의해 미켈란젤로의 생애와 작품에 대한 16세기 이후 20세기까지 나온 대부분의 연구자료가 총 망라된 『The complete work of Michelangelo』라는 대작이 출판되어 이후의 연구자들에게 편의를 제공하고 있다. 그러나 무엇보다도 그동안 서양미술사를 전공하며 늘 같은 작품만을 분석하고 감상하던 습관에 젖어 있던 필자에게 많은 영감을 준 책은 이탈리아의 문학평론가이자 전기작가인 조반니 파피니가 방대하고 실증적인 자료를 투입해 쓴 미

켈란젤로의 전기 『미켈란젤로 부오나로티』(1949)였다.[5]

위와 같은 전기와 함께 그가 고향 피렌체를 떠나 1534년 영구히 로마에 정착한 이후 가족, 친구들과 나눈 서신을 통해 그의 인생관과 세계관을 들여다볼 수 있다. 특히 미켈란젤로가 인생의 각 순간마다 자신의 생각과 감정을 드러내며 쓴 소네트는 천재적인 미술가일 뿐만 아니라 시인으로서 그의 감성적인 측면을 엿볼 수 있게 하는 좋은 자료들이다. 그러나 무엇보다도 자신의 정신세계를 조형언어, 즉 형태와 색채로 가시화하고 있는 그의 조각, 회화 작품들은 그의 미학적 관점이 응축되어 나타난 것으로 우리에게 훌륭한 인생교과서가 될 것이다.

90년에 가까운 긴 인생을 통해 '아름다움'을 추구한 예술가 미켈란젤로. 조각가, 화가, 그리고 건축가로서 미켈란젤로는 일생을 통해 인간의 정신적 활동의 한 분야인 미美를 자신의 영혼을 통해 추구하며 치열하게 살다 간 천재적인 대예술가이자 현자다. 그의 작품들은 오늘날까지 온 인류의 감동적인 정신적 횃불로 남아 우리 인류의 삶을 깊고 풍요롭게 해주고 있다. 이것은 오늘날 전 지구인들이 절망적으로 추구하고 있는 '돈'으로는 살 수 없는, 인간 삶에서 근본적이며 영원한 가치일 것이다.

최초의 대중스타
미켈란젤로

고종희
(한양여자대학교 교수)

미켈란젤로는 예술을 천직으로 삼는 사람들의 모범을 삼고자 신이 이 세상으로 보낸 인물이다. 나는 미켈란젤로와 같은 시대에 태어나게 된 것을, 그리고 그를 스승으로 모시게 된 것과 친구로서 친하게 지낸 것을 마음속 깊이 하느님께 감사드린다. (바사리, 1396)

인물을 평가하는 기준은 다양하겠지만 당대는 물론 후대까지 지속적인 영향을 미치고 있다면 위대한 인물의 반열에 든다 할 것이다. 미켈란젤로는 그가 활동했던 르네상스시대로부터 오늘에 이르기까지 이탈리아는 물론 전 세계의 미술인에게 끊임없이 영향을 미치며 대중의 주목을 받아온 예술가로 이른바 '미켈란젤로 현상'을 불러일으킨 인물이다.

먼저 그의 장례식 장면을 보자. 수많은 사람들이 운집하여 성대하게 치른 미켈란젤로의 장례식에 대해 많은 사람들이 마치 뉴스를 보듯이 잘 알 수 있게 된 것은 장례위원을 지낸 조르조 바사리Giorgio Vasari(1511~1574)가 자신의 저서에서 이를 자세히 묘사했기 때문이다. 그에 따르면 교황 비오 4세는 미켈란젤로의 묘소를 로마의 성 베드로 대성당에 만들 계획이었으나 피렌체의 군주인 코시모 데 메디치가 고향인 피렌체로 모셔오고자 했으므로, 시신 빼돌리기 007 작전이 시작되었다. 시신을 바꿔치기한 사람은 접근이 가능했던 미켈란젤로의 조카 레오나르도 부오나로티로서 로마의 산토 아포스톨로 성당에 임시로 모셔놓은 시신을 "상품으로 포장한 듯이 작은 상자"에 넣어 은밀하게 바꿔치기하여 피렌체로 이송했다. 고향 피렌체에 묻어달라고 한 고인의 유언을 따르기 위해서였다고 하지만 그보다는 이 위대한 예술가를 로마에 넘기고 싶지 않았던 피렌체인들의 바람이 더 컸을 것이다.

미켈란젤로의 시신이 피렌체의 산 피에로 마조레 성당 제단 아래에 잠시 모셔지자 소문이 삽시간에 퍼지면서 시민들이 모여들기 시작했고, 그의 관을 만져보려는 사람들로 성당은 인산인해를 이루어서 관을 제의실로 옮기기조차 힘들었다고 한다. 미켈란젤로의 부음이 전해지자 곧바로 피렌체 아카데미아 주재로 장례위원회가 구성되었고, 장례식 장소는 메디치가의 산로렌초 성당으로 결정되었다. 그가 건축과 조각을 맡은 그 유명한 줄리앙과 로렌초의 무덤이 있는 바로 그 성당이다. 이후 시신은 수많은 성직자, 예술가, 시민들의 촛불행렬 속에서 겨우 인파를 뚫고 산타크로체 성당으로 운구되었다.

이때 미켈란젤로의 얼굴을 한 번이라도 보려는 사람들을 위해 잠시 관을 열어놓았는데 사후 22일이 지났음에도 불구하고 "조금도 악취를 발하지 않았을 뿐만 아니라 창백한 얼굴은 전혀 변함이 없었고, 완전히 편안하게 잠들어 있는 듯"했다고 한다. 장례식은 산로렌초 성당에서 치러졌는데 장례위원회 위원들은 이 장례식을 예술적으로 하기 위해 온갖 아이디어를 짜냈으며, 관을 놓기 위해 만든 영구대는 "로마의 아우구스투스의 영묘를 방불케 했다"고 하니, 이는 오늘날 글로벌 행사의 페스티벌을 연상시킬 정도다. 장례식장에는 귀족, 예술가, 시민들이 정해진 자리에 앉았고, 수많은 인파로 발 디딜 틈이 없었으며, 연일 외국에서도 조문객이 몰려와 몇 주 동안이나 장례시설을 그대로 유지해야만 했다. 추도 연설은 당대의 유명한 미술 이론가였던 베네디토 바르키Beneditto Barchi가 맡았고, 바사리가 설계한 고인의 무덤은 피렌체의 산타크로체

26

성당에 모셔졌다. 그리고 장례식에 따른 모든 비용은 토스카나의 대공 코시모 데 메디치 1세가 치렀다.

바티칸에 입장하기 위해서는 늘 두 시간 정도 줄을 서서 기다려야 한다. 관광객이 그곳을 방문하는 이유는 시스티나 소성당에 그려진 미켈란젤로의 그림을 보려는 것이 첫 번째 이유다. 일단 표를 사서 입장하면 사방의 푯말이 미켈란젤로의 시스티나 예배당Cappella Sistina 가는 방향을 가리키고 있는 것이 이를 말해준다.

르네상스시대부터 오늘에 이르기까지 사람들의 관심을 집중시키고 있는 미켈란젤로는 미술가로서 가장 많은 연구자를 집결시켰는가 하면, 가장 많은 연구 성과물을 축적시켰다. 어떠한 잣대를 갖다대어도 미켈란젤로에 견줄 만한 미술가는 없을 것이다. 얼마 전 한 국내 신문은 피렌체의 아카데미아 미술관이 관람객들로 하여금 〈다비드〉를 촬영할 수 있게 함으로써 수입증대를 꾀하고 있다는 기사를 소개했다. 미켈란젤로는 사망한 지 5세기가 지난 오늘날까지 이탈리아와 지구 반대편에 있는 대한민국에서도 여전히 기사거리가 되고 있는 것이다.

2003년으로 기억한다. 스페인의 마드리드에 갔을 때 마침 영국의 축구선수 베컴이 레알 마드리드로 이적해 그

도시에 왔는데, 거의 모든 채널이 하루 종일 베컴의 일거수일투족을 중계하고 있었다. 도무지 이해가 되지 않았지만 마드리드 사람들은 열광했다. 그곳에서는 유명 클럽의 스타 선수가 뛰는 경기는 늘 매진이고, 세계적인 가수의 공연 티켓이 순식간에 동이 나는 현상을 흔히 볼 수 있다. 요즘의 대세는 프란치스코 교황이어서 그가 가는 곳마다 톱뉴스가 되고 엄청난 군중이 운집하는 것을 볼 수 있는데, 미켈란젤로는 이 같은 군중 집결 현상을 만들어낸 최초의 근대적 대중스타라 할 수 있다.

르네상스시대에 접어들면서 사람들의 관심이 신에서 인간으로 넘어오면서 생긴 현상 중의 하나는 전기문학의 탄생이다. 그 첫 시작은 1226년 사망한 성 프란치스코로서 그의 첫 번째 전기는 제자인 토마스 첼라노가 집필했다. 부유한 상인의 아들이었으나 재산을 버리고 평생 극도의 가난 속에서 인간을 사랑하고 하느님을 찬미한 프란치스코 성인. 그는 생전에 많은 기적을 일으켰는데 이미 동시대에 그의 생애를 기록한 방대한 전기가 나옴으로써 전기문학의 시작을 알렸다. 오늘날 우리가 프란치스코 성인에 대해 소상히 알 수 있는 것은 이 전기 덕분이다. 그런 의미에서 성 프란치스코는 비록 중세 인물이지만 최초의 근대인uomo moderno이라 볼 수도 있을 것이다. 이후

13세기 말에 250여 명 성인들의 생애를 정리한 『황금전설』이 출판되어 전기문학이 본격화되었다.

종교인으로부터 시작된 전기문학은 예술가에게로 이어져서 이미 15세기에 기베르티라는 조각가가 이전 세기와 동시대 작가들의 생애를 정리한 전기를 집필했다. 그런 의미에서 미켈란젤로의 전기는 최초는 아니지만 프란치스코 성인 이래 단행본 전기로서는 미켈란젤로가 처음이다.

미켈란젤로 생전에 두 권의 전기가 나왔다. 하나는 바사리가, 다른 하나는 아스카니오 콘디비Ascanio Condivi(1525~1574)가 썼다. 콘디비의『미켈란젤로의 생애Vita di Michelangelo』는 1553년에 출판되었고, 바사리의『가장 위대한 화가, 조각가, 건축가의 생애Le Vite de' più Eccelenti Pittore, Scultore et Architetti』는 1550년에 초판이, 1568년에 개정증보판이 출판되었다. 바사리의 저서는 13세기 말부터 16세기까지의 미술가 150여 명의 전기를 묶은 방대한 책으로 미켈란젤로의 전기는 그 중 하나다. 바사리와 콘디비라는 두 전기 작가는 상대방의 저서 내용을 서로 알고 있었으므로 각자 나름대로 보완했을 가능성이 있다. 실제로 두 전기를 읽다 보면 겹치는 내용이 상당부분 있다. 두 사람 모두 자신이 미켈란젤로와 더 가까우며 사실에 입각해 썼다고 경쟁적으로 주장하고 있으나 필자가 보기에는 미켈란젤로의 의중이 보다 직접적으로 반영된 전기는 콘디비의 것으로 보인다. 그의 책에는 미켈란젤로 본인이 아니면 알 수 없는 심정心情들이 상세히 묘사되어 있는 부분들이 여러 군데 눈에 띄기 때문이다. 따라서 이 책은 미켈란젤로의 의도에 따라 집필했을 가능성이 있다. 콘디비의 전기는 국내에서는 아직 번역되지 않았기에 본 저서에서는 필요한 부분을 필자가 번역하여 실었다.

바사리의 저서는 『이탈리아 르네상스 미술가전』이라는 제목으로 국내에서 번역, 출판되었다. 전3권, 1800여 쪽에 이르는 방대한 분량으로 번역자는 조선대학교 의과대학 교수였던 고 이근배 선생으로 무려 18년에 걸쳐 번역해낸 것이다. 이탈리아 르네상스를 진정으로 사랑하지 않고서는 18년이란 세월을 한 저서를 번역하기 위해 바치지 못했을 것이다. 필자는 이 책에서 미켈란젤로의 삶을 인용하는 기초자료로 위의 두 전기를 활용했다. 미켈란젤로에 관한 연구서들은 결국 이 두 책에서 출발하기 때문이다.[6]

오늘날에는 정치인, 연예인 등 유명인사들의 소식을 인터넷이나 TV, 신문, 잡지 등을 통해 접하게 된다. 이들 대중매체의 특징은 다량복사에 있다. 하나의 기사가 만들어지면 그것이 대량으로 전파, 출판될 수 있는 것이다. 대중매체가 없었던 시절에는 판화가 이를 대신했다. 판화는 하나의 원판을 제작하면 다량으로 찍어 보급할 수 있는, 당대로서는 유일한 대중매체였다. 그림이나 조각을 판화로 재현한 복제판화reproduction print는 르네상스시대의 스타 미술가인 미켈란젤로와 라파엘로가 만들어낸 대표적인 문화 현상의 하나다. 미켈란젤로는 직계 제자는 많지 않았으나 당시 미술가들은 하나같이 그의 작품을 모사하며 미술을 배웠다. 그러기 위해서는 미켈란젤로의 작품 이미지가 필요했는데 원작은 한 점밖에 없고 더구나 그의 작품이 있는 바티칸은 일반인 입장이 쉽지 않았을 터이니 직접 가서 보기가 쉽지 않았을 것이다. 이런 상황에서 미켈란젤로의 작품들을 판화로 찍어낸 복제판화는 그를 추종하는 미술가들이 미켈란젤로의 작품을 알 수 있는 가장 중요한 도구였다.

미켈란젤로의 작품 이미지를 흡사 흑백 사진처럼 정교하게 복제해서 다량으로 보급한 당시의 복제판화는 오늘날의 사진과 유사한 역할을 했다. 복제판화를 제작하는 판각사라는 직업이 본격적으로 탄생한 것도 바로 이 즈음이다. 이들을 통해 미켈란젤로의 조각, 회화, 드로잉들은 동판화[그림2]로 다량 제작되어 교본으로 사용되거나 컬렉션되었다. 공방마다 그의 복제판화를 얼마나 보유하고

[그림2] 마르칸토니오 라이몬디, 〈낙원추방〉(시스티나 천장화의 복제판화), 동판화, 1512~13, 로마, ING/GS(좌)
[그림3] 미켈란젤로, 〈낙원추방〉, 1508~12, 바티칸, 시스티나 소성당(우)

있느냐가 공방 주인의 능력일 정도였다. 그리하여 시스티나 예배당의 천장화[그림3]와 벽화는 전체 혹은 부분이 동판화로 복제되어 다량으로 유통되었고, 이들 복제판화는 사진기가 발명되기 전까지 작가를 알리는 중요한 매체가 되었다.

미켈란젤로 이후 이 대가로부터 완전히 자유로울 수 있는 작가는 많지 않을 것이다. 서구의 많은 대가들이 그의 영향을 받았는데 바로크양식을 탄생시킨 카라바조와 근대 조각의 선구자 로댕이 가장 대표적인 사례다. 카라바

32

조는 미켈란젤로 예술의 비밀을 자기 것으로 만들 줄 알았고, 로댕은 미켈란젤로의 작품들을 직접 응용함으로써 미켈란젤로 작품의 로댕 버전이라 불리어도 과언이 아닌 작품들을 다수 탄생시켰다. 19세기 들어 낭만주의 대표작가 제리코의 〈메두사의 뗏목〉은 미켈란젤로의 작품을 응용한 대표적인 예이며, 20세기에 들어서는 데 키리코Giorgio de Chirico(1888~1978)가 미켈란젤로 예술의 비밀을 풀어내면서 초현실주의를 비롯한 현대미술에 영향을 주었다. 미켈란젤로의 영향은 오늘날 우리나라의 박찬갑에서도 볼 수 있듯이 시대와 장소를 막론하고 계속되고 있다. 미켈란젤로 현상은 현재에도 진행형인 것이다.

| 차례 |

2부
나와 우리

3부
생각과 행동

4부
철학과 사상

1부

삶과 죽음

우리는 시스티나 예배당 천장에 그려진 〈아담의 창조〉에서 예술의 기능이 무엇이며 보이지 않는 인간의 관념이 어떻게 예술가의 예술적 상상력을 통해 창조되는지를 이해하게 된다. 미켈란젤로의 붓끝에서 이루어진 이 극적이며 창조적인 작품 앞에서 그가 하나님의 피조물이든 우연히 우주에 던져진 존재이든 간에 한 인간의 예술적 상상력이 주는 무한한 능력에 깊은 감동을 느끼게 되고 인간존재가 지니는 무한한 영혼 또는 정신적인 능력에 대해 더 깊은 생각을 하게 된다.

인간이란
무엇인가
?

무한한 영혼 혹은
정신적 능력을 지닌 경이의 존재

무한한 영혼 혹은
정신적 능력을 지닌 경이의 존재
—박성은

진선미를 추구하는 존재, '인간'

고대사회에서 인간은 육체적, 정신적 쾌락을 찾는 속된
존재로 여겨졌다. 그러나 인간은 동시에 우리가 이 세상
에 태어난 목적은 무엇이며, 잘 산다는 것은 무엇인지에
대해 자문하는 존재이기도 하다. 이처럼 삶의 의미와 목
적을 묻고 죽음에 대해 사색하는 영혼을 지닌 인간은 동
물과 달리 양심을 갖고 다양한 정신적 활동을 하며 살아
간다. 우리는 소크라테스가 한 "그대 자신을 알라"는 말을
잘 알고 있다. 이 말은 현실적으로 자만심에 차 있는 사람
을 겨냥해 사용되는 경우가 대부분이었으나 원래는 "그대
가 얼마나 위대한 존재인지, 얼마나 큰 잠재력을 가진 존
재인지를 보라"는 뜻이라고 한다. 이 말은 곧 "그대는 미
천한 존재가 아니라 영혼을 가진 존재다"라는 뜻으로, 우

리 인간은 이성적 인식을 할 수 있고 도덕적 판단을 내릴 수 있으며 심미적 기쁨에 젖을 수 있는 존재라는 의미인 것이다.[1] 즉 인간은 진선미를 추구하며 살아가는 특수한 존재라는 것으로, 이것은 바로 인간이 왜 살아야 하는지와 어떻게 살아야 하는지에 대한 방향을 제시하고 있다.

이처럼 진선미를 추구하는 존재가 인간의 속성임을 2500년 전 고대 그리스의 현자들은 밝혀냈다. 동물과 달리 양심을 갖고 철학적 사유를 통해 진리를 발견하며, 윤리적인 생각을 통해 선하고 인간답게 살아가려는 노력과 함께 아름다움을 추구해 신과 합일하고자 하는 존재가 바로 우리 인간이기 때문이다.

1967년 필자가 대학에 입학할 때 신입생을 위한 오리엔테이션 시간에 학교를 상징하는 배지에 대한 설명이 있었다. 다섯 개의 꽃잎으로 둘러쳐진 배꽃 한가운데 남대문이 서 있고, 상단에는 십자가가 하단에는 태극문양이 그리고 그 둘레에 대학 창립연도와 함께 진眞, 선善, 미美라는 문자가 한문으로 배치되어 있는 배지였다. 열심히 설명을 들었지만 열아홉 살 당시 그 설명은 매우 관념적이고 추상적으로 난해하게 들렸다. 그런데 관념적이기만 했던 진선미에 대한 개념이 30대에 프랑스에서 인문학인 서양미술사를 전공하면서 조금씩 풀리기 시작했다. 고대 그리스로마 문명에 젖줄을 대고 있는 서양문명의 역사적 배경을 열심히 공부하면서 진선미정신이 어떻게 그들 문화를 일구어내는 데 원동력이 되었는지 이해가 된 것이다.

인간의 삶은 결국 이 세 개의 추상적인 개념으로 집약될 수 있다. 이 세 개의 정신이 펼쳐진 양상이 서구의 현대 문화이며 인류가 추구하고 걸어가야 할 길道이라는 사실을 처음으로 인식한 것이다. 인간의 삶은 마치 육체적 욕구와 정신적 욕구라는 씨줄과 날줄로 정교하게 짜인 아름다운 직물과도 같다. 육체적인 인간은 숨을 쉬고 음식을 먹어야 생존할 수 있지만 영혼의 기능인 정신적 존재로서 인간은 동물과 달리 영원한 진리眞를 추구하며, 구체적인 삶이 펼쳐지는 사회 속에서 조화를 이루며 살아가기 위해 도덕과 윤리를 바탕으로 선善을 실천하며, 육체적 유한성을 넘어 신神과 합일하기 위해 '아름다움' 즉 미美를 추구한다는 사실을 깊이 깨닫게 된 것이다.

그렇다면 16세기 이탈리아 전성기 르네상스시대를 살면서 작품활동을 한 천재적인 예술가 미켈란젤로는 인간에 대해 어떤 생각을 했을까? 한 인간존재의 구체적인 삶을 논할 때 우리는 크게 세 가지 층위로 나누어볼 수 있을 것이다. 즉 생물학적인 인간, 사회적인 인간, 그리고 영적인 인간이 그것이다. 건강한 육체를 지니고 사회성이 뛰어나면서 영적으로 신과 합일하는 인간이 최상이라면 그것은 아마도 고대 그리스 사회가 추구하던 탁월한 인간일 것이다. 미켈란젤로의 작품을 통해 오늘날 인류에게 위대한 정신적 빛을 던져주고 있는 그의 인간관을 살펴보자.

아름다운 육체와 영혼을 사랑한 미켈란젤로

우선 생물학적 관점에서 인간은 이 세상에 물질적인 육체를 갖고 태어난다. 인체는 상하로 머리와 사지가 붙어 있는 몸뚱이로 나뉘어 있다. 상단의 머리에는 영혼 또는 정신이 자리하고 있어 생각과 감정을 일으키며 하단의 몸뚱이는 인간이 존재하기 위해 생각과 감정이 지시하는 일들을 수행하는 도구라는 것이 일반적인 우리들의 몸에 대한 상식이다. 여기서 얼굴에 붙어 있는 눈과 귀, 코와 입 그리고 몸뚱이 안에 있는 오장육부는 우리 생존에 직접적인 영향력을 행사하는 생물학적 기관들이다. 눈과 귀로는 세상만사가 돌아가는 일을 보고 듣고, 코와 입으로는 숨 쉬고 음식을 섭취해 우리 몸이 움직일 수 있도록 에너지를 공급해준다. 특히 심장은 우리가 자고 있는 순간에도 쉼 없이 뛰고 있어 우리가 생명을 이어갈 수 있게 해준다. 이처럼 너무도 단순해서 당연한 것처럼 보이는 일들이 매일매일 반복되는 곳이 우리 몸이며 우리의 살아 있음이다.

44

그리고 이 기관들이 노후되어 어느 날 더 이상 제 기능을 할 수 없어 멈추어 서는 것이 천수를 다한 인간의 생물학적 죽음인 것이다.

위대한 예술가 미켈란젤로는 우울한 성격의 소유자로 자신의 육체에 대해서는 일생을 통해 금욕적이었다. 특히 작품에 몰입하고 있을 때 그는 정상적으로 먹지도 자지도 않았다고 그의 전기를 쓴 바사리는 전한다. 시스티나 성당의 〈천지창조〉를 제작할 때의 일화는 유명하다. 그는 많은 날들을 작업복도 벗지 않고 장화를 신은 채로 침대 위에서 잠이 들곤 했으며 식사도 작은 빵 조각 하나와 포도주 한 잔이 전부였다고 한다.

그리고 미켈란젤로는 일생동안 자화상을 그리지 않은 예술가로도 유명하다. 같은 공방의 견습생인 피에트로 토리자노가 실력이 없는 친구들을 우습게 보며 건방지게 구는 미켈란젤로의 얼굴을 때려 코뼈가 내려앉는 사건이 발생한 이후 미켈란젤로는 자신의 얼굴 보는 것을 싫어하고 자화상 그리는 것을 포기했다. 그러나 위대한 조각가 미켈란젤로는 아름답고 조화로운 인간의 육체를 사랑했다. 그래서 죽는 순간까지 수많은 인간의 몸을 관찰하고 드로잉하고 조각하고 회화로 제작해냈다. 아름다운 인체에 대한 무한한 애정을 가진 미켈란젤로는 자연에 무관심했고

[그림1] 미켈란젤로, 〈다비드〉, 대리석, 1501~04, 피렌체 아카데미아

[그림2] 도나텔로, 〈다비드〉, 청동, 1446~60, 피렌체 바르젤로 국립미술관(좌)
[그림3] 폴리클레이토스, 〈창을 든 사나이〉, 대리석, BC. 450~40, 나폴리 국립박물관(우)

따라서 그의 작품에는 자연풍경화가 부재한데, 이 사실을 알고 그의 작품을 감상하는 관람객은 별로 없는 것 같다.

오늘날 세계 인류가 너무도 잘 알고 있는 대리석 조각상 〈다비드〉는 전성기 르네상스시대를 대표하는 조각가 미켈란젤로가 보여주는 인체에 대한 최고의 찬가다. 현재

[그림4] 〈멘카우라왕과 왕비〉,
BC. 2500~2475, 보스턴미술관

피렌체 아카데미아가 소장하고 있는 〈다비드〉상[그림1]의 주제는 소년 목동 다윗이 적장인 거인 골리앗에게 물매로 조약돌을 던져 그를 쓰러트린 후 칼로 목을 베어 머리를 발로 밟고 서 있는 모습으로 구약성경 구절을 시각화한 것이다.(사무엘상 17:41~51)

중세 천년 동안 외면당하던 인체가 서양미술사에서 다시 부활한 것은 15세기 초기 르네상스시대였다.[2] 15세기 초 피렌체를 대표하는 사실주의 조각가 도나텔로는 당대 피렌체 정치와 경제, 문화를 주도하던 메디치가문의 정원 장식을 위해 다비드상을 환조로 조각해냈다. 현재 피렌체 바르젤로 미술관에 소장되어 있는 도나텔로의 〈다비드〉상[그림2]에서 우리는 누드로 표현된 소년 다윗이 모자를 쓴 채 거인 골리앗의 머리를 밟고 손에 쥔 긴 칼을 의지해 콘트라포스토contraposto[3] 자세로 서 있는 모습을 발견하게 된다. 콘트라포스토 자세란

[그림5] 아폴로니우스의 〈헤라클레스?〉(BC. 1세기, 바티칸)와 미켈란젤로의 〈다비드〉

중심축에서 인체의 힘을 한편으로 이동시켜 무릎을 구부
려 쉬고 있는 자세로 BC 5세기경 고대 그리스의 자연주
의 조각에서 처음 등장했다.[그림3] 15세기 자연주의 조
각의 관점에서 도나텔로의 청동상 〈다비드〉는 인체를 부
정한 중세 천년 이후 처음으로 고대 그리스로마 시대의
자연주의 조각을 부활시킨 최초의 입상조각이라는 데 그
미술사적 의미가 있다. 이와 같은 콘트라포스토 자세는
16세기 미켈란젤로에게 이어진 후 추상조각이 등장하기
전 19세기까지 서양 인체조각의 기본자세가 되었다. 이들

을 고대 이집트의 정면성의 법칙[4]에 입각해 부동의 자세를 취한 파라오의 입상조각[그림4]과 나란히 비교해볼 때 참으로 콘트라포스토 자세가 얼마나 인체를 자연스럽게 표현해주는 형식인지를 실감할 수 있다.

1501년 조각가 미켈란젤로는 피렌체공화국으로부터 다비드상을 주문받았다. 형식적 관점에서 15세기 도나텔로의 다비드상처럼 콘트라포스토 자세를 취하고 있으나 조각의 재료와 규모에서 볼 때 대리석으로 된 미켈란젤로의 〈다비드〉는 받침대를 포함해 5미터에 달하는 거대한 모습으로 보는 이를 압도한다. 특히 인체 해부학적인 관점에서 고대 그리스로마 조각들로부터 배운 인체구조를 적용하고 있는[그림5] 그의 당당한 다비드상은 인류가 감탄하는 고대 그리스시대 자연주의 조각을 뛰어넘고 있다. 또한 도상적 관점에서 15세기 도나텔로의 다비드상이 칼로 베어버린 골리앗의 머리를 밟고 있는 사실주의적 표현임에 비해 미켈란젤로의 다비드상은 웅장한 인체만을 통해 상대 골리앗을 향해 정면 승부하는 다윗의 담력을 눈빛에서 느낄 수 있어 천재적인 조각가 미켈란젤로의 예술적 상상력과 도상적 창의성을 알 수 있다.

그의 다비드상은 서양조각사에서 마치 우뚝 솟아오른 거대한 산봉우리와도 같다. 우상숭배에 대한 염려로 중세

천년 동안 제작이 금지되었던 환조 조각free standing sculpture
이 16세기 천재적인 조각가 미켈란젤로에 의해 예술가의
영혼을 전달하는 가장 강력한 도구가 된 것이다. 따라서
미켈란젤로는 물질로 된 육체를 통해 위대한 인간정신을
표상해낼 줄 아는 위대한 예술가이자 현자라 할 수 있다.

고독한 천재와 비사회적 인간

그러면 사회적인 관점에서 미켈란젤로는 어떤 인간이었
을까? 아리스토텔레스는 인간을 사회적 동물이라고 규정
했다. 인간은 정글 속의 동물과 같은 삶을 지양하고 자신
의 삶을 안전하게 지키면서 그 삶 안에서 다양한 가치를
실현하기 위해 소통하며 모여살 수밖에 없는 사회적인 존
재인 것이다. 예술가 미켈란젤로는 이러한 사회적 존재로
서 인간을 어떻게 생각했을까? 우선 그에 대한 학계의 평
가는 천재의 우울하고 고독한 모습과 함께 사회성이 부족
한 괴팍하고 독선적인 예술가라는 것이다. 미켈란젤로는
소년시절에는 미술에 재능이 없는 친구들을 무시하고 비
웃는, 그리고 장년과 노년에 교황청에서 교황을 위해 일
할 때는 교황에게 환심을 사기 위해 위선을 떠는 모든 예
술가들과 고위성직자들을 멀리하는 독선적이며 고독한
인간유형에 속하는 예술가였다.

자만심에 차 있던 조각가 미켈란젤로가 당시 3대 천재로 일컬어지던 대선배 화가 레오나르도 다빈치를 모욕한 사건은 유명하다. 당시 피렌체 시민들은 피렌체 시청의 벽화를 그리는 작업에서 벌어지게 될 두 천재의 경쟁적인 사건에 흥분하고 있었다. 어느 날 거리에서 친구들과 있던 미켈란젤로가 지나가던 레오나르도 다빈치를 만났다. 다빈치는 1452년생이고 미켈란젤로는 1475년생이니 다빈치가 23세나 대선배다. 이때 젊고 패기만만했던 미켈란젤로는 그를 향해 어느 한 분야도 확실하게 끝을 맺지 못하는 우유부단한 예술가라고 야유를 보냈다. 사실 우리가 잘 아는 전인적인 예술가 레오나르도 다빈치는 회화예찬론자로 몇 안 되는 그의 그림들은 대부분 미완성으로 남아 있다. 특히 당시 유행하던 논쟁으로 조각과 회화 중 어느 장르가 우위인지에 관한 논란이 일었을 때 조각가로서 미켈란젤로는 화가를 멸시하는 경향이 짙었다. 따라서 미켈란젤로는 여러 동료들 앞에서 그가 밀라노에서 주문을 받았으나 완성시키지 못한 청동기마상에 빗대어 거장 레오나르도 다빈치를 비꼬아 대선배에게 모욕을 준 것이다.

로마에서 교황들의 총애를 한몸에 받으며 조각가, 화가, 건축가로서 부와 명성을 갖고 있던 중년과 노년 시기, 특히 조각가, 화가, 건축가로서 그의 주변에는 그의 천재성을 놀라워하고 숭배하는 사람들이 있는 반면 그의 예술성과 성공을 시기하고 질투해 그의 작업을 방해하며 괴롭히는 사람들도 있어 그로 인해 미켈란젤로는 많은 고통을 당하기도 했다. 예를 들면 16세기 전성기 르네상스건축을 대표하는 건축가였던 브라만테의 미켈란젤로에 대한 음모 사건은 진실을 가리기는 힘이 드나 모든 연구자들이 언급하는 일화다. 화가 라파엘로와 같은 움브리아 출신으로 교황청 건축가였던 그는 교황의 신임과 총애를 받는 미켈란젤로를 교황청에서 쫓아내고 싶어 했다. 그래서 미켈란젤로가 프레스코기법에 약하다는 약점을 이용해 교황 율리우스 2세가 그에게 시스티나 성당 천장화를 그리도록 명령하게 일을 꾸몄다.

그러나 미켈란젤로는 위기를 기회로 삼을 줄 아는 예술가였다. 그리고 〈천지창조〉를 제작할 당시 그의 작업을 도와줄 친구들을 피렌체로부터 불렀으나 작업을 같이할 동료들의 형편없는 실력을 보고 절망해 모두 피렌체로 돌려보낸 후 장막을 치고 혼자 4년 동안 작업을 한 일은 유명하다. 결국 그는 특유의 거친 고독감 속에서 프레스코기법을 깊이 연구해 〈천지창조〉와 같은 오늘날까지 인류를 감동시키는 회화작품을 창조해낸 것이다. 이렇게 우리 인류사회에 불후의 명작 〈천지창조〉를 남겨놓은 괴팍하

[그림6] 라파엘로, 〈아테네 학당〉, 프레스코벽화, 1510~11, 바티칸 서명의 방

고 고독했던 예술가 미켈란젤로에 대해 우리는 사회적인 인간으로서 어떤 평가를 내려야 할까?

또 다른 일화는 움브리아 출신의 우아하고 사교적인 화가 라파엘로와의 관계였다. 그와의 관계는 미켈란젤로가 얼마나 사회성이 부족한 인간이었는지를 보여주는 좋은 예다. 교황의 총아가 된 라파엘로는 미켈란젤로가 시스티나 천장화를 제작하던 같은 시기, 교황의 주문을 받아 교황청의 '서명의 방'에 벽화를 그리고 있었다. 토스카나 출신으로 퉁명스럽고 내성적인 성격의 소유자인 미켈란젤로는 정중하고 사교적인 생활방식을 지닌 라파엘로에게 적개심을 보였다. 더욱이 작업실이 근처에 있던 라파엘로가 자신의 밑그림을 훔쳐가 도용할지도 모른다는 불안감에 미켈란젤로는 점차 두려움과 우울함 속에 빠지게 되었다. 주변으로부터 완전히 고립되어 있는 고독하고 불편한 미켈란젤로의 비사회적인 인간으로서의 모습을 여기서 그려볼 수 있다. 그러나 이렇게 괴팍하고 "내성적인 미켈란젤로의 표정을 가장 정확하게 묘사한 사람은 모순처럼 보이지만 바로 예리한 관찰력을 지닌 초상화가 라파엘로였다." 1511년 최초로 일부가 공개된 시스티나 예배당 천장화에 깊은 인상을 받은 라파엘로는 〈아테네 학당〉[그림 6] 화면 맨 앞부분에 미켈란젤로의 초상화를 그려 넣어 경

[그림7] 그림6의 세부, 미켈란젤로의 초상화로 추측

쟁자에 대한 존경심을 표현했다고 연구자들은 추측한다. 당대 초상화가로도 정평이 나 있던 라파엘로는 화면에서 만물은 유전하며 따라서 우리는 같은 물에 발을 담글 수 없다는 이야기를 한 고대 그리스의 자연철학자 헤라클레 이토스의 모습을 빌려 미켈란젤로가 투박한 작업복과 커 다란 구두를 신은 채 고독한 사색에 빠져 있는 모습을 표 현한 것이다.[그림7]

신과의 합일을 위한 영적인 인간

천재적인 예술가 미켈란젤로는 영적인 존재로서 우리 인 류사회에 거대한 산처럼 솟아 정신적인 빛을 던져주고 있 다. 유한한 존재로서 인간은 현상적인 삶 너머에 존재하 는 초월적 세계를 알고자 하는 동물이다. 생물학적으로 미켈란젤로는 물질인 육체에 속박된 나약한 인간이고 사 회적으로는 주변으로부터 고립된 고독한 인간이었지만 그의 영적인 인간은 위대하고 빛나는 신성神性에 닿아 있 었다. 인간은 육체로 인해 동물에 속하는 존재이지만 정 신으로 인해 신神에게 닿을 수 있는 이중적 존재이기 때문 이다.

영적인 존재로서 인간이란 무엇인가? 육체를 지닌 우 리 인간은 찰나와도 같은 인생을 살다 스러져간다. 생로병사와 함께 오감五感을 통해 끊임없이 거센 파도처럼 일어났다 스러져가는 생각과 감정의 기복은 유한한 인간의 삶을 지옥과도 같은 고통 속으로 몰아간다. 불교와 함께 모든 인류가 만들어낸 종교는 이와 같은 인간의 속성을 깊이 관조해 물질인 육체는 비록 죽어 지수화풍으로 흩어져버리지만 본질인 영혼은 사후세계에서 영원히 존재한다고 가르쳐 현세에서의 삶의 고통을 위로해준다.

서양철학과 함께 동양의 불교와 유교 그리고 도가에서도 우주와 인간에 대한 지속적인 탐구를 해왔다. 동양사상에 따르면 물질적인 육체를 지닌 인간존재는 공간과 시간의 좌표 위에서 움직일 수밖에 없는 한계를 지니고 있지만 우주의 한 부분으로서 영혼을 통해 무한한 신성에 도달할 수 있는 이성을 지닌 정신적 존재이기도 하다. 이와 같은 인간과 세계에 대한 인식을 신라시대 의상조사의 법성게法性偈[5]는 잘 표현하고 있다.

(…) 일미진중함시방一微塵中含十方 / 일체진중역여시一切塵中亦如是 / 무량원겁즉일념無量遠劫卽一念 / 일념즉시무량겁一念卽是無量劫 (…)

(…) 한 티끌 작은 속에 세계를 머금었고 / 낱낱의 티끌마다 우주가 다 들어 있네 / 한없는 긴 시간이 한 생각 일념

이고 / 찰나의 한 생각이 무량한 긴 겁이니 (···)

인간은 세상에 태어나 죽는 순간까지 공간과 시간의 축을 따라 살아간다. 공간은 부동이나 시간은 끊임없이 물처럼 흘러간다. 그러나 의상대사의 법성게는 인간이 공간과 시간을 넘어설 수 있는 초월적 존재임을 설파하고 있다. 인간은 물질적인 육신을 지닌 유한한 존재이기도 하지만 불변의 신성이 깃든 영혼으로 된 존재이기도 하다. 물질로 된 육신은 인생에서 부동의 공간에 얽매이고 흐르는 시간에 속수무책으로 휩쓸려 죽음을 향해 간다. 그러나 의상대사의 법성게가 우리에게 말하듯이 인간은 인간의 정신 속에서 이와 같은 공간과 시간을 초월하는 존재이기도 하다. 한 생각 속에서 인간은 과거와 미래를, 아니 수억 겁의 시간을 마음대로 종횡무진할 수 있으며, 보고 싶은 사람을 위해 생각 속에서 지구 저편에 떨어져 있는 장소로 달려갈 수 있는 것이 영혼의 능력인 것이다. 과거, 현재, 미래가 압축되면 그것이 영원이고 영원이 인간의 삶 속에서 즉 시간 속에 펼쳐지면 그것이 과거와 현재와 미래인 것이다.

[그림8] 미켈란젤로, 〈천지창조〉, 프레스코천장화, 1508~12, 바티칸 시스티나 예배당

아름답고 장대한 인체 아담의 창조

미켈란젤로가 살던 르네상스시대는 신神 중심에서 인간 중심으로 기독교가 세속화의 길을 걷던 시대였다. 즉 아직 한 발은 중세에, 또 한 발은 근세에 걸친 과도기적 사회로 하나님 대신에 인간이 이 세상 모든 가치의 중심에 서기 시작하던 종교, 사회적으로 혼란을 겪던 격동의 시대였다. 이러한 가치의 혼란 속에서 미켈란젤로는 우리 인류에게 거대한 감동을 주게 될 그의 인간관이 들어 있는 시스티나 예배당의 천장화 〈천지창조〉를 제작했다. 그 중에서 〈아담의 창조〉는 우리 인류의 조상에 해당하므로 '인간이란 무엇인가?'라는 질문에 대한 미켈란젤로의 문제의식을 여기서 찾아볼 수 있을 것이다.

아담은 인류 최초의 조상이라고 성경은 이야기한다. 예술가 미켈란젤로는 인문주의자 교황 율리우스 2세의 명령을 받아 프레스코기법을 사용해 시스티나 성당의 천장화인 〈천지창조〉를 제작했다. 1508년부터 1512년까지 4년에 걸쳐 완성된 〈천지창조〉[그림8] 중에서 〈아담의 창조〉는 당시 기독교인들과 예술가 미켈란젤로가 생각했던 '인간이란 무엇인가?'에 대한 해답을 찾아볼 수 있는 중요한 자료가 될 수 있다. 조각가로서 프레스코기법에 대한 훈련을 받은 일이 거의 없던 미켈란젤로는 절망과 고통 속

[그림9] 그림8의 세부. 〈아담의 창조〉

에서 이 작품을 시작했고 찬사와 영광 속에서 완성을 시
켰다.

　우선 교황의 사적 예배공간인 시스티나 성당 천장에
그려진 〈천지창조〉를 올려다보면 태초에 천지만물과 인
간을 창조하시고 하나님의 말씀을 어겨 죄를 지은 아담
과 하와가 에덴동산을 쫓겨나는 인간 드라마가 펼쳐진다.
20미터 높이에 세로 40미터, 가로 13미터의 거대한 공간
인 천장에 표현된 '천지창조'와 '노아의 홍수' 이야기 아홉

장면이 사각형 틀 안에 표현되어 있다. 그 주변으로는 예수그리스도의 오심을 예언한 선지자들과 무녀, 그리고 예수님의 조상들이 재현되어 있다. 그것은 '인간이란 무엇인가? 죄란 무엇인가? 그리고 죽음이란 무엇인가?'와 같은 거대한 인문학적 질문의 출발점이자 회화라는 형식을 통해 자신의 생각을 보여준 미켈란젤로의 기독교정신의 산물이기도 하다.

〈아담의 창조〉[그림9]는 기독교신학에서 창조주 하나님이 어떻게 인간을 창조하시는지를 보여주는 동시에 미켈란젤로의 인간관과 예술가로서 천재성을 보여주는 작품이다. 그의 타고난 예술적 상상력을 통해 거기에는 무한한 공간을 배경으로 최초의 인간인 아담의 탄생 이야기가 펼쳐지고 있다. 흙으로 막 빚어진 아담이 대지에 길게 기대어 자신의 손가락 끝에 손가락을 통해 생기를 불어넣으시는 창조주 하나님을 바라보고 있다. 창조주는 하나님의 형상에 따라 아담을 창조하셨다. 아담은 히브리어로 흙 또는 먼지를 의미한다고 한다. 흙으로 된 몸에 하나님의 생명의 기운이 들어가 인간은 무감각했던 흙에서 살아있는 생령체가 된 것이다. 창세기 1장 26절부터 27절까지, 그리고 2장 7절은 하나님이 어떻게 인간을 창조하셨는지를 구체적으로 묘사하고 있다.

하나님이 가라사대 우리의 형상을 따라 우리의 모양대로 우리가 사람을 만들고 (…) 하나님이 자기 형상 곧 하나님의 형상대로 사람을 창조하시되 남자와 여자를 창조하시고 (창 1:26~27)

인간은 이렇게 하나님의 형상에 따라 창조되었다. 이것은 이 책의 다른 질문인 '신이란 무엇인가' 즉 '신은 형상화될 수 있는가'라는 질문과 연결되는 것인데, 과연 인간이 하나님의 형상에 따라 창조되었다는 것은 무엇을 의미하는 것일까? 일반인들은 우리 인간의 모습을 하나님의 모습이라고 단순히 생각한다. 그러나 이것은 유물론에 걸려 모순에 이른다. 초월적이고 절대적인 창조주가 어떻게 물질인 인간과 같은 모습을 띨 수 있을까? 따라서 초대교회의 교부 성 아우구스티누스는 하나님의 형상을 인간의 영적 특징으로만 이해했다. 인간의 영혼이 하나님의 형상이지 육체가 하나님의 형상은 아니라는 것이다.[6]

그러나 서양미술사에 나타난 인간의 모습을 살펴보면 신의 모습과 동일하다. 신의 형상은 인간 모습의 투영으로 고대 그리스의 신인동형론anthropomorphism적 사고에서 출발한다. 올림포스의 열두 신은 인간과 같은 형상을 하고 인간과 같은 생각과 감정을 지니고 인간처럼 사랑하고

[그림10] 〈아담의 창조〉, 모자이크화, 1174~1200, 시칠리아 몬레알 대성당(좌)
[그림11] 야코포 델라 퀘르치아, 〈아담의 창조〉, 1425~39, 볼로냐 산페트로니오 성당(우)

질투하고 전쟁을 한다. 물론 그들은 신神인지라 시공의 제
한 속에서 생과 사를 겪는 인간과 달리 영원히 존재하며
모든 권능을 지녀 인간의 행복과 불행 그리고 생사여탈권
을 쥐고 있다. 고대 그리스의 신인동형론사상과 이를 바
탕으로 제작된 고대 그리스로마 시대 이교도들의 미술작
품이 초기기독교 미술에 영향을 끼쳤고 이처럼 〈아담의
창조〉에서 건장하고 신선한 청년의 모습으로 표현된 아
담이 오늘날 우리가 알고 있는 인간의 모습인 것이다. 여
기서 우리는 고대 사회에서 이교가 기독교로 종교형태를

[그림12] 기베르티, 〈아담의 창조〉, 청동문부조, 1425~52, 피렌체(좌)
[그림13] 그림9의 세부, 아담(우)

바꾸었을 뿐 인간이 사고하는 틀은 같아 결국 미켈란젤로
역시 고대 그리스에서 봉헌상으로 제작되던 남성 누드의
모습을 통해 아담을 표현했음을 알 수 있다.

　미켈란젤로가 제작한 〈아담의 창조〉 도상은 서양미술
사에서 16세기 이전에 이미 등장했다. 대표적인 예들 중
하나로 12세기 로마네스크 양식기에 시칠리아의 몬레알
대성당 벽에 모자이크 기법[7]으로 제작된 〈아담의 창조〉[그
림10]를 들 수 있다. 거기서 우리는 하나님이 우리 인간의
모습을 한 아담의 코에 생기를 불어넣으시는 모습을 발견
할 수 있다. 그리고 그 호흡은 직선적인 빛으로 표현되어
있다.

[그림14] 〈티그리스 강의 신〉. 하드리아누스황제 시대 복제. 헬레니즘양식. 바티칸 벨베데레

여호와 하나님이 흙으로 사람을 지으시고 생기를 그 코에 불어넣으시니 사람이 생령이 된지라 (창 2:7)

형식적 관점에서 호흡은 하나님의 입과 아담의 코 사이에 걸쳐 있는 금빛 직선으로 마치 조지 루카스 감독의 영화 '스타워즈'에서 제다이 기사들의 전자총에서 발사되는 빛줄기와도 같은 추상적 형태로 표현되었다. 그러나 15세기 초기 르네상스시대 조각가 야코포 델라 퀘르치아가 볼로냐의 산페트로니오 대성당 정면 입구에 부조로 조각한 〈아담의 창조〉[그림11]와 기베르티가 비슷한 시기에 피렌체 산조반니 세례당 정문에 조각한 〈아담의 창조〉[그림12]는 매우 자연스러워 보인다. 퀘르치아의 〈아담의 창조〉는

유대 카발라cabala의 영향을 받은 듯 삼각형의 광배nimbus를 머리에 쓴 하나님이 오른손으로 대지에 기대어 상체를 일으킨 아담을 향해 축복의 자세를 취하고 있는 반면, 기베르티의 〈아담의 창조〉에서는 무기력해 보이는 아담을 왼손으로 잡아 일으키는 하나님의 모습을 볼 수 있다.

그러나 천재적인 화가 미켈란젤로는 여기서 막 흙으로 빚어진 아담이 대지에 비스듬히 기대 하나님과 손가락 끝을 맞대어 호흡을 받는 아름다운 자세를 창조해냈다.[그림 13] 흙으로 빚어져 무기력하게만 느껴지던 아담이 싱싱한 육신과 생명을 지닌 사람으로 이 지구상에 탄생하는 순간이 포착된 것이다. 미켈란젤로가 〈천지창조〉에서 그려낸, 대지에 비스듬히 기대어 누워 있는 아담의 모습은 고대 그리스로마 시대의 강江의 신神 자세와 매우 흡사하다. 〈천지창조〉는 1508년에서 1512년까지 4년에 걸쳐 제작되었다. 그러니까 〈천지창조〉 제작 바로 직전인 1506년 1월 14일, 그 유명한 라오콘 작품이 티투스 궁전자리에서 발굴되었을 때 미켈란젤로는 기울리아노 다 상갈로와 함께 발굴현장 책임자로서 그 세기의 작품을 보았다. 이후 미켈란젤로의 고대 그리스시대 인체조각에 대한 태도는 열광적이었다. 특히 헬레니즘시대 작품을 로마제국의 황제 하드리아누스시대에 복제한 것으로 바티칸 벨베데레 정원에 놓여 있던 〈티그리스 강의 신〉[8][그림14]은 미켈란젤로가 지휘해 부서져나간 팔과 머리가 복원되었으므로 그 자세에서 〈천지창조〉의 아담과의 유사성을 찾아볼 수 있어 매우 흥미롭다.

우리는 이처럼 싱그러운 모습으로, 하나님의 팔 곁에서 세상에 나오길 기다리고 있는 맞은편 이브를 바라보는 아담의 평화로운 시선에서 곧 닥쳐올 비극적인 인류의 원죄를 생각할 수가 없다. 물론 여기서 예술가 미켈란젤로는 성경과 당대 기독교사회에서 통용되던 인간관을 토대로 자신의 예술적 상상력을 통해 인간의 모습을 창조해냈을 것이다. 즉 인간은 흙으로 빚어진 하나님의 형상으로 창조된 하나님의 피조물이라는 사실을…. 물론 신을 부정하고 신의 자리에 앉아 있는 현대의 인간들에게 이와 같은 당시의 인간관은 매우 어색해 보일 수도 있을 것이다. 그러나 우리는 시스티나 예배당 천장에 그려진 〈아담의 창조〉에서 예술의 기능이 무엇이며 보이지 않는 사물이 어떻게 예술가의 예술적 상상력을 통해 창조되는지를 이해하게 된다. 특히 조형요소인 형태와 색채를 사용해 예술가 미켈란젤로의 붓끝에서 이루어진 이 극적이며 창조적인 작품 앞에서 그가 하나님의 피조물이든 우연히 우주에 던져진 존재이든 간에 한 인간의 예술적 상상력이 주는 무한한 능력에 깊은 감동을 느끼게 된다. 그리고 인간존재가 지니는 무한한 영혼 또는 정신적인 능력에 대해 더 깊은 생각을 하게 된다.

죽음이란
무엇인가
?

천국에서의 영원한 젊음을
욕망하다

영원한 세계를 향한
미켈란젤로의 '최후의 심판'

천국에서의 영원한 젊음을
욕망하다

—박성은

괴팍한 천재예술가의 죽음에 대한 경험

누구보다도 긴 인생을 살면서 주변으로부터 괴팍한 천재
예술가로 불리며 생전에 '신神과 같은'이라는 찬사를 받았
던 예술가 미켈란젤로에게 죽음이란 과연 무엇이었을까?
그리고 죽음 이후의 세계를 그는 어떤 의미로 받아들였을
까? 우리는 바사리와 콘디비가 쓴 전기, 그리고 그가 가족
이나 친구들과 나눈 서신과 소네트를 통해, 특히 피렌체
에서 메디치가문의 두 공작을 위해 그가 제작한 무덤조각
을 통해 그의 죽음에 대한 생각을 엿볼 수 있을 것 같다.

미켈란젤로는 89년의 긴 인생을 사는 동안 죽음에 대
한 많은 경험을 했다. 1481년 여섯 살 유년기에 최초로 겪
은 어머니의 죽음, 1492년 청소년시절 자신을 친아들처럼
길러주며 위대한 조각가로 성장하는 데 밑거름이 되어준

후원자 로렌초 데 메디치의 죽음, 1513년 그의 예술가로 서의 가치를 높이 평가해 그가 예술가로서의 역량을 최대 한 발휘하게 해준 교황 율리우스 2세의 죽음, 1534년 평 생을 경제적인 문제로 아들을 불편하게 만든 아버지의 죽음, 1545년 노년에 만나 10년간 정신적인 사랑을 나눈 귀 족부인 비토리아 콜론나의 죽음, 그리고 20년 동안 조각 가이자 제자이면서 자신을 곁에서 돌봐준 우르비노의 죽음과 마지막으로 89년의 긴 인생길에서 자신에게 다가온 죽음이 그것이다. 이렇게 그는 여섯 살의 어린 나이에 겪은 어머니의 죽음을 시작으로 다양한 죽음을 경험하면서 89세 노령의 나이에 죽음 앞에 섰다.

이상과 같은 죽음들 앞에서 그의 생각을 모두 작품으로 남길 수 있었던 것은 아니지만 몇몇 편지와 소네트에 나타난 죽음에 대한 그의 표현은 미켈란젤로가 인생의 각 시기에 죽음에 대해 어떠한 생각을 가지고 있었는지 잘 보여주고 있다. 여섯 살의 어린 나이에 경험한 어머니의 죽음 이후 1492년 17세 청소년시기에 자신을 친아들처럼 아끼고 후원한 후원자 로렌초 데 메디치의 죽음은 그에게 어떻게 작용했을까? 로렌초의 배려로 미켈란젤로는 1490년부터 1492년까지 메디치 저택에서 자유롭게 창작 활동을 하며 인문학을 접할 수 있는 기회를 가질 수 있었

다. 메디치가문의 수장으로서 절대적 권력으로 피렌체를
이끌던 로렌초는 예술에 대한 깊은 안목과 관심으로 문학
과 미술, 그리고 철학자들을 후원해 피렌체에서 르네상스
의 꽃을 피우게 한 통찰력 있는 후원자였다. 그러한 후원
자가 세상을 떠나자 청소년 미켈란젤로는 비탄에 젖어 아
버지 집으로 돌아왔다. 그런데 여기에서 아쉬운 점은 로렌
초의 죽음에 대한 그 어떤 작품도 찾을 수 없다는 것이다.

"시간이 흐르지 않는 영혼은 얼마나 행복한 것이냐?"
미켈란젤로가 친지들의 죽음 앞에서 두려움을 느끼며 인
간적인 모습을 보이기 시작한 것은 노령의 나이에 접어
들면서부터였다. 예를 들면 그는 60세가 넘어서 로마 귀
족부인인 비토리아 콜론나와의 정신적인 사랑에 접어들
었다. 비토리아는 46세, 그는 63세였다. 두 사람의 사랑은
더욱 깊어졌는데 그러한 콜론나가 세상을 떠났다. 콜론나
의 죽음은 그가 죽음 앞에서 절망과 인간적인 깊은 고뇌
를 드러낸 최초의 사건으로 보인다. 평생을 독신으로 산
예술가 미켈란젤로의 전기에서 비토리아는 공식적으로
등장하는 플라토닉한 사랑을 한 유일한 여성이었다.

 1535년에 만난 그녀는 로마의 유서 깊은 귀족가문의
여성으로 미켈란젤로는 그녀를 위해 많은 소네트를 지

었고 스케치와 소묘를 했다. 그녀의 시는 전 이탈리아에 알려져 여성으로서는 유례없는 명성을 얻기도 했으나 1534년부터 종교가 완전히 그녀를 사로잡아 그녀는 로마 가톨릭 개혁운동에 동참하기도 했다. 가톨릭에서 개혁파의 생각은 신교와 일치하는 점이 있었는데 비토리아는 루터의 『시편』에 관한 글을 무척 흥미롭게 읽었다고 한다. 개혁파의 방침에 따라 그녀는 금욕적인 생활과 내적 영성을 추구하고 그리스도의 희생이 가져다준 구원의 은총을 소중하게 여겼다. 이와 같은 그녀의 종교적인 열정은 미켈란젤로의 영혼에 커다란 영향을 끼쳤다. 1536년에서 1541년까지 5년에 걸쳐 제작된 〈최후의 심판〉은 당시 가톨릭의 반종교개혁 분위기와 더불어 비토리아 콜론나와의 만남에서 있었던 미켈란젤로의 종교적인 성찰을 잘 보여주고 있다. 그녀와 미켈란젤로에게 예술작품은 일종의 신앙고백이었다. 즉 미켈란젤로에게 훌륭한 그림은 물질에서 출발해 정신인 신에게 가까이 다가가 신과 일치하는 것이다. 따라서 그의 예술론은 플로티누스의 신플라톤주의 사상에 토대를 두고 있음을 알 수 있다.

이처럼 정신적인 사랑을 나누던 그녀의 죽음을 그는 곁에서 지켜보았다. 그리고 다음과 같은 가슴 아픈 말을 했다. "죽은 그녀를 본 사실과 그녀의 손에 입 맞춘 것같이 이마와 얼굴에 입 맞추지 못한 사실을 생각하면 할수록 더욱 슬픈 일이 아닐 수 없다." 이와 같은 미켈란젤로의 회한에 대해 로맹 롤랑은 그의 저서 『미켈란젤로의 생애』에서 "얼마나 순결한 사랑이 그들을 감싸고 있었던가를 알 수 있다"고 쓰고 있다.[9] 그녀의 죽음은 70을 넘은 노인인 미켈란젤로에게 더욱 비통했다. 그녀가 죽은 후 오랫동안 그는 넋이 나간 것 같았고 감각을 잃어버린 듯했다. 훗날 미켈란젤로는 슬픈 얼굴로 이렇게 말했다. "그녀는 진실로 나를 위해서 행복을 빌었다. 나도 그랬다. 죽음은 내게서 위대한 친구를 빼앗아 가버렸다." 비토리아 콜론나의 죽음을 기리며 미켈란젤로가 쓴 소네트는 죽음에 대한 사랑의 승리를 보여주고 있다.

나를 그토록 슬프게 하는 사람이여 / 그대가 이 세상 나의 눈앞에서 모습을 감추었을 때 / 자연은 회한에 잠기고 사람들은 눈물에 젖었다네. / 그러나 죽음이여, 태양 속의 태양의 빛을 지웠다고 자랑하지 말라. / 그녀는 이 땅 위와 하늘 위에, 여러 성인聖人들 사이에 다시 살아 있나니 / 사악한 죽음은 그녀의 미덕을 지우고 영혼의 아름다움을 가졌다고 여길 것이다. / 그러나 그녀가 남긴 것은 그녀 생전보다 더욱 빛나고 있나니 / 죽음에 의해 그녀는 아직 갖

지 못했던 천국을 얻은 것이라네.[10]

이후 미켈란젤로의 인생에서 그에게 가장 뼈아프고 절
망적인 고통을 준 사건은 그가 81세 되던 해 공방의 조수
로 미켈란젤로의 생활을 돌봐주던 우르비노가 죽은 사건
이었다. 그는 1556년 피렌체에 있는 조카이자 상속인인
레오나르도에게 이렇게 썼다.

어제저녁, 그러니까 12월 3일 네시에 프란체스코 우르비
노가 저세상으로 갔다. 너무나 애석하다. 그가 남긴 고통
과 슬픔으로, 차라리 이 친구와 함께 떠나는 편이 더 나았
을 듯싶구나. 그에게 얼마나 정이 들었는데… 그럴만한 친
구였지. 값지고 독실하고 충직하지 않았더냐. 그가 죽었으
니 살아 있는 게 아닌 듯하다. 어디서도 마음의 위로를 찾
을 수가 없다.[11]

이어 바사리와 미켈란젤로가 주고받은 편지에서도 우
르비노의 죽음이 그에게 끼친 정신적 충격이 얼마나 큰
것이었는지 잘 드러나 있다.

친애하는 바사리 씨

(…) 아시다시피 우르비노의 죽음은 내게 있어서 극히 큰 비탄의 씨이며 아울러 하느님의 커다란 은총이기도 합니다. 하느님의 은총이라고 말한 이유는 오랫동안 나의 인생의 반려가 되어준 후에 우르비노는 나에게 죽음을 구하는 방법마저 가르쳐주었기 때문입니다. (…) 나는 그를 26년간 곁에 두고 (…) 그를 유복하게 대해주고 노후에는 몸을 기댈 지팡이로 믿고 있었지만 이제는 천당에서나 만날 희망을 남겨주고 나의 곁을 떠났습니다. 나는 그의 죽음을 보고 행복한 자라고 믿습니다. 그는 목숨을 아까워하지 않았습니다. 다만 허위와 악의에 가득 찬 세상에서 불행하게 시달리는 나를 남겨두고 간다고 고민했지요. 이미 나 자신의 모든 것이 그를 따라서 끝장났다고 해도 거짓이 아닙니다. 살아남은 자는 비참과 고뇌 이외의 아무것도 아닙니다. (1556년 2월 23일자 편지 중에서)[12]

일생을 독신으로 살아온 그의 인생의 동반자가 되어준 충직한 우르비노의 죽음은 81세의 노인인 미켈란젤로를 살아 있어도 살아 있는 것이 아닌 죽음을 두려워하는 한 인간으로 만들었다. 그는 이렇게 회한했다. "지금 당장 죽지는 않겠지만 죽음이 멀지 않았다는 게 몹시 두렵구나."

미켈란젤로는 죽기 3일 전까지 지난 수십 년간의 습관

처럼 〈론다니니의 피에타〉 작품에 몰두했다. 성모가 그리스도를 부축하고 있는 이 군상은 노령의 조각가 미켈란젤로가 어떻게 죽기 직전까지 작업에 매달렸는지를 보여주는 미완성의 감동적인 작품이다. 그래도 기운이 남아 있으면 강가로 나가 산책을 하며 일상적인 삶을 지속하면서 그는 자신의 영혼을 정화하는 생의 마지막 불꽃을 태우고 있었다. 1550년대에 쓴 아래 소네트는 노년의 대예술가 미켈란젤로가 어떻게 죽음을 받아들이고 있는지를 잘 보여준다.

연약한 배에 실린 내 삶의 여정은 마침내 / 거친 바다를 건너 항구에 닿았다. / 도착한 사람들은 저마다 / 자신이 저지른 나쁜 짓과 좋은 일을 이야기한다. / 내 예술을 우상과 왕으로 만든 그 분별 없는 꿈이 / 얼마나 잘못이었는지 나는 안다. / 그래도 사람들은 고집스럽게 욕망한다. / 즐거웠던 그 헛된 애욕의 꿈은 어떻게 될까? / 이제 나는 두 죽음을 맞는 걸까? / 안락한 죽음과 두려운 죽음. / 십자가에 매달린 우리 / 거룩한 사랑을 향한 영혼에게는 / 어떤 그림도, 어떤 조각도 위안이 되지 못하리.[13]

미켈란젤로는 1564년 2월 18일 금요일 오후 5시경에

로마에서 죽었다. "영혼은 신에게, 육체는 대지로 보내고 그리운 피렌체로 죽어서나마 돌아가고 싶다. (…) 그래서 '무서운 폭풍우로부터 아늑한 고요 속으로' 옮겨갔다. (…) 마침내 그는 휴식을 얻었다. 오랜 소원을 이루어 드디어 시간에서 벗어난 것이다. (…) 이제 시간이 흐르지 않는 영혼은 얼마나 행복한 것이냐?"

죽음의 상징으로서의 무덤

예술가 미켈란젤로의 죽음에 대한 생각을 잘 보여주는 또 다른 분야가 그가 제작한 분묘조각이다. 훗날 30여 년 후 메디치가문 출신의 교황 레오 10세가 가문의 예배당에 안치할 무덤조각을 이미 거장이 된 미켈란젤로에게 주문했다. 여기서 우리는 성숙한 인생의 단계에 선 조각가로서 미켈란젤로가 어떻게 죽음에 대한 개념을 예술적인 상상력을 갖고 시각화시켰는지 확인해볼 수 있다. 피렌체 메디치가문의 예배당인 산로렌초 성당의 새로운 성구실에는 최근 죽은 메디치가문의 두 공작의 무덤이 안장되었다. 줄리아노 데 메디치와 로렌초 데 메디치를 위한 무덤 [그림1]이 그것이다.

　무덤은 시대와 지역에 따라 그 형식이 다양하게 변해 왔다. 고대 로마시대, 살아생전 황제나 저명인사들이 자

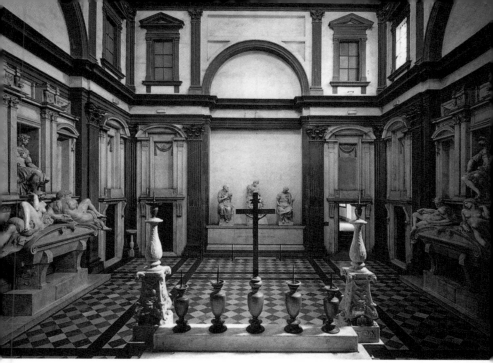

[그림1] 미켈란젤로, 산로렌초 메디치 성당, 무덤조각, 대리석, 1524~34

신을 사람들에게 널리 알리는 방법은 광장에 기념주나 초
상조각을 세우는 것이었다. 그러나 사후에는 로마법에 따
라 무덤은 성곽 밖에 위치해야 했다. 따라서 사후에도 널
리 기억되기 원하는 황제나 귀족층은 무덤을 통행인들이
쉽게 볼 수 있고 비문을 읽을 수 있도록 넓은 도로 양변에
두었다. 그러나 중세시대 순교자나 성인의 무덤 자리에
교회가 세워지자 사후세계에서 조금이라도 그들 가까이
있고 싶어 하는 기독교인들의 무덤이 교회 안으로 들어오

[그림2] 베르나르도 로셀리노, 〈레오나르도 브루니의 무덤〉, 1445, 피렌체 산타크로체 성당

면서[14] 벽 무덤wall tomb 형식이 등장했다. 그것은 벽에 석관을 붙이고 망자의 초상조각은 석관 위에 횡 와상으로 하늘을 향해 누워 있는 수평구도의 형식을 취하고 있다.

이후 이와 같은 무덤형태는 르네상스시대 문화현상의 하나로 부활한 고대 석관의 영향으로 크게 발전했다. 누워서 머리를 베개 위에 두고 있는 횡 와상의 양손은 규범에 따라 신분의 성격을 부여하는데 왕은 왕홀을 지니고 기사는 두 손으로 검을 잡고 있으며, 주교는 한 손으로는 주교 지팡이를 잡고 또 다른 손으로는 신의 은총을 내리는 모습으로 재현되고 있다.[15] 즉 그들이 손에 잡고 있는 지물attribute 들을 통해 우리는 고인의 사회적인 역할을 알 수 있다. 초상조각으로서 망자의 두 손은 가슴 위에 교차되어 놓여 있는데 이는 이제 고인이 하늘나라에서 '지고의 행복을 누리는' 영원한 휴식을 취하고 있음을 상징하는 것이다.

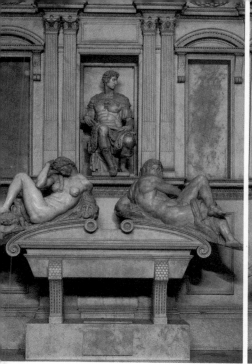

[그림3] [그림4] 그림1의 세부. 줄리아노 데 메디치와 로렌초 데 메디치의 무덤

　　좋은 예로 들 수 있는 것이 15세기 피렌체 조각가 베르
나르도 로셀리노의 작품으로, 피렌체의 인문주의자이자
시민적 휴머니즘을 주장한 정치사상가로 피렌체 제1서기
장을 지낸 『피렌체찬가』의 저자 레오나르도 브루니의 무
덤을 들 수 있다.[그림2] 수평의 횡 와상에는 사자의 신분
이나 지위를 상징하는 제스처가 표현되어 있다. 따라서
인문주의 정치사상가였던 브루니는 1445년 그가 죽어 산
타크로체 성당의 무덤에 묻혔을 때 횡 와상으로 누워 두

손을 가슴에 교차하고 자신의 저서인 『피렌체찬가』를 손에 들고 있는 모습으로 조각되었다. 이에 반해 조각가 미켈란젤로는 메디치가문의 예배당에서 처음으로 새로운 삼각구도를 사용해 무덤조각의 새로운 지평을 열었다. 절제된 삼각형 구도를 통해 공작들의 좌상을 안치시키고 하루 스물네 시간을 네 순간으로 구분한 알레고리 인물상을 좌우로 배치해 르네상스의 이상적인 무덤조각 형식을 창조한 것이다.[그림3, 4]

도상학적 관점에서 중앙 제단에는 성모상을 중심으로 메디치가문의 수호성인인 코스마스와 다미안이 양 옆으로 배치되어 있고, 건너편에서 마주보며 자신의 무덤인 석관 위에 앉아 있는 줄리아노와 로렌초의 초상조각 그리고 시간의 알레고리인 '밤과 낮', '황혼과 새벽'이 자리하고 있다. 이들 모든 조각상들은 마치 두 공작의 영혼의 구원을 성모상을 향해 탄원하는 듯한 자세를 취하고 있다. 이것은 물론 기독교가 세속화되어가던 16세기 전성기 르네상스시대 기독교사회의 죽음에 대한 인식 체계를 반영한 것으로, 사후세계를 위해 성모자에게 자신들의 영혼의 구원을 간구하고 있는 것이다.

초상조각의 주인공인 줄리아노[그림3]와 로렌초 공작[그림4]은 생전에 메디치가문 출신의 교황 레오 10세의 군

[그림5] [그림6] 그림3, 4의 세부, 줄리아노와 로렌초 데 메디치 초상조각

대를 지휘하는 사령관이었다. 그들이 고대 로마제국시대
의 집정관 갑옷을 입고 지휘봉을 들고 앉아 있는 모습은
1513년 로마의 카피톨리노 언덕 광장에서 원로원으로부
터 로마의 시민권을 부여받은 명예와 관련이 있다고 한
다. 프랑스어로 줄리앙이라 불리는 이 조각의 상반신은[그
림5] 미술대학을 준비하던 학생들이 아틀리에에서 열심
히 연습하던 석고데생임을 확인할 수 있어 반가운 마음이
다. 한편 왼팔을 무릎에 받친 채 생각에 잠긴 모습의 로렌

[그림7] [그림8] [그림9] 미켈란젤로의 〈로렌초 데 메디치〉, 〈예레미아〉(16세기), 로댕의 〈생각하는 사람〉(19세기)

초를 바라본 바사리는 그를 '사색가'라고 불렀다고 하는 데[그림6], 이처럼 로렌초는 석관 양 옆으로 비스듬히 누운, 끊임없이 흘러가는 현실의 시간을 상징하는 알레고리를 내려다보며 죽음을 통해 영원으로 이어지는 삶의 이치를 생각하고 있는 것 같다. 이처럼 생각에 잠겨 앉아 있는 인체 자세는[그림7] 1512년 완성된 시스티나 천장화인 〈천지창조〉에서 눈물의 선지자 〈예레미아〉[그림8]를 통해 이미 나타나고 있다. 여기서 조각가 미켈란젤로는 유대민족에게 계시를 통해 다가올 하나님의 징벌에 대해 깊은 생각을 하고 있는 예레미아의 모습과 자신의 죽음에 대해

86

사색하고 있는 로렌초의 자세를 통해 인간의 생각하는 명상적인 자세를 창조해내고 있는 것이다. 이와 같은 생각하는 자세는 우리 전통불교조각의 반가사유상과도 그 자세가 매우 흡사해 인간이 깊은 사고를 할 때 취할 수 있는 보편적인 자세가 어떤 것인지를 확인하게 해준다. 물론 16세기 미켈란젤로에 의해 제작된 로렌초 공작의 사색하는 자세는 1875~1877년 사이 이탈리아에 체류하면서 고대와 르네상스조각을 공부해 근대조각의 시조가 된 19세기 프랑스의 조각가 오귀스트 로댕에게 지대한 영향을 끼쳐 우리가 친근하게 알고 있는 〈생각하는 사람〉[그림9]을 탄생시켰다.

죽음 이후 세계에 대한 기독교적인 믿음

이 메디치 성당을 유명하게 만든 것은 죽음을 상징하는 것으로 '하루의 시간'의 알레고리 조각상들이다. 중세시대와 르네상스시대 작품들은 비유와 상징을 통해 작품의 의미를 의도적으로 감추기도 하는데 이것을 이해하기 위해서는 일정한 지식이 요구된다. 도상학iconography과 도상해석학iconology이 그것이다. 작품에 표현된 인물들과 사물들은 무언가 다른 것을 지시한다. 예를 들어 정물화에 해골이나 시든 꽃과 과일, 또는 비눗방울 같은 것이 그려져 있

[그림10] 그림3의 세부. 시간의 알레고리 : 밤과 낮

다면 이것은 전통적으로 죽음 혹은 삶의 허무에 대한 상
징에 해당한다. 이처럼 그려지거나 조각된 대상이 다른
의미를 지니고 있는 것을 연구하는 학문을 도상학이라 하
며 작품 속에서 각 도상이 내포하고 있는 주제와 의미를
시대의 문화적인 틀 안에서 해석해주는 것을 도상해석학
이라 한다.

　두 공작의 무덤에 나타난 네 개의 알레고리 중에서 확
실하게 알 수 있는 것은 죽음을 상징하는 밤이다. 밤[그림
10]을 상징하는 누드의 여성은 머리에 초승달과 별로 장
식된 관을 쓰고, 잠과 관계가 있는 양귀비꽃 다발 위에 발
을 얹은 채 잠이 들어 있다. 발밑에 있는 올빼미와 가면도
밤과 관계되는 도상들이다. 고대 그리스신화에서 잠hypnos
은 죽음tanathos과 사촌지간이라는 사실을 생각해볼 수 있

88

다. 반면 등을 돌려 머리를 들고 있는 낮은 건장한 신체의 남성으로 표현되어 있다. 로렌초의 초상조각 아래 있는 시간의 알레고리는 새벽과 황혼이다. 새벽을 상징하는 여성 누드는 이제 막 잠에서 깨어난 듯 싱싱한 몸을 틀고 있는 데 비해 얼굴에 나타난 모호한 표정은 황혼의 늙음을 상징하는 노년의 남성으로 표현되어 있어 밤과 죽음이 이내 다가올 것을 알려준다.

이렇듯 미켈란젤로는 사계절에 인생의 네 단계를 비유하는 것과 같이 하루의 흐름을 황혼, 밤, 새벽, 낮과 같이 네 순간으로 구분하는 전통적으로 내려오는 시간에 대한 알레고리를 수용하고 있다. 이것은 끊임없이 흘러가는 시간 속에서 유한한 존재로 죽어야 하는 인간의 속성을 의미하고 있다. 이처럼 변화하는 만물의 속성으로서 무상함을 상징하는 '바니타스Vanitas'[16] 테마는 16, 17세기 이탈리아 장례미술에서 유행한 후 해상무역과 상업의 발달로 풍요로워진 물질 만능의 네덜란드 사회에서 덧없는 인생과 물질의 헛됨을 경고하는 메시지를 전달하는 정물화로 재등장한다.

그러나 초상조각의 관점에서 벽감 속에 좌상으로 표현된 망자들의 얼굴은 그 기능을 하고 있지 못하다. 존재론적 관점에서 그들의 얼굴은 영원히 변하지 않는 젊음 그

자체다. 그것은 미켈란젤로 시대에 작품 앞에서 관람객들이 지적한 사실로, 조각은 살아생전의 그들의 얼굴과 전혀 닮아 있지 않다. 미켈란젤로는 이와 같은 사람들의 지적에 어차피 "1천 년이 지나면 아무도 그들의 모습이 어땠는지 기억하지 못할 것이다"라고 했다고 한다. 우리는 이와 같은 이야기 속에서 미켈란젤로가 소년시절 메디치 궁전에 머물 때 신플라톤주의 철학의 영향을 받은 사실을 기억하게 된다. 초상화는 기능상 살아 있는 사람의 것이든 죽은 사람의 것이든 그 사람의 얼굴과 신체적인 특징이 있는 그대로 사실적으로 재현되어야만 한다. 초상화 주인을 닮지 않은 초상화는 초상화의 기능을 상실한다.

이처럼 시간의 흐름 속에서 다양한 모습으로 변하는 현상적인 세계를 부정하고 영원히 변하지 않는 사물의 본질을 탐구한 고대 희랍의 플라톤 사상인 이데아론과 기독교신학의 조화를 통해 초월적인 절대자로서 하나님의 존재를 설명하던 신플라톤주의 철학에 영향을 받은 미켈란젤로의 작품은 15세기 대부분의 화가와 조각가들이 추구하던 사실주의를 부정하고 있다. 그는 신플라톤주의 철학을 접한 조각가답게 망자들의 얼굴을 시간 속에서 추하게 변해가는 늙고 주름진 모습이 아니라 영원한 젊음으로 빛나는 얼굴과 에너지 넘치는 건강한 청년의 몸으로 표현하고 있는 것이다. 기독교에서 최후의 심판 날 구원받은 영혼들이 33세라는 아름답고 힘찬 나이에 죽은 예수와 같은 몸으로 부활하게 된다고 교회가 설교하고 있듯이….

이처럼 젊은 조각가 미켈란젤로의 '죽음이란 무엇인가?'에 대한 대답은, 메디치 무덤조각에서 보이는 것처럼 이상적인 인체의 건강한 아름다움을 지닌 청년의 모습으로 구원받고 하나님 나라에서 영원히 사는 것이라는 죽음 이후의 세계에 대한 기독교적인 믿음을 보여주고 있다.

영원한 세계를 향한
미켈란젤로의 '최후의 심판'

—고종희

삶이 즐거우면 죽음도 즐겁다

> 만일 생이 우리들에게 즐거운 것이라면 죽음도 같은 작가
> 가 만든 것이므로 결코 불유쾌할 리가 없다. (바사리, 1393)

죽음에 대한 미켈란젤로의 위트 넘치는 생각이다. 그는
죽음을 인생의 끝이 아닌 새로운 시작으로 보았다. 죽음
은 세상에 태어난 모든 생물체의 피할 수 없는 운명이다.
삶이 한시적인 것이므로 인간이 영원성에 관심을 갖는 것
은 당연하며 그것을 푸는 문제는 모든 종교와 철학의 궁
극적인 목적일 것이다. 죽음은 삶을 인도할 방향키이기
때문이다. 성현들이란 죽음에 대한 의미와 신비를 풀고자
한 사람들이며 그 과정에서 터득한 나름의 노하우들을 전

92

하고 있는데 그것은 결국 어떻게 이생의 삶을 살아야 하는지에 대한 이야기다. 따라서 죽음에 대해 확신하지 못하는 한 삶에 대해서도 확신할 수 없을 것이다.

세상에는 단 한 명도 영원히 살아남은 자가 없지만 단한 분, 하느님의 아들이면서 인간의 모습으로 태어난 그리스도는 예외다. 성경에 따르면 그는 죽은 지 사흘 만에 부활했고, 그 후 영원히 죽지 않았으며, 세상 종말의 날에 심판하러 온다고 했다. 그리스도교는 예수가 인간의 죄를 대신해 십자가에 못박혀 죽음으로써 인간은 영원한 생명을 선물로 받았다고 한다. 인간이 죽더라도 저세상에서 영원히 살 수 있는 길이 열린 것이다. 물론 여기에는 몇가지 조건이 있지만. 미켈란젤로 역시 이 같은 그리스도교 신앙을 따르고 있다.

미켈란젤로는 죽음 이후의 세계가 있음을 믿고 있었으며, 그곳에서 신을 만나 영원한 안식을 누릴 것을 기대했었다. 다음은 그가 아버지를 잃고 바친 시다.

아버지, 당신의 죽음으로 나는 죽음을 알았습니다. 그 최후의 날이 신의 옆에 서는 최초의 날이며 영원의 날인 자에게 있어서 죽음은 사람이 생각하는 것처럼 최악의 것은 아닙니다. (…) 부자간의 지극한 사랑이 진정으로 하늘에

미친다면, 거기서 나는 당신과 다시 만나게 될 것을 바라며 또한 믿고 있습니다. (롤랑, 147)

26년간 자신의 시중을 들어준 우르비노가 사망했을 때 미켈란젤로는 옷도 갈아입지 않고 사환의 시신을 지켰다. 미켈란젤로는 사랑했던 이 사람과 천국에서 다시 만나기를 희망한다며 바사리에게 다음과 같은 편지를 썼다.

우르비노는 내게 있어서 극히 큰 비탄의 씨이며 아울러 하느님의 커다란 은총이기도 합니다. 하느님의 은총이라고 말한 이유는 오랫동안 내 인생의 반려가 되어준 후에 우르비노는 나에게 죽음을 구하는 방법마저 가르쳐주었기 때문입니다. 나는 그를 26년간 옆에 두어왔고, 항상 충실하고 훌륭한 자로 알아왔습니다. 나는 그를 유족히 해주고, 노후에는 몸을 기댈 지팡이로 믿고 있었지만 이제 그는 천국에서나 만날 희망을 남겨주고 나의 곁을 떠났습니다. 나는 그의 죽음을 보고 행복한 자라고 믿습니다. 그는 목숨을 아까워하지 않았습니다. 다만 허위와 악의에 가득 찬 세상에서 불행하게 시달리는 나를 남겨두고 간다고 걱정했지요. 이미 나 자신의 모든 것이 그를 따라서 끝장났다고 말해도 거짓이 아닙니다. 살아남은 자는 비참과 고뇌

이외의 아무것도 아닙니다. (바사리, 1377)

미켈란젤로는 자신이 베드로성당 건축 공사 일을 그만두면 공사가 엉망이 될 것을 염려하면서 그리스도에게 의지하는 마음을 담은 시 한 수를 썼는데, 이는 마치 시스티나 예배당의 〈최후의 심판〉을 보는 듯하다.

덧없는 일엽편주 같은 이 내 목숨 / 폭풍의 바다 건너서 / 선과 악을 영원히 심판받으려고 / 사람 다 모여드는 항구에 닿았네.
나를 시켜서 예술의 숭배자로 만들어 / 그 노예가 되게 한 백일몽이여 / 얼마나 어리석었던가 / 지금에야 깨달았도다. / 뭇 사람이 본의 아니게 / 가슴 태우면서 구하려든 것을.
헛되이 마음 설레고 / 애착은 끝없는데 / 이것이 웬말이냐 / 벌써 영혼과 육신의 죽음이 / 총총 다가오는구나. / 그림도 조각도 이미 / 나의 넋을 달래지 못하니 / 나를 구하려고 / 십자가에 두 팔을 벌리신 / 그이의 위대한 사랑을 향한다. (바사리, 1379~1380)

말년에 미켈란젤로는 피곤했던 인생살이에서 죽음만이 영원한 안식처가 될 것이라고 말했다.

(신은) 나에게 영광을 허락해놓고 예술은 나의 험난한 인생을 만들어주었다. 이 늙은 나는, 만약 죽음이 나를 구해주지 않으면, 지쳐버리고야 말 것이다. 피로는 나를 갈래로 찢고, 깎고, 때려부쉈다. 여기에서 내가 기다리고 있는 휴식은 오직 죽음이다. (롤랑, 226)

그는 1564년 2월 18일 오후 5시경에 사망했으며 짧은 유언을 남겼다.

나는 넋을 천주님께, 육체를 땅에, 재산은 내 근친자들에게 남긴다. (바사리, 1389)

이상의 글들은 미켈란젤로가 죽음 이후의 세계가 있음을 믿고 있었으며, 그곳에서 신을 만나 영원한 안식을 누릴 것을 기대하고 있었음을 보여준다.

삶과 죽음에 관한 장엄화, 〈최후의 심판〉
미켈란젤로는 시스티나 예배당에 그린 〈최후의 심판〉[그림11]에서 삶과 죽음에 대한 자신의 생각을 밝히고 있다. 시스티나 예배당은 30년 전 그 자신이 천장화 〈천지창조〉를 그렸던 바로 그곳이다. 천장화가 구약의 시작인 천지

[그림11] 미켈란젤로, 〈최후의 심판〉, 1537~41, 바티칸 시스티나 소성당

창조이자 인류의 탄생이었다면 〈최후의 심판〉은 신약의 끝인 인류의 종말과 심판 그리고 구원에 관한 이야기다. 그러니 시스티나 예배당의 천장화와 벽화는 인류의 시작과 끝, 그리고 죽음 너머의 세계를 그린 셈이다.

〈최후의 심판〉은 1536년에 시작해 1541년에 완성했다. 작품을 주문한 사람은 메디치가문 출신의 교황 클레멘세 7세로서 시기는 1533년으로 거슬러 올라간다. 교황 클레멘세 7세는 주문한 지 1년 후 사망했으므로 미켈란젤로로서는 이 무거운 프로젝트에서 벗어나 교황 율리우스 2세의 묘비작업에 몰두하려 했으나 후임 교황 바오로 3세는 미켈란젤로에게 〈최후의 심판〉을 완성할 것을 완고히 주문했다. 여기서 미켈란젤로는 또다시 60의 나이에 자신의 뜻과는 상관없이 거대한 회화작업을 맡게 된 것이다.

〈최후의 심판〉은 루터의 종교개혁 이후 가톨릭과 개신교가 첨예하게 대립하던 시기에 제작되었다. 이 작품에는 기존의 가톨릭 신앙 외에 프로테스탄트의 사상이 반영되었는데, 이는 그림장소가 교황청의 심장부라는 점과 당시 구교와 신교가 첨예하게 대립했고 가톨릭에서는 루터의 종교개혁에 대항하는 반종교개혁 운동이 일어나고 있던 시기라는 점에서 미켈란젤로의 신앙과 신학을 살펴볼 수 있는 중요한 자료다. 그동안 수없이 많은 정신적, 육체적 고통을 겪어왔던 60이 된 노인 미켈란젤로는 다시 또 절망과 고통 그리고 고독 속에서 4년간의 작업을 통해 인류의 종말과 죽음 이후의 세계를 절절하게 그림으로 보여주었다.

그림의 주제는 인류 종말의 날, 인간이 죽음에서 깨어나 예수의 심판을 받고 선을 행한 이들은 천국에서 영원한 삶을 누리고 악을 행한 이들은 지옥으로 떨어져서 영원히 벌을 받게 된다는 성경 내용이다.[17] 최후의 심판은 중세시대에 많이 그려진 도상으로, 전통적으로 중앙에 심판자 예수가 옥좌에 앉아 있고 위에서부터 천사의 무리, 12사도와 성인들, 천국과 지옥의 장면이 그려졌는데 미켈란젤로의 〈최후의 심판〉도 전반적인 구도에서는 이 같은 전통을 따르고 있다. 하지만 이전의 그 어떤 작품도 이 같은 규모와 생명력으로 그려진 적은 없었다. 여기에는 이전 작가들이 다루지 않았던 장면들도 새롭게 등장한다. 작품의 높이는 약 13미터이니 5층 정도의 건물 높이로 볼 수 있고, 여기에 그려진 인체는 400명이 넘는다. 구상 기간을 제외한 실제 제작기간은 4년이었다. 이 작품 역시 미켈란젤로는 혼자서 작업했다. 미켈란젤로는 이 그림을 그리기 위해 한편으로는 조토를 비롯한 이전 작가들이 그린 같은 주제의 그림을 참고했을 것이고, 다른 한편으로는

[그림12] 미켈란젤로, '예수', 1537~41, 바티칸 시스티나 소성당

성경의 관련 부분을 읽고 묵상했을 것이다. 이제 그림의
부분들을 살펴보자.

- 예수[그림12]

화면의 중심축 상단부에 심판자 그리스도가 있다. 그
동안의 전통적 도상과 달리 건장한 젊은이로 그려졌으며,
특히 수염이 없는 모습이 인상적이다. 수염 없는 예수는

100

초기 그리스도교 이후 거의 찾아볼 수 없었으나 여기서 다시 등장했다. 그는 나체로 구름 위에 떠 있으며 심판하기 위한 듯 오른손을 치켜들고 있다.

조토의 작품에서 볼 수 있듯이 전통적으로 최후의 심판에 등장하는 예수는 권좌에 앉아 있는 모습이었으나 여기서는 서 있는 모습이어서 보다 역동적으로 표현되었다. "그때에 사람들은 사람의 아들이 하늘에서 구름을 타고 권능을 떨치며 영광에 싸여 오는 것을 보게 될 것이다"라는 성경 구절(마태 24:30)을 형상화시킨 것으로 보인다. 심판자 그리스도는 이 거대한 그림의 중심축으로서 모든 인물들은 그를 중심으로 배치되었다.

- 마리아

예수의 오른편에 마리아가 있다. 두 손을 가슴에 모으고 아래쪽을 바라보고 있다. 가톨릭에서는 431년 에페소서 공의회 결정에 따라 마리아를 천주의 어머니로 모시고 있으며, 인간을 위해 기도하는 중재자로 공경하고 있다. 반면 프로테스탄트는 이를 받아들이지 않는다. 부오나로티 미술관에 소장되어 있는 스케치에서는 마리아가 영혼들의 구원을 위해 두 팔을 들어 그리스도에게 간청하는 보다 적극적인 중재자의 모습인 데 반해 실제 벽화에서는 마리아가 두 팔을 모으고 영혼들을 바라보고 있는 소극적인 모습으로 묘사했는데 이는 당시 프로테스탄트 신앙을 반영한 것으로 보인다.

- 성인들[그림13]

예수의 양 옆에는 12사도와 이미 천국에 오른 성인들의 무리가 있다. 가톨릭은 전통적으로 성인들을 인간을 위해 하느님께 기도해주는 중재자로 공경하고 있다. 그림 속 성인들은 각자의 상징물을 들고 있어서 그 존재를 알 수 있게 했으며 실오라기 하나 걸치지 않은 완전 나체로 그려졌다. 성인들이 이렇게 벌거벗은 모습으로 그려지기는 처음이다. 미켈란젤로는 천국에서는 성인들도 옷을 입지 않았을 것이라고 생각한 듯하다. 이로써 기존의 〈최후의 심판〉에 등장했던 권위 있는 성인들의 모습은 사라졌다.

이들 성인의 모습 중 몇몇을 살펴보면 그리스도의 오른편에는 세례자 요한이 그려져 있는데 낙타 가죽을 걸치고 있어서 그 존재를 알 수 있다. 그와 대칭이 되는 그리스도의 왼편에 서 있는 베드로는 큼지막한 천국의 열쇠를 들고 있어서 쉽게 알아볼 수 있다. 그리스도 발치에도 두 성인이 있는데 그 중 그리스도를 중심으로 오른쪽에 있는 인물은 불에 타 순교한 성 라우렌시로서 화형당할 때 쓰

[그림13] 미켈란젤로, '성인들', 1537~41, 바티칸 시스티나 소성당

였던 철판을 상징물로 들고 있다. 그와 대칭을 이루는 이
는 인피人皮가 벗겨지는 순교를 당한 성 바르톨로메오다.
그는 순교 때 벗겨진 자신의 살가죽을 들고 있는데 미켈
란젤로는 거기에 자신의 자화상을 그려놓았다. 이 밖에도
화살을 들고 있는 성 세바스티아노, 부서진 바퀴를 들고
있는 알렉산드리아의 성녀 가타리나, 자신이 매달린 십자
가를 메고 있는 성 안드레아의 모습이 보인다.

[그림14] 미켈란젤로, '나팔 부는 천사들', 1537~41, 바티칸 시스티나 소성당

- 나팔 부는 천사들[그림14]

그리스도의 바로 아래쪽에는 천사들이 나팔을 불며 최후의 심판을 알리고 있다. 천사들은 날개가 없고 얼굴이 괴기스러워 그동안 그려졌던 선하고 아름다운 천사의 이미지와는 완전히 다르다. 이들은 긴 나팔을 볼이 터질 정도로 불며 최후의 심판 날이 왔음을 알리고 있다. 이들 중 아래쪽 두 명은 영혼들의 운명이 적힌 책을 들고 있는데 천국행 명단은 작고 얇은 반면 지옥행 명단은 크고 두껍다. 미켈란젤로는 지옥으로 갈 영혼들이 훨씬 많다고 생각한 듯하다. 이는 또한 지옥행과 천국행이 이미 예정되어 있음을 보여주는 프로테스탄트의 예정설을 반영한 것

[그림15] 미켈란젤로, '죽은 이들의 부활', 1537~41, 바티칸 시스티나 소성당

으로도 보인다.

- 죽은 이들의 부활[그림15]

그림 맨 아래의 왼쪽 부분은 천사들의 나팔소리를 듣고 죽음에서 막 깨어나는 영혼들을 그린 것이다. 그리스도교는 죽음이란 잠을 자는 것이라고 여겼고 종말의 날 잠에서 깨어나 심판을 받는다고 믿었다. 어떤 영혼은 해골상태인가 하면 이제 막 살이 붙어가는 인물도 있다. 이들 영혼들은 나팔소리에 잠에서 깨어나 생전의 행업에 따라 심판을 받고 천국으로 올라가거나 지옥으로 떨어진다.

[그림16] 미켈란젤로, '지옥행 영혼들', 1537~41, 바티칸 시스티나 소성당(상)
[그림17] 미켈란젤로, '지옥', 1537~41, 바티칸 시스티나 소성당(하)

- 천국행과 지옥행 영혼들[그림16]

잠에서 깨어난 영혼들의 위쪽에는 선택된 영혼들이 천국으로 올라가고 있다. 일부는 자력으로 올라가고 있으나 일부는 힘껏 팔을 내밀어 끌어올려주는 천사들의 도움을 받고 있다. 이들 반대편에는 지옥으로 떨어지는 영혼들이 있다. 질투, 방탕, 교만, 인색 등의 죄를 지은 영혼들이다. 천사들은 이들이 하늘로 올라오지 못하도록 주먹을 휘두르며 막고 있는데 미켈란젤로 특유의 유머가 돋보이는 장면이다.

- 지옥[그림17]

아랫부분 우측에는 카론테가 지옥으로 떨어진 영혼들을 배에 싣고 강을 건너 지옥의 입구에 떨궈놓고 있다. 단테는 신곡에서 지옥의 입구를 다음과 같이 표현했다. "악마 카론은 이글거리는 눈빛으로 / 그들을 가리키며 모두 한데 모아놓고 / 머뭇거리는 놈들을 노로 후려쳤다."[18]

〈최후의 심판〉은 미켈란젤로의 죽음에 대한 시각적 답변

이들 장면을 종합하면 미켈란젤로의 〈최후의 심판〉은 죽음 이후의 세계가 존재하며 인간이 살아생전의 행업에 따라 영원한 생명의 세계인 천국으로 올라가거나 영원한 불

바다인 지옥으로 가야 할 운명임을 보여준다. 이 그림에서는 전통적 가톨릭 신앙은 물론 당시 가톨릭 내부 개혁자들 사이에서 일기 시작한 프로테스탄트의 사상도 엿보인다. 이 그림을 그릴 무렵 미켈란젤로는 프로테스탄트의 영향을 받은 지성인들의 모임에 동참했는데 그 중에 비토리아 콜론나Vittoria Colonna라는 여성이 있었다. 그녀는 페스카라의 후작부인으로서 남편 페란테 알폰소는 파비아 전투에서 프랑스의 왕 프랑수아 1세를 무찌른 장군이었는데 남편과 사별한 후 콜론나는 수도원에서 지내며 신앙생활에 전념했다. 콜론나는 엘리트여성으로서 미켈란젤로와 우정을 나누며 그를 이해해주었던 사람이었다.

콜론나는 미켈란젤로를 자신이 활동하던 모임에 소개했다. 이 모임의 구성원들은 가톨릭 개혁자라 불리었으며 로마교회의 테두리에서 벗어나지 않는 범위 내에서 교회의 내부개혁을 추진해나갔던 온건개혁파 성향의 고위성직자들이었다. 이들은 어떤 사안에서는 프로테스탄트 교리와 유사한 주장을 펼치기도 했는데 미켈란젤로의 〈최후의 심판〉에서 보이는 프로테스탄트적 성향은 이들에게서 영향을 받은 것으로 볼 수 있다. 이들은 로마 북쪽의 작은 도시 비테르보에서 모임을 가졌기 때문에 비테르보 서클이라고도 불린다. 흥미로운 것은 당시 교황 바오로 3세가 이들 중 콘타리니, 카라파, 폴레, 모로네 등을 추기경으로 임명했다는 사실이다. 이는 가톨릭개혁 운동이 상당히 깊이 진행되고 있었음을 의미한다.

〈최후의 심판〉에 대해 안소니 블런트는 "로마 가톨릭의 토대를 파괴하지 않는 한도 내에서 개혁의 교리를 통해 영적으로 쇄신된 새로운 형태의 가톨릭을 구축해보고자 한 무리 중의 한 사람이었던, 신앙인 미켈란젤로 개인의 신앙고백"이라고 말한 바 있다.

반종교개혁이 진행되면서 〈최후의 심판〉은 많은 비판을 받았다. 이 작품을 비난한 사람 중에 피에트로 아레티노라는 사람이 있었는데 그가 1545년 11월에 보낸 편지가 있다.

선생께서 그린 심판의 날을 보고(그는 아마도 복제판화를 본 것 같다) 저는 라파엘로의 작품이 지니는 빛나는 기품과 조화로운 아름다움을 새삼 음미하게 되었습니다. 아울러 세례를 받은 그리스도교도로서 저는 우리의 가장 참된 믿음과 목표를 선생께서 영혼과 지성을 무시하시고 제멋대로 표현하신 것에 수치심을 느꼈습니다. 그토록 대단한 명성을 지닌 미켈란젤로, 지혜롭기로 유명한 미켈란젤로, 모두가 칭찬하는 미켈란젤로가 종교적으로 불경스런 그림을 그려 사람들에게 보여주기로 결정하신 것은 이해가 가지 않습니다. 너무나 거룩하셔서 사람들과 교제도 하지 않으려 하는 선생께서 웅장한 신의 교회에서, 그것도 예수님의 제단 위에서 이런 짓을 한다는 게 가능한 일입니까? 이곳은 위엄 있는 추기경, 존경받는 사제, 그리스도의 대리인이 가톨릭 행사를 집전하고, 신성한 명령을 내리고, 성스러운 기도를 올리는 장소이며, 고해하고, 명상하고, 성체와 성혈과 성육을 찬미하는 세계 최대 예배당 아닙니까? (…) 천사와 성인들이 전혀 겸손하지 않고 천국다운 장식이 전혀 없습니다. (…)

이교도들이 어떻게 그림을 그리는지 한번 보십시오. 다이애나가 늘 옷을 입은 모습으로 등장하는 것은 물론이고, 벌거벗은 비너스를 그릴 때조차 그들은 손으로 감춰야 할 부분을 가린 모습으로 그립니다. 그런데 정작 그리스도교도는 예술을 신앙보다 높이 치기 때문인지 품위가 없는 순교자와 처녀들, 성기를 움켜쥔 그림을 훌륭한 구경거리로 여깁니다. 그런 모습은 매음굴에서도 보지 않기 위해 눈길을 피하는 것입니다. 선생의 그림은 숭고한 예배당보다 방탕한 목욕탕에 더 어울릴 것입니다. (…) 그러니 예의 그 화염으로 저주받은 자들의 부끄러운 부분을 가리고 축복받은 자들의 부끄러운 부분을 가리는 방법으로 돌아가십시오.[19]

110

아레티노는 베네치아 사람으로 촌철살인의 그의 펜은 사람을 살리기도, 죽이기도 하는 위력을 지녔기에 사람들은 그를 두려워했다. 이런 그가 미켈란젤로를 그토록 혹평한 것은 드로잉을 한 점 달라고 했던 부탁을 거절당한 것에 대한 보복이었다. 하지만 그의 견해는 이후 반종교 개혁파들에 의해 강하게 제기되어 이 작품은 여러 차례 파괴의 위기에 몰렸고 결국 미켈란젤로가 사망하자마자 나체의 중요한 부분들을 다니엘레 다 볼테라라는 제자를 시켜 가리게 했다. 아레티노의 이 혹평은 그러나 미켈란젤로의 위대함을 드러내는 증거이기도 하다. 그가 비난한 바로 그 점들로 인해 전통과 권위, 관념에서 벗어난 참 자유인이자 진실한 신앙인이었던 미켈란젤로의 모습이 빛나기 때문이다.

〈최후의 심판〉은 제도로부터 자유로웠으며 가톨릭과 프로테스탄트 사이를, 성경과 문학 사이를, 전통과 개혁 사이를 자유자재로 넘나들었던 진정한 자유인 미켈란젤로의 죽음에 대한 시각적 답변이었다. 또한 그것은 동시에 자유, 진보, 용기로 표현된 미켈란젤로의 신앙고백이자 구원에 대한 갈망이었다.

죄는
어떻게
용서받을 수 있는가
?

영과 육이 하나의 완전체로
존재하는 삶을 꿈꾸다

영과 육이 하나의 완전체로
존재하는 삶을 꿈꾸다
—박성은

기독교의 원죄

죄란 무엇일까? 인간세상에는 왜 죄가 존재할까? 이와 같은 질문은 고대철학과 중세 기독교신학이 탐구해온 죄의 기원과 속성에 관한 질문이다. 우선 죄에 관한 철학적, 신학적인 이론들을 살펴보면 죄는 "인간의 감각적 본성으로 인한 신 의식의 결여"이거나 "무지로 인한 하나님에 대한 신뢰의 결여"이며 "인간 본성의 하등한 성향이 점진적으로 발전하는 도덕의식과 대립하는 것"이다.[20] 그러면 이와 같은 인간의 죄는 어디서 온 것일까? 기독교에 따르면 이 모든 것은 에덴동산에서 시작되었다.

창세기 3장 1절에서 8절까지의 내용은 사람이 어떻게 하나님의 명령에 불순종해 하나님의 심판을 받게 되는지 보여준다. 즉 인류의 조상인 아담의 불순종의 결과로 원죄가 어떻게 우리 안으로 들어와 인간 내면에 죄성이 존재하게 되는지 그리고 더 나아가 그 죄의 결과로 죽게 되는지를 잘 설명하고 있다.

여호와 하나님이 동방의 에덴에 동산을 창설하시고 그 지으신 사람을 거기 두시고 여호와 하나님이 그 땅에서 보기에 아름답고 먹기에 좋은 나무가 나게 하시니 동산 가운데에는 생명나무와 선악을 알게 하는 나무도 있더라. (…) 여호와 하나님이 그 사람에게 명해 가라사대 동산 각종 나무의 실과實果는 네가 임의로 먹되 선악을 알게 하는 나무의 실과는 먹지 말라 네가 먹는 날에는 정녕 죽으리라 하시니라. (창 2:8~18)[21]

여호와 하나님의 지으신 들짐승 중에 뱀이 가장 간교하더라. 뱀이 여자에게 물어 가로되 하나님이 참으로 너희더러 동산 모든 나무의 실과를 먹지 말라 하시더냐. 여자가 뱀에게 말하되 동산 나무의 실과를 우리가 먹을 수 있으나 동산 중앙에 있는 나무의 실과는 하나님의 말씀에 너희는 먹지도 말고 만지지도 말라 너희가 죽을까 하노라 하셨느니라. 뱀이 이 여자에게 이르되 너희가 결코 죽지 아니하리라 너희가 그것을 먹는 날에는 너희 눈이 밝아 하나님과 같이 되어 선악을 알 줄을 하나님이 아심이니라. 여자가 그 나무를 본즉 먹음직도 하고 보암직도 하고 지혜롭게 할 만큼 탐스럽기도 한 나무인지라 여자가 그 실과를 따먹고 자기와 함께한 남편에게도 주매 그도 먹은지라 이에 그들의 눈이 밝아 자기들의 몸이 벗은 줄을 알고 무화과나무 잎을 엮어 치마를 했더라. (창 3:1~8)[22]

선악을 모르던 인간은 선악과를 따먹고 눈이 밝아져 선악을 판단할 수 있는 주관이 생겼다. 성경신학은 이것을 타락이라고 하며 타락한 인간은 자기 주관대로 하려고 하는 본성을 지니게 되었고 이를 욕심이라고 한다. 욕심으로 말미암아 죄가 잉태되고 그 죄로 말미암아 인간은 죽음에 이르게 된다는 것이다. 이제 하나님을 경외하고 하나님을 의존하던 존재에서 '자기를 위하는' 존재로 바뀐 인간의 욕심과 죄는 우리의 현실적인 삶 속에서 구체적인 다양한 형태로 드러나게 된다. 하나님의 형상에 따라 만들어진 인간은 신학적 해석에 따르면 내면적인 것으로 생명의 본질인 호흡을 인간에게 부여하신 하나님의 능력을 말한다. 타락 이전 하나님의 형상에 따라 지어진 인간의 본성은 생명의 근원이신 하나님을 인식하고 볼 수 있으며 하나님의 영광을 찬양할 수 있는 영靈을 지닌 종교성을 갖고 있었다. 그러나 아담의 타락으로 영의 기능이 죽어버린 인간은 하나님의 뜻을 알아볼 수도, 경배할 수도 없는 타락한 삶을 살게 되었다.

그러한 타락으로 인간은 육체에 지배를 받는 본능적인 인간이 되었다. 선악의 판단은 하나님의 고유권한이었는데 이제 인간은 자아욕구에 따라 자신이 하나님처럼 되고자 하는 욕심으로 타락한 삶을 살게 되었다. 이것이 인류의 최대 종교로서 기독교가 규정한 죄로, 최초의 인간 아담으로부터 우리 인류에게 유전인자로서 계승되어 내려온 원죄이며 기독교 탄생 이후 중세 천년을 거쳐 예술가 미켈란젤로가 활동하던 16세기 르네상스시대까지 교회가 가르쳐온 죄의 기원과 의미다. 그러나 인간의 '창조와 타락'은 모두 초역사에 속하는 것으로 이것을 인간이 인식하는 것은 불가능하다. "인간의 역사가 시작되었을 때, 인간의 시간이 시작되었을 때, 인간이 모든 것을 장악한 시간과 역사가 시작되었을 때 낙원은 사라지고 말았다. 창조와 타락은 모두 역사적인 가시적 현실 저편에 있으며, 인간은 단지 하나님과 교제하는 삶을 통해서만 죄와 죽음으로부터 자유로워질 수 있다."[23]

116

인간의 7대 죄

영적인 기능이 죽어버린 인간은 실존을 통해 인간관계 속에서 다양한 형태의 죄를 짓게 되었다. 고대로부터 인간이 모여 사는 곳이면 어느 곳에서나 사회질서를 지키기 위해 윤리적인 규범과 죄와 벌에 대한 법적 제도가 사회적 장치로 기능했다. 우리는 중세 기독교사회를 통해 현실에서 기독교인들에게 통용되던 중요한 죄의 형태로 어떤 것이 있으며 그것이 어떻게 변화했는지 확인해볼 수 있다. 예를 들면 12세기 파리 신학자들은 7대 죄The Seven Deadly Sins를 규정하고 있다. 교만, 탐욕, 질투, 성냄, 게으름, 음욕, 식탐으로 규정된 7대 죄는 중세와 르네상스를 거쳐가며 교회가 기독교인들을 교화하기 위한 수단으로 사용되었다. 이와 같은 7대 죄는 각각의 죄에 대응하는 벌이 있는데 〈최후의 심판〉 도상에는 7대 죄를 저지른 영혼들이 받고 있는 벌의 모습이 다양하게 나타나고 있어 그 작품이 제작된 시대 상황을 반영하고 있다.

기독교 교리에 따르면 사후 인간의 영혼은 최후의 심판 날에 대천사 미카엘이 저울을 들고 영혼의 무게를 달아 그 무게에 따라 구원받은 영혼과 저주받은 영혼으로 나뉘어 그 상과 벌에 따라 천국과 지옥으로 가게 된다. 지옥은 이 세상에서 악한 일로 죄를 지은 저주받은 영혼들이 떨어져 영원한 벌을 받는 곳이다. 그런데 그 벌의 형태는 마치 우리 인간들이 지상에서 겪는 온갖 형태의 육체에 대한 고문들의 모습을 하고 있다. 기독교에서 지옥의 모습은 매우 야만적이며 기이할 정도로 육감적이다. 엘리스 K. 터너는 『지옥의 역사』에서 지옥을 "인간이 세운 구조물로 어떤 종교도 기독교만큼 지옥을 중시하지 않는다"고 지적하고 있다. 죄를 벌하는 "지옥의 역사는 상상 속에 존재하는 장소에 대한 실제 인간의 역사"[24]인 것이다.

로마가톨릭과 개신교의 대립

예술가 미켈란젤로는 죄를 무엇이라고 생각했을까? 감수성 예민했던 청년기의 미켈란젤로가 인간의 죄에 대해 최초로 인식하게 된 것은 언제였을까? 미켈란젤로는 16세기 전통적인 로마가톨릭과 개신교의 대립에 의해 종교적으로 매우 복잡한 시기에 살았던 예술가다. 최초로 그의 종교적인 감수성에 커다란 영향을 끼친 사건은 극단적인 금욕주의자였던 도미니크 교단의 사제 지롤라모 사보나롤라의 영적이며 광적인 설교였다. 1492년 후원자 로렌초가 세상을 떠나자 비탄에 젖어 있던 미켈란젤로가 만난 사보나롤라의 묵시적인 설교는 그가 90년 가까운 긴 인생을 사는 동안 금욕적인 삶을 살아가게 하는 데 커다란 영향을 끼쳤다. 1498년 피렌체 시민들 앞에서 화형에 처해지기 전까지 4년에 걸쳐 피렌체에서 그는 영적인 설교를 통해 당시 성직매매를 일삼는 바티칸의 고위 성직자들의 타락을 경고하고 사치와 허영심에 들떠 있는 피렌체 시민들의 죄를 일깨워 사람들을 두려움에 떨게 만들었다.

또한 1517년 독일의 마르틴 루터가 레오 10세 교황의 면죄부 판매에 대한 항의로 95개의 논제를 비텐베르크 교회 정문에 게시하면서 시작된 종교개혁과 이에 대응해 로마가톨릭 내부의 개혁을 시도하며 두 진영이 팽팽하게 대치하고 있던 당시 종교 사회적인 시대분위기는 혼란 그 자체였다. 특히 1527년 독일 황제 카를 5세의 용병들이 로마 바티칸을 약탈한 잔인한 '로마 약탈' 사건은 미켈란젤로에게 인간 죄의 속성을 깊이 생각하고 시스티나 성당의 제단화인 〈최후의 심판〉을 제작하게 해준 거대한 종교, 정치, 군사적 사건이었다.

따라서 죄란 무엇인가 그리고 인간은 어떻게 죄에서 구원받을 수 있는가 하는 신학적인 문제에 대해 이와 같은 종교 사회적 사건들과 동시대를 산 예술가 미켈란젤로가 어떤 생각을 가졌었는지 그의 작품 〈최후의 심판〉을 통해 살펴봄으로써 우리는 그의 죄에 대한 생각을 읽어낼 수 있을 것이다.

[그림1] 미켈란젤로, 〈최후의 심판〉, 프레스코화, 1534∼41, 바티칸 시스티나 성당 제단화

시스티나 성당 제단화 〈최후의 심판〉

시스티나 예배당 제단화로서 〈최후의 심판〉[그림1]은 피렌체 메디치가문 출신인 교황 클레멘스 7세가 1534년 미켈란젤로에게 주문해 1541년 교황 바오로 3세 때 완성되었다. 수많은 인물이 등장하는 이 거대한 제단화는 16세기 서구 유럽사회 전체를 뒤흔든 종교개혁 사상을 반영하는 동시에 전통적으로 내려오는 가톨릭교회의 교리를 보여주고 있다. 신학적인 관점에서 양 진영은 극단적인 차이를 보인다. 즉 최후의 심판 날 인간의 영혼이 구원을 받기 위해서 종교개혁의 불을 당긴 마르틴 루터는 하느님의 심판 때에 인간이 죄로부터 구원받는 방법은 오로지 믿음으로만 가능하다고 주장하는 반면, 가톨릭교회는 선행과 성인숭배에 의한 영혼의 구원을 주장했다. 따라서 미켈란젤로의 〈최후의 심판〉은 인간의 죄가 무엇인지 그리고 죄에 대한 용서는 어떻게 받을 수 있는지에 대한 기독교 교리의 회화적 대응이라고 볼 수 있다.

〈최후의 심판〉의 도상적인 내용은, 최후의 심판 날 죄에 대한 심판과 구원받은 영혼들의 지복과 저주받은 자들의 벌에 관한 것이다. 프레스코기법으로 그려진 제단화에 나타난 다양한 인체들의 자세에서 우리는 미켈란젤로가 청소년 시절부터 수십 년간 탐구하고 연마해온 인체해부학에 대한 뛰어난 이해를 확인할 수 있다. 인체의 뼈대와 근육의 움직임을 이해하기 위해 그가 피렌체의 한 수도원 시체실에 들어가 시체들을 해부하던 이야기는 그의 전기 작가들이 즐겨 하는 이야기다. 마치 무한한 우주의 탯줄에 매달려 있는 듯 수백 명의 인체들이 뒤엉켜 돌아가는 거대한 화면은 첫눈에 혼란스럽게 보인다. 그러나 이 혼란스러움은 수직, 수평구도를 사용해 아홉 개의 기본적인 작은 공간으로 나누고 예수그리스도를 중심으로 작은 원과 성인들을 엮어주는 외부의 커다란 동심원 구성을 통해 전체 화면을 통합시켜줌으로써 해소되고 있다. 우선 미켈란젤로의 죄에 대한 생각을 이해하기 위해 미켈란젤로의 〈최후의 심판〉 이전에 나타난 '최후의 심판'에 대해 도상학적 관점에서 살펴볼 필요가 있다.[25]

서양미술사에서 11세기에 처음 등장한 최후의 심판도상은 시대와 지역에 따라 죄에 대한 새로운 도상 모티프를 더해가며 풍성한 구성으로 변화 전개된다. 12세기 로마네스크 양식과 13세기 고딕 양식의 팀파눔tympanum(교회건축에서 서측 정문 또는 남·북측 문 위의 반원형 부분을 일컫는다)에 나타난 최후의 심판 조각이 대표적이다. 삼단으로 나뉜 수평구도의 형식적 특징을 보이는 프랑스 남서부 콩크Conque 수도원 교회[그림2]의 〈최후의 심판〉[그림3]과 파

[그림2] 성 푸아Saint Foy수도원 교회 서쪽
정문 팀파눔과 종탑, 11~12세기, 프랑스 남
서부 콩크(상좌)
[그림3] 그림2의 세부, 〈최후의 심판〉(상우)
[그림4] 〈최후의 심판〉, 12~13세기, 파리
노트르담 서측 정문(하좌)
[그림5] 그림4의 세부, 〈최후의 심판〉(하우)

[그림6] 조토, 〈최후의 심판〉, 프레스코화, 1305, 파도바 아레나 성당

리 노트르담 대성당[그림4]의 〈최후의 심판〉[그림5]은 그 좋은 예다. 특히 콩크 수도원 교회의 반원으로 된 로마네스크 양식의 팀파눔에는 중세 교회가 규정한 7대 죄의 형상들이 고스란히 담겨 있어 당시 중세 기독교사회에서의 죄에 대한 인식을 잘 보여준다.

이와 같은 죄에 대한 유형은 14세기로 이어진다. 피렌체의 화가 조토가 고리대금업으로 유명한 스크로베니 가문의 주문으로 파도바의 아레나 성당 서측 안벽에 프레스코기법으로 그린 〈최후의 심판〉[그림6]은 7대 죄가 고스란히 표현되어 있어 흥미롭다. 지옥 장면에는 적나라하게 표현된 부패한 성직자들의 모습이 등장해 최후의 심판 날 죄의 대가가 어떤 것인지를 뼈아프게 느끼게 해준다. 특히 중세시대 귀족들의 대표적인 죄인 교만Pride이 모든 죄의 뿌리로 표현되었는데 14세기부터는 상인들의 죄인 탐욕이 눈에 띄게 증가해 여기서는 지옥 장면에 탐욕의 상징인 돈주머니를 목에 걸고 목이 매달려 있는 고리대금업자나 성직매매를 위해 돈주머

124

[그림7] 그림6의 세부, 탐욕의 상징인 돈주머니를 받는 주교, 지옥의 장면

니를 건네받는 모자를 쓴 주교[그림7]가 등장해 이미 돈의 위력이 어떤 것인지를 보여주고 있다. 14세기 인문주의자 단테는『신곡』의 17곡에서 탐욕스러웠던 고리대금업자들의 영혼이 그 형벌로 불비와 모래열기 속에서 고통받고 있는 가운데 파도바에서 온 한 영혼과 이야기를 나누게 되는데, 하얀 바탕에 파랗고 살찐 암퇘지의 모습을 한 주머니를 찬 그는 스크로베니 가문의 고리대금업으로 부富를 축적한 레지날도다.[26] 조토의 〈최후의 심판〉은 물론 단테가『신곡』에서 지옥으로 보내버린 아버지 레지날도의 영혼의 구원을 위해 그의 아들 엔리코 스크로베니가 성모 마리아에게 바친 예배당을 장식하기 위해 주문한 벽화인

[그림8] 로지에 반 데어 바이덴, 〈최후의 심판〉, 패널에 템페라 기법, 15세기, 프랑스 본

것이다.

14~15세기 제단화alterpiece라는 새로운 매체의 등장으로 부와 권력을 축적한 상인 계급은 자신과 가족들의 사후 영혼의 구원을 위해 〈최후의 심판〉 도상을 이용하기도 한다. 즉 당시 상업도시의 주역으로 경제를 이끌어가던 부유한 상인들은 가문의 채플 장식을 위해 제단화를 주문해 고위 성직자들, 귀족 계급에 이어 종교미술의 최대 주문자로 등장했다. 그 결과, 성스러운 종교화가 어떻게 개인의 영혼을 구원하기 위해 물질적인 도구로 전락했는지를 잘 보여주고 있는 것이다. 15세기 중산계급 출신인 롤랭

은 당시 국제적으로 문화를 주도해가던 부르고뉴 궁정의
수상이었다. 그는 자신이 후원해 지은 프랑스 본에 있는
자선병원을 위해 제단화 〈최후의 심판〉[그림8]을 주문했
다. 이것은 이와 같은 물질을 통한 자선행위로 죄를 용서
받을 수 있는지에 대한 질문에 답할 수 있는 좋은 사례에
해당한다. 지상에서 병들고 가난한 이들을 위한 자선행위
는 최후의 심판 때 천국행 티켓을 얻는 데 가장 효율적인
방법이라고 교회는 가르쳤던 것이다.

최후의 심판을 구성하는 열 개의 모티프

시대와 작품에 따라 다를 수 있으나 최후의 심판을 구성
하는 모티프는 열 개로 구성되어 있다. ① 화면 정중앙에
위치한 심판자 그리스도 ② 성모마리아와 요한(세례자 또
는 복음서가)이 심판자 그리스도와 삼각구도를 이루는 '중
재자'라는 의미의 데이시스 ③ 그리스도 수난에 사용된
십자가, 면류관 같은 도구들인 아르마 크리스티 ④ 심판
자 그리스도를 도와 배심원들로 등장하는 열두 사도와 성
인들 ⑤ 저울에 영혼의 무게를 단다는 의미로 미카엘 대
천사와 사탄이 등장하는 사이코스타시아 ⑥ 천국을 바라
보는 선택받은 영혼들과 지옥으로 떠밀려가는 저주받은
영혼들 ⑦ 세상을 향해 최후의 심판을 알리는 나팔 부는

[그림9] 그림1의 세부, 나팔을 불어 최후의 심판을 알리는 천사들

천사들 ⑧ 무덤에서 부활하는 영혼들 ⑨ 천국과 지옥의
입구 ⑩ 천국과 지옥 장면이 그것이며 이와 같은 모티프
들이 지역과 시대의 상황에 따라 결합되어 당대의 주문자
들이 원하는 최후의 심판 도상이 제작된다.

　이제 위의 기본 모티프를 활용해 미켈란젤로의 시스티
나 성당 제단화 〈최후의 심판〉을 전통적인 가톨릭 교리의
메시지를 전달하는 도상과 종교개혁의 새로운 교리를 드
러내는 도상들로 나누어 살펴보자. 우선 최후의 심판 도
상을 논리적인 순서에 따라 읽기 위해 화면 중단에 위치
한 '나팔 부는 천사들'[그림9]을 살펴보자. 최후의 심판 날
무덤에서 죽은 자들의 영혼을 깨우는 이들은 11세기에 최
초로 등장한 이후 한 번도 빠지지 않고 등장하는 핵심적

[그림10] 그림1의 세부, 지옥의 미노스로 표현된 교황청 의전 담당관과 사제 모습의 미
켈란젤로

인 모티프에 해당한다. 여기서 천사들은 전통과 달리 날
개 없는 인간의 모습으로 표현되고 있으며 그 수도 열한
명이다. 두 명의 천사는 생명의 책을 펼치고 있고 나머지
천사들은 긴 나팔을 불어 최후의 심판 날이 왔음을 전 우
주에 알리고 있다. 전통적으로 나팔 부는 천사의 수는 네
명인데 이것은 동서남북 즉 전 우주를 상징한다.

화면 왼쪽 하단에 표현된 '무덤에서 살아나는 영혼들'은 이 작품에서 가장 전통적인 가톨릭 교리가 잘 드러나고 있는 모티프다. 수의자락을 걷어내며 땅속에서 기어 올라오는 죽은 자들의 모습이 매우 무기력해 보인다. 여기서 우리의 눈길을 끄는 것은 두건을 쓴 한 영혼의 머리 위에 손을 얹고 가톨릭교회에서 중요한 의식의 하나인 종부성사 또는 축복을 하고 있는 사제의 모습이다. 특히 화면 하단 반대편 지옥의 심판관인 미노스 왕을 자기를 괴롭히던 교황청의 의전 담당관 비아조 데 체세나의 얼굴로 대체한 미켈란젤로가 자신의 초상화를 영혼을 구원하는 이 사제의 얼굴을 통해 표현하고 있는 것은 매우 흥미롭다.[그림10]

다음은 화면 중앙 좌우에 표현된 '구원받은 영혼과 저주받은 영혼'이다. 이들은 심판자 그리스도의 오른편이 천국을, 왼편이 지옥을 상징한다는 전통에 따라 구원받은 영혼들은 화면 오른편에, 저주받은 영혼들은 왼편에 표현되어 있다. 각자가 생전에 지은 업에 따라 구원받은 영혼들이 천사들의 도움으로 때로는 혼자의 힘으로 천상을 향해 날아오르는데 이 인체들은 마치 무중력의 허공을 향해 날아오르는 것 같다.[그림11] 이 모티프는 가톨릭 교리를 직접적으로 반영하는 좋은 예로, 주의 깊게 살펴보아야

[그림11] 그림1의 세부, 천국으로 오르는 선택받은 영혼들, 묵주로 영혼을 끌어올리는 천사

할 장면은 천사가 내려준 묵주를 잡고 하늘나라로 향하는 흑인과 백인으로 표현된 두 영혼의 모습이다. 구름 위에서 묵주를 내려뜨려 인종 차별 없이 영혼을 끌어올리는 천사의 모습에서 범세계적인 가톨릭교회의 구원관을 엿볼 수 있는 한편, 묵주를 통한 기도의 의미를 중요하게 생각하는 로마가톨릭의 교리를 확인케 한다.

회화적인 관점에서 천상을 향해 날아오르는 영혼들의 모습은 단축법에 의해 완벽하게 조각적인 양감을 지닌 인체로 재현되고 있다. 지금까지 서양회화의 역사에서 하늘을 향해 날아오르는 인체가 이처럼 역동적으로 재현된 일은 없었다. 이것은 소년시절부터 가져왔던 미켈란젤로의 인체해부학에 대한 관심의 완벽한 회화적 표현으로 17세기 역동적인 바로크미술을 예고하는 것이다.

종교개혁과 인문주의 모티프

이제 종교개혁과 인문주의 사상에 영향을 받은 이교적인 모티프를 살펴보자. 인문주의적 영향이 가장 잘 드러나는 이교적인 장면은 화면 상단 중앙의 '심판자 그리스도'[그림12]다. 수척한 모습의 전통적인 도상과 달리 여기서 그리스도는 가슴이 건장한 근육을 지닌 젊은이로 재현되고 있다. 미술사학자 톨네이에 따르면 고대 희랍조각에 경도된 미켈란젤로가 바티칸의 교황청 정원인 벨베데레에 있는 헬레니즘 시기의 조각상 아폴론에서 영향을 받은 것으로 보이는데, 이는 태양신 아폴론과 빛으로 상징되는 예수그리스도를 동격으로 생각한 초기 기독교미술에서도 나타난 일반적 현상이다.

한편 천재적인 예술가 미켈란젤로가 자신의 초상화를

132

[그림12] 그림1의 세부, 심판자 예수 그리스도(좌)
[그림13] 그림1의 세부, 순교자 바르톨로메오 가죽에 그려 넣은 미켈란젤로의 초상화(우)

한 점도 남기지 않았다는 사실은 앞에서 이미 이야기했다. 미켈란젤로가 소년시절 친구와 싸우다 코뼈가 부러진 이후 얼굴에 대한 자신감을 잃어 완벽한 자신의 초상화를 남긴 일이 없다는 사실을 전기 작가들은 강조하고 있다. 그러나 〈최후의 심판〉에서는 자신의 초상화를 심판자 그리스도 바로 아랫부분 바르톨로메오 성인이 들고 있는 인체가죽에 일그러진 얼굴[그림13]로 표현했다. 바르톨로메오는 인도에 복음을 전파하다가 잡혀 가죽이 벗겨지는 순

[그림14] 그림8의 세부. 데이시스 : 그리스도 좌우에서 죄인들 영혼의 구원을 비는 성모마리아와 세례자 요한

교를 당한 성인으로 유명하다.

미켈란젤로가 종교개혁의 신조인 성자숭배 거부를 어떻게 받아들였는지는 예수그리스도 곁에 위치한 성모마리아의 모습을 보면 알 수 있다.

전통적인 '최후의 심판' 도상에서 성모마리아는 세례자 요한(또는 사도 요한)과 함께 심판자 그리스도 좌우에 무릎 꿇고 앉아 죄인들의 죄를 가볍게 해달라고 기도하는 중재자 즉 데이시스Deissis[그림14]로 표현된다. 그러나 여기서 미켈란젤로는 단지 예수의 오른편 아들 곁에 소극적인 자세로 앉아 있는 성모마리아를 표현하고 있다. 로마가톨릭 신앙의 가장 큰 특징 중 하나는 최후의 심판 날 적극적으로 죄인들의 죄를 중재하는 중재자로서 성모의 데이시스 역할이다. 이와 같은 성모마리아의 이미지 변화는 11세기 최후의 심판 도상이 탄생한 이후 15세기까지 단 한 번도 없던 사건으로 이는 물론 성인숭배를 거부한 종교개혁의 교리가 반영되었음을 증명하는 중요한 예에 해당한다.

성인숭배 거부는 영혼의 선과 악의 무게를 저울에 다는

[그림15] 그림14의 세부, 사이코스타시아 : 영혼의 선과 악의 무게
를 저울에 다는 미카엘 대천사(상)
[그림16] 그림5의 세부, 사이코스타시아 : 영혼의 선과 악의 무게
를 저울에 다는 미카엘 대천사와 사탄(하)

[그림17] 그림1의 세부, 사이코마키아 : 천사와 마귀가 부활한 영혼을 놓고 쟁탈전을 벌이고 있다.

미카엘 대천사의 모습을 담은 '사이코스타시아'[그림15] 도상의 부재로 이어진다. 전통적인 중세 기독교사회에서 죄에 대한 개념을 가장 잘 나타내주는 모티프로 특히 15세기 '최후의 심판' 도상에서 핵심적인 역할을 했던 모티프가 바로 '사이코스타시아'다. 교회가 기독교 신자들을 두려움에 떨게 하던 '사이코스타시아' 도상이 미켈란젤로에 의해 〈최후의 심판〉 도상에서 사라진 것이다. 일반적으로 '사이코스타시아' 도상에서는 미카엘 대천사 혼자서 아니면 사탄과 마주서서[그림16] 인간 영혼의 선과 악을 저울에 달고 있다. 즉 최후의 심판 날 부활한 영혼의 선과 악의 무게를 저울에 달아 영혼을 구원하고자 하는 미카엘 대천사와 영혼을 지옥으로 끌어내리려고 하는 사탄의 쟁탈하는 모습으로 표현된다.

그러나 미켈란젤로는 여기서 미카엘 대천사가 등장하는 사이코스타시아 모티프 대신 사이코마키아Psychomachia 도상으로 대체해 영혼을 쟁탈하기 위한 천사들과 사탄

[그림18] 사슬에 묶여 지옥으로 끌려가는 저주받은 영혼들 : 부유한 상인, 귀족부인, 사제, 주교, 왕들을 볼 수 있다.

의 전쟁[그림17]으로 표현하고 있다. 사이코마키아 모티프는 고대 그리스 미술에서 그리스인들이 야만인들과 전쟁하는 장면을 표현한 것인데, 물론 여기서 그리스인들은 선이고 야만인들은 악으로 기독교미술이 그 형식을 수용해 영혼의 선과 악의 전쟁이라는 도상으로 발전시켰다. 즉 5세기 초 푸르덴티우스가 인간의 영혼 속에서 발견되는 미덕과 악덕의 투쟁을 의인화해 표현한 것이 그것이다. 미켈란젤로는 이와 같은 모티프를 사이코스타시아 대신 사용하고 있는 것이다. 이러한 생각은 '무덤에서 부활하는 영혼'에서 천사와 사탄이 막 부활한 영혼을 얻기 위해 서로 투쟁하는 모습에서 확실하게 드러난다. 날개 없이 붉은 천을 두른 천사는 영혼의 두 다리를 잡고 하늘 즉 천국으로 끌어올리고자 힘을 쓰는 반면, 영혼의 머리채를 잡고 땅 즉 지옥으로 끌어내리려고 사력을 다하는 사탄의 모습은 참으로 처절하고 인간적인 사고의 발상이 아닐 수 없다. 이로써 미켈란젤로는 죄에 대한 구원의 생각을 성 자숭배의 가톨릭교회 입장과 그것을 거부하는 종교개혁 교리에서 벗어나 자유롭게 선과 악에 대한 개념을 통해 표현하고 있는 것이다.

성자숭배 거부라는 개신교 교리는 심판자 그리스도의 왼편에 표현된 에클레시아 즉 교회에 속한 '성인들'에서 도 역시 잘 드러나고 있다. 미켈란젤로는 여기서 전통적 인 가톨릭교회의 '최후의 심판' 도상에 등장하는 성인들 유형과 결별한다. 전통적인 도상에서 천국으로 가는 영혼 들이나 지옥으로 가는 영혼들은 자신들이 생전에 속해 있 던 사회계급 즉 부유한 부르주아, 귀족부인, 사제, 주교와 왕을 상징하는 의관을 갖추고 있다.[그림18] 그러나 여기 서는 모두가 동등하게 누드로 재현되고 있어 영혼들이 신 앞에 평등함을 주장하는 개신교 교리를 보여주고 있다. 즉 최후의 심판 날 죄에서 우리를 구원하는 데 중요한 것 은 이 세상에서 그들이 속했던 계급과 사회적 지위 그리 고 선한 행위가 아니라 하나님에 대한 믿음과 개인적 정의라는 것이다.

'최후의 심판'은 인간의 죄를 구원할 수 있을까

미켈란젤로는 '저주받은 영혼들'에서 생전에 사회적인 지위를 보여주는 의관을 하고 쇠사슬에 엮여 마귀들에게 끌려 지옥으로 향해 가는 전통적인 도상을 포기하고 있다. 여기서 저주받은 영혼들은 마귀들에게 발목을 잡히거나 머리채를 잡힌 채 인간의 형상을 한 천사들에게 주먹질을 당하며 곤두박질쳐 지옥으로 떨어지고 있다. 그러나 무엇보다 우리의 관심은 도상적인 것으로 '저주받은 영혼들'에서 자신들이 지은 죄에 해당하는 7대 죄악을 보여주는 형벌들이 모두 사라지고 오직 탐욕만 강조되어 표현되고 있다는 점이다. 중세사회를 통해 7대 죄에는 그에 해당하는 형벌이 존재했는데 여기서는 지면 관계상 그 모든 형벌의 모습을 이야기할 수는 없다. 다만 목에 돈주머니를 걸고 있는 영혼은 탐욕의 상징으로, 미켈란젤로는 이와 같은 모티프를 계승 발전시켜 그 도상적 의미를 더욱 풍부하게 해주고 있음을 이야기할 수 있다. 화면 중앙에서 사탄에게 머리채를 잡히고 주먹으로 저지하는 천사에 의해 거꾸로 곤두박질치는 죄인의 목에 걸린 탐욕을 상징하는 커다란 돈주머니에 주목해보자.[그림19] 목에 걸린 돈주머니에는 금고 열쇠도 함께 그려져 있다. 그렇다면 미켈란젤로는 왜 여기서 7대 죄악 중에서도 돈에 관련된 탐욕의 죄를 강조하고 있는 것일까?

우리는 프랑스의 유명한 학자 자크 르 고프의 『돈과 구원』이라는 책을 통해 중세 교회의 돈에 관한 생각은 매우 부정적이었다는 사실을 확인할 수 있다. 단테에 의해 『신곡』에서 고리대금업을 한 죄로 지옥으로 보내진 파도바의 한 부유한 상인 이야기를 젊은 시절부터 단테의 시를 암송하기를 좋아하던 미켈란젤로는 잘 알고 있었다. 또한 1517년 종교개혁의 발단이 결국은 면죄부 판매에 있었음을 상기해보면 면죄부는 정의롭지 못한 돈에 관한 문제로 그 면죄부를 판 사람은 교황이며 교황은 예수에게서 천국의 열쇠를 받은 사도 베드로의 후예라는 사실을 어렵지 않게 추론해낼 수 있다. 즉 목에 걸린 돈주머니와 함께 표현된 열쇠는 금고를 여는 현실의 열쇠이자 동시에 천국의 문을 여는 상징적인 열쇠로, 소년시절 피렌체에서 감동적으로 들었던 사보나롤라의 설교와 같이 누구보다도 로마 가톨릭 내부의 부패를 직시한 미켈란젤로가 고위 성직자로서 교황에 대한 경고를 〈최후의 심판〉에 반영한 것으로 추정된다.

천재적인 예술가 미켈란젤로는 중세 말부터 상업을 통

[그림19] 그림1의 세부, 지옥으로 떨어지는 영혼, 탐욕을 상징하는 돈주머니와 금고 열쇠

해 돈을 추구한 서구사회가 미래에 즉 근세와 19세기 산업혁명을 거쳐 무한경쟁의 시장경제체제를 옹호하는 현대 신자유주의시대를 맞아 닥치게 될 금전만능주의에 대해 엄중한 경고를 하고 있는 것처럼 생각이 들 정도도. 돈을 향한 탐욕은 인간의 본성이자 7대 죄 중 가장 큰 죄로 인간사회에 고통을 준다. 오늘날 우리도 결국 그의 〈최후의 심판〉 속 탐욕스런 인간들처럼 돈주머니를 목에 걸고 지옥으로 떨어지고 있는 것은 아닐까? 분명 돈은 우리 인

간의 삶을 편안하고 안락하게 해줄 수 있는 힘을 갖고 있으나 그것은 또한 우리 인간사회를 파멸시킬 수도 있다.

마지막으로 미켈란젤로의 〈최후의 심판〉에서 가장 혁신적이며 이교적인 모티프는 '지옥'[그림20]에 관한 표현이다. 단테의 『신곡』에서 직접적인 영향을 받은 이 장면을 살펴보면 아케론 강에서 꾸물대는 영혼들을 노를 들어 후려치는 뱃사공 카론을 화면 하단 오른쪽에서 발견할 수 있다. "카론은 이글거리는 눈으로 그들을 가리키며 모두를 모아놓고는 늑장부리는 놈을 노로 후려쳤다." 그리고 화면 구석에서 당나귀 귀를 하고 온몸이 뱀으로 감겨 있는 지옥의 심판관 미노스가 마귀들을 거느리고 있는 모습을 발견하게 된다. 물론 이런 고대 그리스로마신화를 지옥 모티프로 먼저 사용한 화가는 이탈리아 화가 루카 시뇨렐리다. 그는 16세기 초 움브리아 지역의 오르비에토 대성당의 카펠라 노바 예배당 벽화 〈최후의 심판〉에서 인문주의 영향을 받아 최초로 이교적인 지옥의 모습을 재현해냈다. 이와 같은 현상에 대해 프랑스의 미술사학자 앙드레 샤스텔Andre Chastel은 "절망적으로 이교화된"이라고 하는데, 이와 같은 지적을 통해 우리는 당시 로마 교황청의 인문주의적인(이교적인) 분위기와 기독교미술이 얼마나 세속화의 길을 가고 있었는지 확인할 수 있다.

[그림20] 그림1의 세부, 뱃사공 카론과 지옥의 심판관 미노스 왕

　　이처럼 화가 미켈란젤로가 시스티나 예배당 제단에 그린 죄의 모습은 16세기 당시 교회가 기독교 신자들을 교육하고 다른 한편으론 그들을 통치하기 위한 종교적, 사회적인 장치로서 교회가 만든 윤리적, 도덕적인 죄였다. 우리는 시스티나 예배당의 제단화 〈최후의 심판〉을 통해 미켈란젤로의 죄와 벌에 대한 생각을 살펴보고, 그가 숨쉬며 살던 정치, 군사, 종교, 사회적 격동의 시대의 도덕과 윤리 그리고 종교적인 관점에서 본 죄와 벌에 대한 예술적 표현을 확인해보았다. 창세기의 죄에 대한 구절은 오

늘날 이 시대를 살아가는 우리들에게 많은 생각을 하게
해준다. 죄 없는 사회를 꿈꾸는 우리 인간은 인간이 타락
하기 이전, 영과 육이 하나의 완전체로 존재하며 하나님
과 교류할 수 있는 영적인 기능을 갖고 있던 그 인간 상태
를 천재적인 예술가 미켈란젤로의 작품을 통해 회복할 수
있을까?

행복이란
무엇인가
?

영혼의 힘에서 오는
정신적 충만감이 곧 행복

영혼의 힘에서 오는
정신적 충만감이 곧 행복

―박성은

인간 삶에서 가장 본질적이고 중요한 질문, '행복'

행복이란 무엇인가? 인간에게 행복한 삶이란 구체적으로 어떤 것일까? 인문학의 꽃에 해당하는 행복에 대한 탐구는 인류 역사에서 끊임없이 지속되며 다양한 종교와 성현들에 의해 가능한 답이 제시되어왔다. 고대 그리스 철학자 아리스토텔레스의 『행복론』을 시작으로 초대기독교 교부 성 아우구스티누스와 19세기 대문호 톨스토이의 『행복론』은 행복에 대한 질문이 인류사회에서 얼마나 일찍부터 시작되었는지 그리고 지속적인 관심의 대상이 되어왔는지를 잘 보여준다. 실로 행복에 대한 질문은 인간의 삶에서 가장 본질적이고 중요한 질문인 것이다.

그렇다면 인간사회가 추구하고 있는 행복의 기준은 무엇일까? 일반적으로 행복의 유형은 물질적인 것과 정신적인 것으로 나뉜다. 서양 중세사회는 신 중심의 정신적인 문명을 발전시켰고 근세사회는 과학기술을 중심으로 문명을 발전시켜왔다. 그 결과 인류는 물질적인 행복을 삶의 우선적인 가치로 생각하게 되었으며 현대 우리 사회에서 그 폐해는 인류의 미래를 암울하게 하고 있다. 권력과 명예가 주는 행복은 부침이 심하다. 돈은 우리의 삶을 안락하게 도와줄 수 있으나 또한 우리를 타락시킬 수도 있다. 따라서 그것으로부터 느낄 수 있는 행복은 순간이고 그것은 인간을 다시 불행으로 몰아넣을 수도 있다. 그러나 정신적이며 내적인 행복은 자신의 영혼에서 우러나오기 때문에 스스로 절제할 수가 있어 지속적일 수 있다.

우리는 문득 끝없이 높고 푸른 하늘을 올려다보며 살아 있음 자체에 무한한 행복을 느낄 때가 있다. 그럼에도 불구하고 대부분의 인간은 현실적인 삶에서 만족을 모르는 물질적 욕구에 의해 고통을 겪는다. 인류 역사에서 동서고금을 통해 인간의 행복을 재는 잣대는 부귀영화다. 모든 시대와 문화권에서 부와 권력과 명예를 얻고 장수하며 많은 자손을 두는 것이 한 인간의 성공적이며 행복한 삶이라고 말한다.

인간은 육체와 정신을 가진 이원론적 존재이기 때문에 동물로서 육신을 가진 인간은 생존을 위해 반드시 기본적으로 의식주가 필요하다. 그것은 동물로서 육체를 가진 인간의 삶을 위한 최소한의 물질이다. 그러나 인간의 욕망은 기본적인 필요성을 넘어 늘 더 비싸고 맛있는 것을 원하고 더 고급스럽고 아름다운 옷과 더 넓고 쾌적한 주거지를 원한다. 인간의 모든 불행은 만족할 줄 모르는 이와 같은 욕망에서 시작된다. 물질 또는 정신적인 만족을 위한 인간의 욕망은 끝이 없어 그것을 소유한 짧은 순간에 느끼는 행복감이 지나면 더 많은 것을 얻지 못하는 자신의 무능함에 대해 불행을 느끼게 된다. 특히 남들과의 비교에서 오는 상대적인 빈곤은 인간으로 하여금 무서운 죄를 짓게도 한다.

그러나 같은 정신적인 욕망이라고 해도 독서삼매에 빠져 고전을 통한 지적인 행복을 느끼는 사람이나 스페인의 산티아고 데 콤포스텔라 성지 같은 곳으로 순례의 길을 떠나는 사람들이 느끼는 내면적인 종교적 행복은 인간을 위로하고 평화롭게 해준다. 우리가 삶에서 추구해야 하는 진정한 행복은 우리 내면에서 솟아오르는 이와 같은 정신적인 것이어야 함을 우리는 잘 알고 있다. 따라서 행복이란 것은 인간이 상대적으로 자신의 상황에 따라 느끼는 정신적 만족의 상태일 것이다. 이처럼 행복은 가치관의 문제가 된다. 그렇다면 인간은 어떤 때 진정으로 행복하다고 느낄까? 행복에 대한 기준과 정의는 시대와 문화권에 따라 그리고 개인에 따라 달라질 수도 있다. 물질적인 행복을 우선적인 사회적 가치로 생각하고 추구하는 문화권과 개인이 있는가 하면 종교적이며 정신적인 행복을 추구하는 문화권과 개인도 있다.

그런데 필자 개인적으로 '행복이란 무엇인가?'라는 질문에 대한 탐구를 시작하자 주변 곳곳에서 행복에 대한 다양한 정의를 발견하게 되었다. 특히 세계 3대 명강의로 알려진 예일대학의 '죽음', 하버드대학의 '정의'와 함께 하버드대학의 샤하르 교수의 긍정과 행복 심리학에 관한 저서인 『행복이란 무엇인가』가 관심을 끌었다.[27] 그것은 세계 최고의 대학이라고 알려진 하버드대학 강의에서 경제심리학을 제치고 부동의 1위로 올라선 행복 수업이기 때문이다. 현재 인류사회는 신자유주의물결 이후 모두가 물질적인 가치에 함몰되어 마치 거대한 파도가 휘몰아치는 난바다에서 급격하게 침몰해가고 있는 배와 같다는 생각을 하게 한다. 이와 같은 시대에 행복에 다가서기 위한 방법으로 샤하르 교수는 '긍정' 에너지에 대해 이야기한다. 그리고 "사물을 중시하는 시선을 가져라", "감사한 마음은 인생을 풍요롭게 만든다", "유머는 세상에 적응하게 하는 강력한 무기다." 등 가슴에 와닿는 이야기들을 전해준다.

그러나 이와 같은 가르침들은 이미 우리 인류 역사의 벽두에 예수와 부처, 공자와 소크라테스 같은 성인과 현인들이 삶을 행복하게 살 수 있도록 우리에게 일깨워준 덕목들인데 우리가 그동안 물질적인 행복을 찾아다니느라 잠시 잊어버린 것들이다.

행복은 삶 속에서의 자기실현으로부터 오는 것

그러면 천재적인 예술가 미켈란젤로는 행복을 무엇이라고 생각했을까? 89세의 긴 인생을 살면서 그는 어떤 종류의 행복과 불행을 느꼈을까? 그의 일생을 그린 전기에 따르면 그는 외면적으로는 현실적인 삶 속에서 우울하며 불행한 삶을 살다간 예술가로 보인다. 여섯 살 어린 나이에 어머니를 여읜 일과 경제적으로 궁핍했던 집안에서 보낸 그의 유년시절에 불행은 이미 시작되었다. 소년시절에는 작품에 대한 자부심이 강하고 타협을 모르는 성격의 소유자였던 그에 대한 미술학교 친구들의 몰이해가 괴로웠고, 장년과 노년기의 불행은 그에게 작품을 주문한 후원자들의 잦은 변덕과 교황청 시절 미술계 동료들의 시기와 질투에서 오는 것이었다. 자부심 강한 조각가였던 그에게 교황 율리우스 2세가 주문했던 대리석 묘가 취소된 사건은 죽을 때까지 깊은 마음의 상처를 주었다.

150

그렇다면 이처럼 불안한 인간사회 속에서 그가 추구한 행복은 무엇이었을까? 물질적인 것이었을까, 정신적인 것이었을까? 그가 생각한 행복은 객관적인 것이었을까 아니면 주관적인 것이었을까? 인간사회에서 행복의 종류는 다양하고 우리가 추구하는 방법도 다양하다. 미켈란젤로에게 행복은 기본적으로 정신적이며 주관적인 것이었다. 행복은 삶 속에서 행해지는 인간의 자기실현이다. 행복은 물질적 쟁취가 아닌 가치지향적인 것이 되어야 한다. 따라서 위대한 예술가 미켈란젤로에게 행복은 매순간 그가 작품에 몰입할 때 느끼게 되는 신과의 합일 같은 영혼적인 그 무엇이었다. 물론 그도 인간이기에 물질이 주는 행복도 즐거운 마음으로 느낄 줄 알았다. 미켈란젤로에게 물질이 주는 작지만 근원적인 행복은 자신이 소유한 것을 다른 형제들과 주변 사람들에게 베푸는 나눔이었다. 로마에서 작품으로 부유해진 미켈란젤로는 고향 피렌체 근처에 영지를 사들였다. 가을 수확기에 그곳에서 추수한 과일들과 제조된 치즈가 로마로 올라오면 그는 교황과 주변 성직자들 그리고 지인들에게 나누어주며 행복해했다고 그의 전기 작가 콘디비는 이야기하고 있다. 때때로 지참금이 없어 결혼할 수 없는 주변의 가난한 처녀들에게는 지참금을 대주는 일도 있어 경제적으로 부유했던 그가 가

난한 이웃들에게 보여준 마음이 어떤 것이었는지 생각해
볼 수 있다.

또한 미켈란젤로는 지적인 행복을 느낄 줄 아는 예술가
였다. 그는 후원자 로렌초 데 메디치의 양자로 그의 저택
에서 살며 만났던 인문주의자들과의 만남으로 그들에게
서 고전 문화와 특히 신플라톤주의사상에 대해 공부했다.
예술가 미켈란젤로는 예술과 학문의 위대한 후원자 로렌
초 데 메디치의 후원으로 예술과 인문학의 중심지였던 메
디치 저택에서 신플라톤주의 철학자 마르실리오 피치노,
피코 델라 미란돌라, 그리고 고전학자 폴리치아노와 같은
당시 피렌체의 사상계를 이끌어가던 쟁쟁한 인문주의자
들에게서 인문학 교육을 받으며 자유로운 창작활동을 통
해 훗날 위대한 조각가의 꿈을 꾸고 있었다. 그는 훗날 이
시기를 자신의 인생에서 가장 행복했던 시기로 기억했다
고 그의 전기 작가들은 이야기한다.

그러나 그의 진정한 행복은 작품제작 과정에서 느끼는
예술적인 희열에서 오는 것으로 이것은 성지를 찾는 순례
자의 자세에서 느껴지는 일종의 종교적인 숭고함에 가까
운 행복이었다. 인생의 모든 시기를 통해 천재적인 예술
가 미켈란젤로가 느낀 불행의 감정은 끊임없는 예술적 탐
구에서 오는 절망감이었으나, 이와 같은 외적인 고통들은

어느 순간 내적인 긍정적 에너지로 변해 마치 물질인 조각과 그림에서 시작한 영혼의 여정이 영혼의 상승을 통해 신과 합일되는 듯 지고의 황홀감과도 같은 행복을 느낄 줄 아는 그였다. 예술가 미켈란젤로는 작품을 제작할 때마다 작품에 몰두하는 자신의 영혼의 힘과 능력을 느끼며 무한한 행복을 느낄 수 있었던 것이다.

행복은 인간 내면에서 끊임없이 솟아오르는 정신적인 그 무엇

그리고 역시 예술가 미켈란젤로를 행복하게 하는 것은 인간의 아름다움에 대한 감동이었다. 그것은 육체일 수도 있고 정신일 수도 있다. 그는 때로는 젊고 우아한 남성의 육체에서, 때로는 명징한 정신에서 우러나오는 아름다움에 유난히 강렬한 반응을 보이며 특별한 감동과 행복을 느끼던 예술가였다. 1545년 도나토 자노티의 기록 중에서 미켈란젤로는 이렇게 이야기하고 있다.

나는 지금껏 존재했던 어떤 사람보다도 열렬하게 타인을 사랑하는 기질을 갖고 있다. 재능을 소유하고 있거나 훌륭한 마음씨를 가진 사람을 만날 때마다 나는 그를 사랑하지 않을 수 없게 된다. 그리하여 완전히 그에게 매료되고 나 자신의 존재를 잊은 채 그의 소유물이 된다.[28]

미켈란젤로가 특별한 감동을 갖고 열렬하게 사랑한 젊은이는 로마의 유서 깊은 귀족 가문의 청년 토마소 데 카발리에리였다. 미켈란젤로가 60세가 넘은 나이에 40년이나 아래인 젊은 토마소와의 우정을 갖게 된 것은 그의 젊고 아름다운 용모와 영혼의 아름다움 때문이었다. 그와의 관계 때문에 많은 학자들은 미켈란젤로를 동성애자로 생각하기도 하나 그와의 진정한 관계는 플라토닉 사랑이었다는 해석도 존재한다. 그러나 무엇보다 그들은 스승과 제자의 관계로 토마소는 미켈란젤로에게 소묘를 배웠고 미켈란젤로가 세상을 떠날 때 침대머리를 지킨 가까운 친구들 중 한 명이었다. 토마소의 젊고 아름다운 육체에 감동한 미켈란젤로는 그의 초상화를 그렸으나 지금은 사라져버렸는데 그에 대한 감정을 이렇게 적은 바 있다.

내 몸에 끔찍하게 영양을 주면서 나를 살려두는 음식을 차라리 잊겠네. 자네의 이름이 내 몸과 마음에 양식이 되는 온갖 것을 이렇게 편안하게 채우니. 자네를 기억하는 한 죽음에 대한 근심과 걱정도 사라지는 듯하네.[29]

그가 60세 초로의 나이에 카발리에리를 위해 쓴 이 글은 그 대상이 남자이든 여자이든 고귀한 재능과 아름다

154

움을 지닌 사람의 영혼을 사랑할 수밖에 없는 자신의 심
정을 토로한 것이다. 인간이 지닐 수 있는 아름다운 육체
와 영혼에 대한 그의 지극한 사랑, 그것은 예술에 대한 그
의 사랑과 같은 것이다. 역시 예술가 미켈란젤로가 느끼
는 이와 같은 특별한 감정에서 오는 행복감은 로마의 귀
족부인 콜론나와의 플라토닉한 사랑과 그의 감정을 쓴 그
의 시들에서도 잘 나타나 있다. 이처럼 외면적으로 예술
가 미켈란젤로의 일생을 보면 행복과는 거리가 먼 삶으로
보이나 그가 우리에게 남겨놓은 위대한 조각과 회화, 그
리고 건축과 시를 보면 그가 생각한 인간의 행복은 인간
내면에서 끊임없이 솟아오르는 정신적인 그 무엇으로 생
각하게 한다. 오늘날 우리 인류에게 남겨놓은 위대한 정
신적 유산으로서 그의 예술작품들은 그가 지닌 영혼의 힘
이고 능력이다. 인간은 육체와 영혼으로 된 이원론적 존
재다. 아니 영육으로 된 완전체다. 따라서 현세에서 육체
가 요구하는 물질적인 행복의 추구는 필요하고 중요하다.
그러나 자신과 타인에게 위안과 평화라는 의미에서의 진
정한 행복을 줄 수 있는 것은 영혼의 힘에서 오는 내적인
정신적 행복일 것이다.

2부

나와 우리

"이미 내게는 나를 끊임없이 노력하게 만드는 과분한 아내가 있다. 그녀는 바로 나의 예술이요, 나의 작품은 나의 자식이다." 미켈란젤로는 89년의 긴 인생을 조각가, 화가, 건축가로서 성공했지만 예술적 상상력을 갖고 오직 작업에만 몰두하는 정신적인 삶을 통해 순수한 행복을 느끼며 세속적인 즐거움을 멀리했던 금욕적이며 검소한 예술가였다. 미켈란젤로의 예술적 상상력은 사랑하는 여인을 위해 소네트를 쓰는 문학적 능력과 함께 현실적인 삶을 초월해 살면서 작업할 수 있게 신이 내려준 은총이었다.

나는
누구인가
?

나의 예술이 나의 아내,
나의 작품은 나의 자식

나의 예술이 나의 아내,
나의 작품은 나의 자식

—박성은

불행 속에 자신을 던진 염세주의자, 미켈란젤로

인간은 삶 속에서 종종 '나는 누구인가?'라는 자문을 한다. 이에 대해 불교는 우주만물은 인연에 따라 만났다 이내 인연이 다하면 흩어질 뿐 '나라는 실체는 없다'고 가르친다. 그리고 인간은 역시 '나는 어디서 와서 어디로 가는가?'라는 질문을 던진다. 그러나 유한한 존재로서 태어남과 죽음의 끝을 볼 수 없는 인간은 이와 같은 질문에 답을 할 수가 없다.

근대철학의 주체성에서 출발한 인간의 '자아ego'는 불변하는 영원한 존재다. 그러나 경험론은 인간의 주체는 오직 수많은 경험이 축적된 '관념의 덩어리'일 뿐, 나라고 생각되는 고정된 자아는 없다고 한다. 나라고 착각하고 있는 자아 또는 에고는 영원불변한 것이 아니라 매순간 변화하는 것으로 오감五感 즉 시각, 청각, 후각, 미각, 그리고 촉각에 의한 지각작용의 산물일 뿐이라는 것이다. 근대 이후 인간에 대한 탐구는 이처럼 위와 같은 두 축에 의해 발전되어왔다.

그러나 사회과학이 보는 인간으로서 나는 사회적 관계의 총체다. 실제로 이 사회에 존재하는 개별적인 인간들이 서로와의 관계 속에서 변화해가는 주체가 나라는 존재다. 따라서 시간과 공간의 좌표 속에 제한을 받으며 사는 역사적 존재로서 그리고 다른 개별성을 지닌 인간들과 사회 속에서 관계를 맺으며 사는 사회적 인간으로서 '나는 누구인가?'에 대한 답은 할 수 있다. 이것은 이 지상의 삶에서 자신의 정체성을 묻는 질문이다. 물론 기독교인으로서 자신을 하나님의 자녀라고 하는 영적 정체성으로 이야기할 수도 있다. 그러나 한 인간의 정체성을 묻는다면 대부분 그가 어느 부모 밑에서 언제 태어나 어떤 교육을 받고 누구와 결혼해 어디서 살았으며 무슨 직업을 갖고 어떤 성격의 소유자로서 어떻게 사회에 기여하는 삶을 살다 죽었는지에 대한 질문일 것이다.

16세기 전성기 르네상스를 대표하는, 인류가 배출한 최대 예술가인 미켈란젤로 역시 90년에 가까운 긴 인생의 여정 속에서 자신이 누구인지, 그리고 자신이 왜 그곳에

160

있으며 그와 같은 일을 하고 있는지 끊임없는 질문을 던졌다. 이런 자신의 내면에 대한 통찰은 그의 서신이나 소네트, 그리고 작품들을 통해 잘 드러난다. 이미 생전에 '신과 같은' 솜씨라거나 신의 축복을 받은 천재적인 예술가라는 최대 찬사를 받은 미켈란젤로였기에 누구보다도 자신의 존재와 작품세계에 대한 깊은 성찰을 보여준다. 그가 가족이나 친지들에게 남긴 편지나 소네트의 내용을 보면 그는 독신으로 살면서 삶과 작업에 끊임없이 고통을 호소하며 불행 속에 자신을 던지는 염세주의자였다.

유년시절과 세티냐노의 유모

미켈란젤로는 1475년 이탈리아 중부지방인 토스카나 아렛조 근처의 카프레세에서 태어났다. 그 지방의 포데스타 Podestà 즉 순회 지방 관료인 아버지 루도비코 부오나로티와 어머니 프란체스카 사이에서 다섯 아이들 중 둘째로 태어났다. 그의 아버지는 구식 사고방식을 지닌 경제적으로 실패한 사람이었고 병약했던 어머니는 1481년 미켈란젤로가 여섯 살 때 세상을 떠났다. 그의 유년시절은 한마디로 불행 그 자체였다. 병약한 어머니는 그가 한 살 때 젖을 떼어 유모에게 맡겼는데 미켈란젤로의 유모는 피렌체 외곽의 세티냐노에 있는 석공의 아내였다. 세티냐노는 채석장이 많은 곳이어서 주민 중에는 석수와 조각사들이 많았다고 바사리는 진술한다. 훗날 미켈란젤로는 농담삼아 자신의 제자로 아렛조가 고향인 바사리에게 다음과 같이 말했다.

내게 조금이라도 조각에 천품이 있다면 그것은 자네 고향인 아렛조의 맑은 공기와 그곳 유모의 젖으로부터 조각에 쓰이는 망치와 끌을 빨아먹은 덕일세.[1]

이와 같은 짧은 글에서 우리는 이미 어린 시절 미켈란젤로의 조각가로서 재능뿐만 아니라 망치와 끌로 대리석을 다루는 전문적인 석수장인으로서 미켈란젤로의 모습을 그려볼 수 있다.

카프레세에서 임기가 끝난 아버지 루도비코는 가족을 데리고 피렌체의 산타크로체 지역으로 이주를 했다. 당시 상업도시 피렌체에는 13세기에 탄생한 양대 수도원이 있었다. 산타마리아 노벨라로 대표되는 도미니크교단의 수도원과 산타크로체로 대표되는 프란체스코교단의 수도원이 그것이다. 미켈란젤로는 유년시절을 이곳에서 보냈고 죽어서 다시 이곳으로 돌아와 묻혔다. 부오나로티 가문은 사실 미켈란젤로의 할아버지와 아버지 대에서 몰락했지만 그의 조상들은 대대로 은행가, 공무원들을 배출한 귀족가문이었다고 한다. 콘디비는 『미켈란젤로의 생애』에서 "비범한 화가이자 조각가인 미켈란젤로 부오나로티는 레조 출신의 카노사 백작 가문 출신이다"라고 하며 그가 귀족의 후예라고 주장하고 있다. 카노사는 '카노사의 굴욕'으로 우리가 세계사에서 배워 알고 있는 지명이다. 즉 이탈리아 아펜니노산맥 북쪽에 위치한 성으로 1077년 교황 그레고리 7세와 신성로마제국의 황제 하인리히 4세가 성직 서임권을 두고 격돌이 있었던 지역인데 미켈란젤로가 그곳 백작가문의 후예라는 것이다.

그러나 미켈란젤로가 귀족가문에 속한다는 사실에 대해 현대의 연구자들은 회의적이다.[2] 물론 인간은 결코 그의 신분에 의해 비천해지거나 고귀해지는 것은 아니다. 오히려 그 자신의 행위에 의해 고귀해진다는 진실을 우리는 알고 있다. 그럼에도 불구하고 미켈란젤로는 자신의 뿌리를 찾는 일에 많은 정성을 들였다. 1520년 미켈란젤로가 자신의 근본을 찾는 일을 할 때 그의 명성을 고려한 알렉산드로 카노사 백작이 기꺼이 미켈란젤로에게 명예로운 친척으로 인정하는 편지를 보내 그의 가문이 귀족임을 보증해주었다고 한다. 그러나 미켈란젤로는 일생을 이와 같은 비판에 상관없이 자신이 속한 귀족혈통에 대한 긍지를 갖고 몰락한 가문을 일으키기 위해 많은 노력을 기울였다. 훗날 교황의 수석 미술가로서 명성과 부를 쌓았을 때 가문의 수장으로서 자부심을 느끼며 가족과 친지들을 적극적으로 도왔던 그의 모습은 이와 같은 자신의 가문에 대한 긍지와 자부심에서 우러나온 행동으로 이해할 수 있다.

소년시절과 후원자 로렌초와의 만남

바사리에 따르면 미술가가 되기를 원하는 어린 미켈란젤로에게 아버지 루도비코는 귀족가문의 일원에게 미술가란 직업은 천한 짓이니 공무원이 되라고 했다고 한다. 그러나 미술가가 되기를 열망하던 소년 미켈란젤로를 말릴 수 없던 아버지 루도비코는 당시 피렌체를 대표하는 화가 도메니코 기를란다요 공방에 그를 데리고 가 계약서를 작성하고 도제로서 미술공부를 할 수 있게 허락해주었다. 13세의 미켈란젤로는 기를란다요 공방의 견습생 시절 14~15세기 조토나 마사초와 같은 거장들의 작품을 모사했다. 어느 날 소년 미켈란젤로는 피렌체의 아르노 강 건너에 있는 산타마리아 델 카르미네 성당에 15세기 사실주의회화의 선구자로서 27세에 요절한 천재화가 마사초의 프레스코 벽화인 〈베드로의 생애〉를 모사하게 되었는데,

그때 형태에 대한 정확한 판단력과 기량으로 여러 사람들을 놀라게 했다고 한다. 사실 그가 남긴 소년시절의 드로잉에서 훗날 바티칸 시스티나 예배당 천장화와 제단화에서 보이는 역동적인 인체표현의 토대를 확인하게 된다. 그러나 여기서 그는 처음으로 동료들의 선망과 질투를 경험하게 된다. 친구인 토리지아노가 그의 능력을 질투한 나머지 미켈란젤로와의 다툼에서 그를 심하게 구타했는데 이때 내려앉아버린 코 때문에 미켈란젤로는 평생 외모 콤플렉스를 갖게 되었고 일생동안 자화상을 제작하지 않았다. 사실 서양미술사를 통해 볼 때 많은 예술가들이 자신의 초상화를 수없이 제작한 데 반해 미켈란젤로의 초상화를 한 점도 발견할 수 없다는 사실에 놀라게 된다.

한편 소년기의 미켈란젤로는 메디치가문이 산마르코 수도원 정원에 수집해 모아놓은 고대 조각 작품을 열정적으로 연구해 후일 〈다비드〉와 같은 인체조각에서 꽃을 피우게 될 조각 기술을 연마했다. 미켈란젤로가 위대한 조각가가 된 것에 대한 유명한 일화가 있다. 바사리에 따르면, 1490년 소년 미켈란젤로는 위대한 후원자 로렌초 데 메디치를 산마르코 수도원 정원에서 만나게 된다. 막대한 비용을 들여 수집한 고대 미술품이 있는 그곳에는 15세기 사실주의 조각을 발전시킨 조각가 도나텔로의 제자 베르톨도가 로렌초에게 임명되어 조각가들을 지도하고 있었다. 로렌초는 당시 피렌체에 유명한 화가는 많으나 뛰어난 조각가가 한 사람도 없음을 유감으로 여겨 미켈란젤로의 스승인 기를란다요에게 문하생들 중에서 가장 재능 있는 조각가를 택해 보내주도록 부탁했고 그들을 잘 훈련시켜 장차 피렌체 시의 영예가 되도록 하려고 생각했다고 한다. 이에 기를란다요는 미켈란젤로와 그라나치를 비롯해 몇 명의 젊은이를 파견했다.

소년 미켈란젤로와 후일 그의 후원자가 될 '위대한' 로렌초 데 메디치와의 첫 만남과 산마르코 수도원 정원에서 제작한 조각 〈늙은 목신〉에 대한 이야기는 매우 유명해 미켈란젤로 연구자들이 즐겨 인용하는 흥미로운 일화가 되었다.[3] 어느 날 미켈란젤로가 대리석으로 목신牧神상을 제작하고 있을 때 로렌초가 그 곁을 지나갔다. 소년 미켈란젤로의 조각가로서의 재능을 한눈에 알아본 로렌초가 "늙은 목신인데 치아가 너무 고르지 않니?" 하자 미켈란젤로는 존경하는 로렌초의 지적을 생각하며 목신의 치아 몇 개를 망치로 부러뜨려 마치 자연스럽게 이가 빠진 노인과 같이 만들었다. 다시 소년의 완성된 조각상을 본 로렌초는 이 소년의 조각가로서 기량이 기적적이라고 측근들에게 이야기했다. 이후 로렌초는 미켈란젤로를 조각가로 키우고자 그의 부친에게 그를 자기에게 일임한다면 자기 아들과 같이 키우겠다고 했다. 루도비코는 기뻐서 찬성했고 로렌초는 그를 메디치 가정의 일원으로 삼아 자기 저택에 기거하는 인문주의자들인 저명인사들과 함께 식탁에 앉도록 했다. 이렇게 해서 소년 미켈란젤로는 메디치 궁정에서 살 수 있는 행운을 얻었다. 미켈란젤로의 조각가로서 천재적인 재능을 알아본 후원자 로렌초가 그를 양자로 삼아 메디치 저택에 머물게 한 것이다. 미켈란젤로는 메디치 저택에서 보낸 그 시절을 자신의 인생에서 가장 행복한 순간들로 기억한다.

소년 미켈란젤로가 로렌초 데 메디치 궁정에 머물 때 그곳은 피렌체의 예술과 철학의 중심지로 이름이 높았다. 특히 메디치 궁정에서 지낼 때 만난 신플라톤주의 철학자로 플라톤 아카데미를 세운 마르실리오 피치노와 피코 델라 미란돌라 그리고 고전학자이며 메디치가문 아이들의 가정교사였던 시인 폴리치아노가 준 영향으로 얻어진 인문학에 대한 경험은 훗날 미켈란젤로가 창조적인 조각과 회화, 그리고 시詩를 쓰는 데 지대한 영향을 끼치게 된다. 그러나 1492년 후원자 로렌초가 사망하자 메디치 저택을 떠나 아버지 집으로 돌아오면서 그의 청소년시절은 막을 내린다.

청년기, 사보나롤라의 설교를 듣다

1494년 프랑스 왕 샤를 8세의 침공으로 이탈리아는 정치, 군사적으로 혼란의 시기를 맞게 되었다. 피렌체에서 추방된 메디치가문을 따라 볼로냐로 도피했다 피렌체로 돌아온 미켈란젤로는 사보나롤라의 광적인 설교를 들으며 종교적으로 깊은 영향을 받게 된다. 이것은 최초로 그의 종교적인 감수성에 커다란 영향을 끼친 사건이었다. 극단적인 금욕주의자였던 도미니크교단의 사제이자 메디치가문이 후원하는 산마르코 수도원의 수도원장이기도 했던 사보나롤라의 영적이며 광적인 설교는 1498년 피렌체 시민들 앞에서 그가 화형에 처해지기 전까지 4년에 걸쳐 지속되었다. 그는 설교를 통해 당시 성직매매를 일삼던 바티칸의 고위 성직자들의 타락과 사치와 허영심에 들떠 있는 피렌체 시민들의 죄를 일깨워주어 사람들을 두려움에 떨게 만들었다. 이와 같은 사보나롤라의 영적인 설교는 미켈란젤로의 인생과 예술관에 지대한 영향을 끼쳐 이후 90년에 가까운 삶을 금욕적으로 살게 했다.

1496년에서 1500년 사이는 미켈란젤로가 피렌체에서 미술가로서 견습생 시절을 뒤로하고 로마로 떠나 조각가로서 이탈리아 조각계에 첫발을 내딛는 시기에 해당한다. 1496년 로마로 가게 된 미켈란젤로는 그곳에서 유명인사

168

리아리오 추기경과 부유한 은행가 자코포 갈리와 같은 후원자들을 만나 조각가로서의 새로운 전기를 맞이한다. 그러나 1497년 리아리오 추기경의 주문으로 제작한 〈바쿠스〉는 대리석 속의 흠집이 드러나 후원자의 마음을 잡지 못했다. 하지만 자코포 갈리의 주선으로 바티칸에 체류하고 있던 프랑스 출신의 추기경 빌레르 드 라그롤라가 자신의 무덤을 위해 주문한 〈피에타〉는 미켈란젤로가 조각가로서의 자신의 정체성을 온 유럽에 알리는 중요한 작품이 되었다.

로마에서 〈피에타〉로 대성공을 거둔 조각가 미켈란젤로는 1501년 3월, 문화적인 관점에서 아테네를 자칭하던 피렌체공화국의 이념을 상징하는 다비드를 의뢰받아 피렌체로 돌아왔다. 다비드상은 이미 15세기를 대표하는 조각가 도나텔로에 의해 제작되어 메디치 저택 정원에 놓여 있었다. 그러나 스케일과 양식에서 커다란 차이를 보이는 미켈란젤로의 〈다비드〉는 이미 로마에서 거둔 〈피에타〉의 성공과 함께 그가 유럽에서 조각의 거장으로 확고부동한 자리를 잡는 데 결정적인 역할을 했다. 공화국의 자유를 상징하는 이 거대한 대리석상 〈다비드〉는 1504년 정부 청사가 있는 베키오 궁전 정면에 설치되었다. 이후 정치적으로 안정된 피렌체공화국에서 미켈란젤로는 다양한 공공조각을 하는 한편 부유한 상인들인 안젤로 도니, 타데오 타데이, 바르톨로메오 피티 등 개인 후원자의 의뢰를 받아 성모자상을 주제로 한 작품을 시리즈로 제작했다.

교황 율리우스 2세와 시스티나 예배당의 천지창조

1503년 교황 자리에 오른 교황 율리우스 2세의 부름을 받아 미켈란젤로는 로마로 돌아왔다. 처음 교황은 자신의 묘소를 의뢰했으나 얼마 뒤 삼촌 식스투스 4세가 건설한 교황의 사적인 예배당으로 시스티나 예배당의 천장화를 그리도록 지시했다. 조각가로서 자부심과 긍지를 갖고 묘소조각에 대한 열정에 불타 대리석을 채석하기 위해 대리석 산지인 카라라에서 대부분의 시간을 투자하던 미켈란젤로는 자신에게 불리한 프레스코기법으로 제작해야 하는 천장화와 함께 제작비용 문제로 그 규모가 본래보다 몇 배로 축소되고 제작이 연기된 묘소 작업에 대해 깊은 고뇌와 절망을 느꼈다. 사실 교황의 사적 공간으로 시스티나 예배당에는 이미 15세기 보티첼리와 같은 피렌체의 유명화가들에 의해 모세와 예수그리스도의 일생을 주제로 한 벽화가 왼편과 오른편 벽에 그려져 있었다.

절망과 고통 속에 완성된 〈천지창조〉는 미켈란젤로로 하여금 예술가로서 서양미술사상 어느 누구도 누리지 못한 커다란 물질적인 부와 명예를 누리게 해주는 영광스러운 작품이 되었다. 미켈란젤로는 처음에는 시스티나 천장화를 제작하라는 교황의 명령을 거절했다. 피렌체에서 레오나르도 다빈치와 가졌던 회화와 조각의 우위 논쟁에서 언제나 회화를 멸시하던 미켈란젤로는 자신이 조각가이지 화가가 아니라는 생각을 하고 있었다. 그러나 자신의 조각가로서의 성공을 질투하던 교황청 주변 인물들에 대한 도전장의 의미에서 프레스코기법에 자신이 없던 미켈란젤로는 우선 불편한 마음으로 시스티나 예배당 천장화 제작에 들어갔다.

1508년부터 1512년까지 4년 동안 진행된 작업장의 비계 위에서 그가 육체적, 정신적으로 겪었던 절망과 고통은 당시 그의 가족과 지인에게 보낸 편지와 소네트에 고스란히 담겨 있다. 1509년 피렌체에 있는 그의 동생 부오나로토에게 쓴 편지는 그가 얼마나 생사의 고투 속에서 작업을 하고 있었는지를 잘 보여준다.

나는 이곳에서 엄청나게 불안정하고 고된 생활을 하고 있다. 내게는 친구도 없고 또 바라지도 않는다. 음식을 먹을 시간조차 없다. 나는 더 이상 난관을 짊어지고 싶지 않다. 이제 조금도 더 견딜 수 없기 때문이다.[4]

육체를 지닌 한 인간으로서 미켈란젤로는 천장화 비계 위에서 목이 굳어지는 상태를 경험하며 조반니 다 피스토이아에게 보내는 소네트에서 자신의 정신적, 육체적 고통을 호소하기도 한다.

이 일의 압박감 때문에 생긴 갑상선종, / 마치 롬바르디아의 물이 고양이들을 붓게 하듯, / 혹은 어딘가 다른 나라에서 나타나는 병인지도 모르지. / 내 동그란 배는 이제 턱밑까지 짓눌렸네.
내 턱수염은 천국을 향해 있으며, / 나는 목 위에 매달린 내 뒤통수를 느낀다네. / 내게는 죽은 자의 영혼을 나르는 하피의 가슴이 자라고 있네, / 쉼 없이 움직이는 붓과 뚝뚝 떨어지는 물감은, / 내 얼굴을 멋진 마룻바닥처럼 만들었지.
내 허리는 불룩한 배를 뚫고 들어갔고, / 엉덩이는 균형을 잡기 위해 말 궁둥이처럼 뒤로 뺐네. / 나는 확실하지도 보이지도 않는 길을 묵묵히 가고 있네.
내 살갗의 앞부분은 팽팽하게 당겨지고 / 뒷부분은 접히고 매듭처럼 뭉쳐, / 내 몸은 마치 시리아의 활처럼 휘었네.
그리고 여러 가지 생각들은 점점 자라나, / 마음속에 기이하고 거짓된 것들을 가져다놓았네. / 비뚤어진 총으로는 누구라도 제대로 쏠 수 없겠지.

조반니, 이리 와서 구해주게, / 죽어버린 내 그림과 나의 명예를, / 나는 비참한 상황에 처해 있어, 이제 화가라고 할 수도 없다네.[5]

'신과 같은' 예술가와 최후의 심판도

1503년 교황 율리우스 2세의 부름을 받아 로마 교황청에서 본격적인 활동을 시작한 이후 죽을 때까지 미켈란젤로는 여러 명의 교황들을 위해 작품활동을 했다. 노년의 미켈란젤로는 조각가로서, 화가로서 그리고 건축가로서 모든 사람들로부터 살아서 '신과 같은' 존재라는 소리를 들으며 영광과 질시를 한몸에 받았다. 1534년부터 1564년까지 삼십 년 넘게 예술가 미켈란젤로는 로마의 마르첼데 코르비 가街의 집에서 살며 작업을 했다. 폐허로 방치된 트라야누스 광장 맞은편에 있는 그의 작업실은 어둡고 초라하며 거미줄이 쳐져 있었다. 조반니 파피니는 이 좁고 비루한 공간에서 "신과 같은 미켈란젤로는 삼십 년 동안이나 명상하고, 꿈꾸고, 고뇌하고 쉬었다"고 표현하고 있다. 자신의 삶과 작업공간을 그린 아래 시詩에서 그의 우울하고 염세적인 성격이 드러난다.

나는 마치 병 속에 갇힌 영혼처럼, / 가난하게 이곳에서 홀로, / 껍질 속의 무른 알맹이처럼 갇혀 있네.
이 어두운 묘는 작은 비상만을 허락하네 / 거미들은 수천 가지 피륙을 짜고 / 또 실을 자아내면서 스스로 방추가 되네.[6]

미켈란젤로는 부와 명예를 얻은 후에 테베레 강변의 훌륭한 저택으로 이사할 수도 있었지만 자신이 '어두운 묘'라고 표현한 이 더럽고 누추한 공간을 포기하지 않았다. 현대의 가장 완벽한 미켈란젤로 연구자 중 한 명인 조반니 파피니는 질문하고 대답한다. "왜 그는 부자가 된 이후에도 이 비참한 주거를 포기하지 않았을까? 미켈란젤로는 낭비를 싫어하거나 겸손했거나 어떤 식으로든 과시하기를 천성적으로 싫어했기 때문이거나, 어쨌든 이 집안은 슬픔에 갇힌 그의 기질에 가장 잘 어울렸다." 그러나 조반니 파피니가 속삭이는 것처럼 "이 작업실의 누추함 속에서 거인적이며 염세적인 조각가 미켈란젤로의 내면세계에서 쏟아져나오는 유일한 광채인 강력한 빛에 의해 (…) 손질해놓은 대리석 덩어리에서" 미래의 인류를 감동시키게 될 영원한 조각상들이 창조되었다.

174

우울함이 낙이요, / 불편이 휴식이라, (…)
동방박사의 잔치에서 나를 보았던 사람은 / 아주 교활하
리라, 그가 그토록 화려한 궁전 한복판에서 내 집을 / 본
다면 무어라 할꼬.[7]

이 누추한 집에서 유일한 장식은 해골 한 점뿐이었다.
그가 계단 위에 그려놓은 해골 아래에 그의 염세주의적
성격을 강력하게 느끼게 해주는 운문이 쓰여 있다.

이 세상에 영혼과 육신과 정신을 모두 가져다준 그대, /
그대에게 말하노니, / 이 어두운 궤 속에 그대의 묘지가
있다고.[8]

그러나 거인 미켈란젤로는 지옥의 밑바닥을 경험하는
것과 같은 육체적인 고통을 딛고 일어나 초인적인 힘으
로 불후의 걸작을 탄생시켰다. 그리고 예술가가 지상에
서 도달할 수 있는 최고의 부와 명예를 얻었다. 61세 노령
에 1536년부터 1541년까지 천재적인 예술가 미켈란젤로
는 기념비적인 대작 시스티나 예배당의 제단화 〈최후의
심판〉에 매달렸다. 위대한 대서사시로서 〈최후의 심판〉도
가 우리를 감동시키는 것은 내면에서 뿜어져나오는 무한

한 예술적 상상력을 통해 신과의 합일에 도달할 수 있다는 무한한 인간정신의 가능성이다. 육체적으로 미켈란젤로는 건강하고 굳센 체질이었다. 어린 시절 잠시 병약했으나 성장하면서 피곤을 쉽게 극복하는 건강을 지녔던 사람이었기에 이와 같은 대작의 탄생이 가능했던 것이다.

바사리에 따르면, 우울하고 무뚝뚝한 기질의 미켈란젤로는 조심스러운 말투 가운데 산뜻하고 예리한 기지가 엿보이기도 하는 예술가였다. 평생을 독신으로 살다가 세상을 떠난 미켈란젤로는 자신의 전기를 쓴 조르조 바사리가 왜 결혼을 하지 않는가 묻자 그에게 이렇게 대답했다.

이미 내게는 나를 끊임없이 노력하게 만드는 너무 과분한 아내가 있다. 그녀는 바로 나의 예술이요, 나의 작품은 나의 자식이다.[9]

미켈란젤로는 89년의 긴 인생을 조각가, 화가, 건축가로서 성공했지만 예술적인 상상력을 갖고 오직 작업에만 몰두하는 정신적인 삶을 통해 순수한 행복을 느끼며 세속적인 즐거움을 멀리했던 금욕적이며 검소한 예술가였다. 미켈란젤로의 예술적 상상력은 단테의 시를 줄줄 외우며 사랑하는 여인을 위해 소네트를 쓰는 문학적 능력과 함께

176

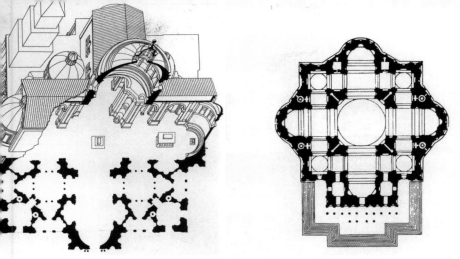

[그림1] 브라만테와 미켈란젤로의 중앙집중양식의 베드로대성당 플랜

현실적인 삶을 초월해 살면서 작업을 할 수 있게 신이 그에게 내려준 은총이었다.

1534년 9월, 로마에 완전히 정착한 미켈란젤로는 1564년 세상을 떠날 때까지 피렌체로 돌아가지 않고 그곳에 머물게 된다. 다음해 1535년에 교황의 수석 건축가이자 조각가이자 화가로 임명된 미켈란젤로는 당시 예술가로서 최고의 명성을 누린다. 20년간 미켈란젤로는 죽기 직전까지 건축가로서 오직 성 베드로대성당을 완성시키기 위해 힘을 썼다. 1546년 71세 고령의 나이로 성 베드로 성당의 책임 건축가로 임명되었을 때 그는 이미 힘이 많이 쇠퇴해 있었지만 삶이 끝나가는 20여 년간 사람들을 멀리하고 오직 성 베드로 성당 작업에만 열중했다. 베드

[그림2] 미켈란젤로, 성 베드로대성당 돔, 1546~64, 로마 바티칸

로대성당 프로젝트는 당시를 대표하던 건축가 브라만테에게서 중앙집중양식[그림1]으로 시작되어 시간이 흘러가며 여러 명의 유명 건축가들이 설계를 바꾸어갔지만 결국 교황의 수석 건축가이자 조각가 그리고 화가로 임명된 미켈란젤로 역시 중앙집중양식으로 끝을 맺었다. 그리고 그의 사후 마침내 당시와 후세 인류에게 감동을 주는 중앙집중양식의 베드로대성당 제단부와 돔dome[그림2]이 제자 자코모 델라 포르타에 의해 완성되었다. 이후 건축가 마데르나에 의해 종교의식의 이유를 들어 제단에서 입구까지 긴 축을 형성한 바실리카양식으로 플랜이 변해 오늘날 우리가 알고 있는 조금은 어색한 베드로대성당의 모습이

178

[그림3] 필리포 브루넬레스키, 산타마리아 델 피오레 대성당 돔, 1420~36, 피렌체

되었다.

미켈란젤로가 설계한 베드로대성당의 돔은 어린 시절 피렌체에서 살면서 늘 고개만 들면 보이던 거대한 두오모 Duomo의 둥근 지붕이 주는 감동에서 시작되었다. 두오모 는 이탈리아어로 돔dome이란 의미로 피렌체대성당을 부르는 대중적인 명칭이며 피렌체대성당의 본래 이름은 '산 타마리아 델 피오레'로 '꽃의 성모에게 바친'[그림3] 교회

[그림4] 필리포 브루넬레스키, 산타마리아 델 피오레 대성당 돔, 1420~36, 피렌체 ; 미켈란젤로, 성 베드로대성당 돔, 1546~64, 로마

라는 의미다. 이것은 로마에 있는 고대 로마제국시대의 '판테온Pantheon' 즉 '범신전'의 둥근 지붕에서 영감을 받은 15세기의 천재적인 건축가 필리포 브루넬레스키Filippo Brunelleschi가 고딕양식 건축의 특징인 늑골ribbed style을 혼합해 만든 초기 르네상스양식 최고의 돔 건축물이다.

　이 피렌체의 거대한 돔 즉 두오모는 아르노 강Ⅱ 주변을 따라 어느 마을에서나 보여 당시 사람들은 이 돔을 마치 아르노 강을 덮어주는 거대한 우산이라고 했다고 한다. 미켈란젤로는 어린 시절 본 이 돔에서 영향을 받아 로마 베드로대성당 돔 건축을 만들었고[그림4] 이 베드로대성당 돔은 다시 알프스 이북지역 즉 프랑스, 영국 등으로 퍼져나가 17세기 바로크양식의 교회건축이란 명칭으로 서양미술사에 커다란 영향을 끼쳤다. 오늘날 우리가 유럽 관광을 할 때 유럽의 어느 곳에서나 둥글게 도시의 스카이라인을 그리며 우리를 맞이하는 교회 건축의 초석이 된 것이 베드로대성당의 돔인 것이다. 이처럼 탁월한 인류정신은 걸작인 예술작품을 통해 계승된다는 사실에서 왜 고대 그리스인들이 인간정신에서 아름다움을 추구하는 예술에 가치를 부여했는지 이해하게 된다.

베드로대성당은 베드로가 순교당한 자리로 추정되어 그의 무덤이 있는 곳이었으므로 전 세계 기독교인들이 예루살렘 다음으로 사랑하는 순례지였다. 그러나 16세기 인문주의자 교황들에게 4세기에 지어진 베드로대성당은 매우 낡아 보여 로마가 전 세계 기독교의 중심이 될 만한 상징적이며 거대한 건축물을 원했다. 베드로대성당은 이후 200년이 넘는 세월을 두고 완성되었지만 그 속에는 16세기 전성기 르네상스의 건축가 미켈란젤로의 예술가로서의 장엄한 정신이 고스란히 배어 있다. 그러나 베드로대성당은 그의 사후에 완성이 되었다.

당시로서는 매우 긴 인생을 치열하게 살던 예술가 미켈란젤로는 마침내 89세를 일기로 1564년 2월 18일 금요일 오후 5시, "내 영혼은 하느님께, 육신은 자연으로, 재산은

[그림5] 조르조 바사리 외, 〈미켈란젤로 무덤〉, 1564~75, 피렌체 산타크로체 성당

가까운 친척들에게 남긴다"는 짧은 유언을 남기고 로마에
서 세상을 떠났다. 마지막 순간까지 고향 피렌체를 그리
워했던 생전의 소망대로 그의 시신은 조카 레오나르도에
의해 피렌체로 옮겨져 그가 일생을 두고 봉사했던 메디치
가문의 산로렌초 예배당에서 후배 예술가들에 의해 성대
한 장례식이 치러진 뒤 어린 시절 살던 지역의 성당 산타
크로체에 영원히 묻혔다.[그림5]

182

운명적 만남이란
어떤 만남인가
?

인생을 뒤바꾼 '위대한 자 로렌초'와
'율리우스 2세'와의 만남

인생을 뒤바꾼 '위대한 자 로렌초'와
'율리우스 2세'와의 만남

—고종희

'위대한 자 로렌초'와의 만남

운명적 만남이란 인생 전체에 결정적 영향을 미치는 만남
이다. 살다보면 누구에게나 운명적 만남이 몇 번은 있다.
미켈란젤로에게 운명적 만남은 '위대한 자 로렌초'와의
만남이 첫 번째였고, 두 번째는 교황 율리우스 2세와의 만
남이었다.

　사춘기의 절정인 15세 무렵, 미켈란젤로는 친구를 따
라 메디치가문이 수집한 고대 조각들을 모아놓은 산마르
코 수도원 정원에 갔다가 그의 평생의 은인이라 할 '위대
한 자 로렌초 데 메디치'를 만나게 된다. 당시 미켈란젤로
는 피렌체 최고의 화가였던 기를란다요Ghirlandaio 공방에
도제로 들어가 1년 정도 그림을 배운 뒤 뛰쳐나온 상태였
다. 그 당시 공방이란 스승의 지시에 따라 대형 작품을 공

동 제작하는 곳이자, 제자들이 스승의 드로잉을 베끼면서 미술 공부를 하는 일종의 학교이기도 했다. 한번은 친구가 베낀 선생의 드로잉에 미켈란젤로가 가필을 했는데 스승의 원작보다 뛰어난 그림이 되었다는 일화가 전해진다. 아마도 소년 미켈란젤로는 1년 동안 스승으로부터 회화기술을 섭렵한 후에 더 이상 흥미를 느끼지 못해 뛰쳐나온 것으로 보인다.

　나는 로마의 고대 미술 박물관에 들를 때마다 사실주의 조각은 이미 고대시대에 정점에 도달했다는 생각이 들곤했다. 후대의 작가들은 그것을 응용하고 거기에 개념을 부여할 뿐이지 기법에 있어서는 더 이상 개발할 것이 없을 정도이기 때문이다. 미켈란젤로는 바로 그런 걸작들을 메디치가문이 관리한 산마르코 수도원 정원에서 만났을 것이고 그때 기를란다요 선생의 공방에서 채울 수 없었던 갈증이 단숨에 해소되었는지도 모른다. 그는 그곳을 조각 학교로 생각하고 고대조각을 복제하면서 공부했다. 어느날 미켈란젤로는 로마시대의 조각품인 목신牧神 '파우노' 상을 대리석으로 카피하고 있었다. 늙은 노인이 웃는 모습을 한 이 조각에 대해 전기 작가 콘디비는 "고대 원작에는 없던 환상이 더해졌다"며 극찬했다. 그런데 아직 인생 경험이 부족했던 미켈란젤로는 애초에는 보다 완벽하게 만들 셈으로 치아까지 다 만들어놓은 모양이다. 바로 그때 미켈란젤로의 일생을 결정지을 행운이 찾아왔다. 예술 후원자의 대명사인 메디치가의 '위대한 자 로렌초'가 그곳을 지나가다가 어린 소년이 조각을 기가 막히게 잘 만든 것을 보고 발걸음을 멈춘 것이다.

"너는 이 늙은 목신의 치아까지 다 만들어놓았구나. 하지만 늙으면 이가 몇 개 정도는 빠져 있기 마련이지."

미켈란젤로는 자신의 실수를 즉시 알아차렸다. 미켈란젤로는 후에 이 순간을 회상하며 로렌초가 그곳을 떠나기까지 "천년은 걸린 것 같다"고 술회한 바 있다. 실수에 대한 부끄러운 마음과 함께 빨리 고치고 싶은 마음 때문이었을 것이다. 다음날 로렌초가 와보니 파우노상의 치아가 듬성듬성 빠져 있었다. 사람을 제대로 알아본 로렌초는 소년을 자신의 집에 와서 살게 했다.

"아버지께 내가 할 말이 있다고 전하렴."

로렌초 데 메디치는 미켈란젤로의 부친 루도비코에게 이 아이를 위해 자신이 할 수 있는 것은 무엇이든 다 하겠다고 약속했고 부친은 이를 허락했다. 소년 미켈란젤로와 예술후원자의 대명사로 불리는 '위대한 자 로렌초'와의 운명적 만남이 결실을 보는 순간이었다.

미켈란젤로의 '이데아'와 '미'는 신플라톤주의 철학의 표현

로렌초는 미켈란젤로에게 좋은 방을 주고 모든 편의를 제공하며 "아들처럼 생각하겠으니 네 집처럼 생활하라"고 했다. 미켈란젤로는 인생에서 가장 민감한 사춘기에 위대한 밥상머리 교육의 기회를 얻은 것이다. 당시 메디치가 저택의 식탁은 당대 최고의 신플라톤주의 철학자 안젤로 폴리치아노, 마르실리오 피치노를 비롯한 학자, 시인이 한자리에 모여서 식사를 하며 철학과 예술을 논하던 예술, 학문, 철학의 요람이었는데 소년 미켈란젤로는 주인의 남다른 귀여움을 받으며 한 자리를 제대로 차지한 것이다.

로렌초 메디치의 식탁은 나이 순이나 인물의 중요도가 아니라 도착 순서대로 주인 옆에 앉았던, 이른바 서열 파괴의 식탁이었다. 이 제도가 미켈란젤로를 위해 만들어진 것인지 원래 있었던 것인지는 알 수 없으나 미켈란젤로는 이 집에 살고 있었으니 원하기만 하면 언제든 로렌초 옆에 앉을 수 있었을 것이다. 미켈란젤로는 자주 로렌초의 아들들을 제치고 집주인 곁에 앉았다고 하니 이 사랑스러운 소년에게 로렌초는 식사시간이 되면 휘파람을 불지 않았을까.

"어이 미켈~ 어서 와 앉지!"

미켈란젤로는 여기서 로렌초가 사망한 1492년까지 약

2년 정도를 지냈다. 2년이란 세월은 길 수도 짧을 수도 있 겠으나 미켈란젤로는 보통사람이 아닌, 미술사상 가장 위 대한 천재다. 이런 천재 소년이 당대 최고의 시인이자 철 학자이면서 피렌체 정부의 실질적인 통치자였던 위대한 자 메디치와 날마다 한집에서 살았다는 것은 어떤 의미가 있을까? 더구나 그 집에는 주인이 초대한 당대 최고의 지 성인들과 예술가들이 모여 있었고, 그의 저택은 팰리스라 불리는 근대 최초의 현대적 궁으로 고대와 당대의 가장 아름다운 미술품으로 장식되어 있었다.

지나고 보면 인생은 만남에서 결판이 나는 것 같다. 누 구와 만나느냐 그리고 그 만남이 어떻게 이어지느냐가 한 사람의 일생을 좌우하는 경우가 많다. 그가 배우자일 수 도, 스승일 수도, 친구일 수도, 은인일 수도, 그 밖의 그 어 떤 사람일 수 있을 것이다. 미켈란젤로에게는 로렌초 데 메디치와의 만남이 운명적 만남이었다. 미켈란젤로의 평 생을 지배했던 정신세계와 지적 품위, 신플라톤주의적 이 데아와 이상에 대한 갈망은 바로 이 시기에 이 저택에서 형성되었다고 봐야 할 것이다.

'위대한 자 로렌초'의 입장에서 본다면 골치 아픈 일이 끊이지 않는 세상사에서 미켈란젤로 같은 신동을 곁에 두 고 있다는 것은 얼마나 큰 행복인가? 바라만 봐도 경이롭고, 신기하고, 아름다웠을 것이다. 살면서 좋은 사람, 훌륭한 인재와 함께 지낼 수 있다는 것만큼 유쾌한 일도 흔치 않을 것이다. 어쩌면 미켈란젤로와 같은 천재를 곁에 둘 수 있었던 것은 '위대한 자 로렌초'와 같이 모든 것을 다 갖추었으되 사람 보는 안목까지 갖춘 자만이 누릴 수 있는 특별한 행운이었을 것이다. 뭐 하나라도 만족하지 못했다면 그 소년은 그 집을 뛰쳐나왔을 것이기 때문이다. 메디치가의 식탁 멤버였던 르네상스 최고의 신플라톤주의 철학자 폴리치아노도 미켈란젤로를 총애하여 〈켄타우로스의 전투〉를 비롯한 이런 저런 작품의 주제를 추천해 주었다고 한다.

위대한 인물 뒤에는 반드시 인재를 발탁한 후견인이 있는데 '위대한 자 로렌초'는 미켈란젤로를 발탁한 첫 번째 인물이었다. 그는 발탁하는 데 그치지 않고 인재가 빛을 발할 수 있도록 파격적인 후원을 했고, 그 덕분에 자신은 예술후원자의 대명사라는 영예를 안게 되었다. 위대한 후원자는 재원을 발탁하여 능력을 발휘할 수 있는 토양까지도 만들어준다. 아무리 뿌리가 튼튼한 화초도 물이 없으면 결국 시들고 죽는다. 인재들은 일단 일을 할 수 있는 여건이 만들어지면 그곳이 아무리 척박한 환경이라 하더라도 신들린 듯이 역량을 발휘한다.

1492년 로렌초 데 메디치의 사망 후 미켈란젤로는 집으로 돌아왔다. 며칠 동안 아무것도 하지 못한 채 자신을 키워준 후원자의 죽음을 슬퍼했다고 한다. 이후 '위대한 자 로렌초'의 아들 피에로 데 메디치가 부친의 뒤를 이어 유명인사들을 초청하는 식탁 전통을 이어가려 했으나 미켈란젤로는 물론 다른 그 누구도 이에 응하지 않았다고 하니 인재를 모으는 일이 돈과 권력만으로 되는 일은 아닌 것 같다.

'위대한 자 로렌초'와 함께 지낸 2년 동안 미켈란젤로는 신플라톤주의 철학자들로부터 심오한 강의를 들었을 것이다. 그의 생애 동안 지속된 이상에 대한 갈망, 미에 대한 판단 등은 신플라톤주의 철학의 미켈란젤로식 표현이라 할 수 있다. 신플라톤주의 철학과 그리스도교 사상은 천상과 영원성에 대한 갈망이라는 측면에서 통하는 점이 있다. 미켈란젤로의 정신은 깊고도 심오하여 하나의 철학적 범주나 역사성 속에 한정시키는 것은 부적합한 것이 될 수 있을 것이다. 그에게는 그 모든 것을 초월하는 신의 은총이 보태졌기 때문이다.

율리우스 2세와의 만남
미켈란젤로에게 또 한 번의 운명적 만남은 교황 율리우스

2세와의 만남이다. 율리우스 2세는 미켈란젤로의 일생에서 가장 중요한 작품을 두 점 주문했다. 하나는 시스티나 천장화이고 다른 하나는 교황 자신의 무덤이다. 시스티나 천장화는 그 자체의 중요성 외에도 미켈란젤로가 제작한 이후의 조각들이 이 천장화의 인물상들을 조각으로 옮기는 계기가 되었다는 점에서 미켈란젤로 전 생애에 영향을 미친 중요한 작품이라 할 수 있다. 율리우스 2세의 무덤은, 완성작은 〈모세〉 한 점뿐이었으나 미켈란젤로의 작품세계에서 중요한 부분을 차지하는 미완성 조각들인 '죄수' 혹은 '노예' 시리즈들이 바로 이 교황의 무덤에 설치하기 위해 만들어졌다는 점에서 중요한 것으로, 미켈란젤로는 평생 이 무덤조각에서 벗어나지 못했다. 미켈란젤로 스스로 "비극의 무덤"이라 부를 정도였다.

시스티나 천장화는 미켈란젤로가 30대 초반인 1508년 시작해 1512년에 완성했다. 그리고 30년 후인 1541년에 미켈란젤로는 같은 장소에 벽화 〈최후의 심판〉을 그리는 또 한 번의 과업을 맡았다. 그의 나이 60이 넘어서였다. 이로써 미켈란젤로는 같은 장소에 구약의 시작부터 신약에 이르기까지 인간의 운명을 그리게 되었다.

시스티나 예배당은 지금은 관광명소로 누구나 방문할 수 있지만 당시에는 교황이 미사를 집전하고 회의를 하는 곳이었으며, 오늘날에도 교황을 선출하는 콘클라베Conclave 가 열리는 가톨릭교회의 심장부다. 교황 율리우스 2세가 미켈란젤로에게 천장화를 맡긴 것은 우연이라기보다는 신의 섭리가 아닐까? 더구나 당시 이 천장화를 주문하게 된 과정을 보면 한층 더 그런 생각이 든다.

미켈란젤로와 율리우스 2세의 관계를 눈앞에서 보듯이 생생하게 전한 이는 미켈란젤로의 전기작가 아스카니오 콘디비다. 율리우스 2세는 베드로대성당 재건축을 시작했 고 미켈란젤로와 라파엘로를 발굴해 르네상스미술을 꽃 피우게 한 예술후원자로 잘 알려져 있으나, 정치적으로는 군주형 교황으로 그에 대한 평가는 부정적인 면과 긍정적 인 면이 공존한다.

율리우스 2세의 본명은 줄리아노 델라 로베레Giuliano della Rovere(1443~1513)이며, 시스티나 예배당을 재건축한 교황 식스투스 4세의 조카다. 젊은 시절에 청빈과 가난을 모토로 하는 프란치스코 수도회에 들어가 엄격하고 금욕 적인 탁발수도승으로 교육을 받았고, 1471년 삼촌 식스투 스 4세의 총애로 추기경이 되었으며, 1503년 교황으로 선 출되었다. 당시 교황국Stato della Chiesa은 밀라노, 피렌체, 베 네치아, 나폴리와 마찬가지로 이탈리아의 여러 독립국가 중 하나였다. 따라서 교황은 서방 교회의 지도자라는 지위 외에도 교황국을 방어하고 통치해야 하는 군주로서의 역할을 담당해야 했다. 율리우스 2세는 교황령 수호를 가장 중요한 임무로 생각했고, 자신을 로마제국 율리우스의 후계자로 생각한 군주형 교황이었다.

이탈리아의 위기는 외국, 그 중에서도 프랑스에서 기인함을 간파한 율리우스 2세는 1511년에 프랑스를 상대로 스페인, 황제국, 영국, 스위스, 베네치아가 연맹한 신성동맹Lega Santa을 맺었는가 하면 "무서운 사람uomo terribile"이라는 별명을 얻기도 했지만 그의 행동에는 교황권 수호라는 대의명분이 있었다. 율리우스 2세는 1513년 2월 20일 서거했다. 율리우스 2세에 대한 평가는 엇갈리지만 강한 성격의 소유자로서 정치가로서나 장군으로서 진정한 능력자였음을 부정할 수 없을 것이다.[10]

율리우스 2세는 1503년 교황에 선출된 바로 그 해에 미켈란젤로를 불러 베드로대성당에 자신의 거대한 무덤을 제작할 것을 주문했다. 이미 〈피에타〉, 〈다비드〉와 같은 걸작으로 사람들을 놀라게 한 미켈란젤로였지만 건축에도 일가견이 있어서 주문한 무덤건축의 설계도를 보여주자 교황은 마음에 쏙 들어했다. 그것은 등신대 크기 이상의 조각상이 무려 40점이나 들어가는 거대한 건축물로서 사방에서 다 볼 수 있도록 설계된 것이었다. 교황의 허락을 받은 미켈란젤로는 곧바로 대리석 채석장이 있는 카라라에 가서 8개월 동안 맘에 드는 돌을 캐내는 작업을 했다.

오늘날에는 기계로 채석하고 트럭으로 나르지만 당시에는 모든 것을 사람과 소의 힘으로 해야 했으니 이만저만한 고생이 아니었을 것이다. 하지만 엄청난 기념비를 만든다는 기대감에 부풀어 미켈란젤로는 고생하는 줄도 모르고 산속에서 지냈다. 당시 미켈란젤로는 28세쯤 되었으니 목표를 위해서라면 육체의 고달픔 정도는 두려워하지 않을 나이였다.

미켈란젤로는 천신만고 끝에 이들 석재를 로마로 보냈다. 산더미처럼 쌓인 돌무더기를 보고 마음이 흐뭇해진 교황은 미켈란젤로의 집까지 찾아가 격려를 했으며 미켈란젤로는 교황이 작업장에 쉽게 올 수 있도록 비밀통로까지 만들었다.

'젊은 거장'을 어르고 달랜 율리우스 2세

하지만 교황의 관심과 총애는 결국 베드로대성당 총감독인 건축가 브라만테의 시기를 사게 되었다. 브라만테가 교황으로 하여금 묘비 건축을 하지 못하도록 다른 곳으로 눈을 돌리게 했으며 그것이 바로 시스티나 천장화라는 것

194

이다. 미켈란젤로가 평생 적개심을 가졌던 사람은 몇 명 되지 않는데 그 중에 라파엘로와 브라만테가 있다. 아마도 이때 생긴 앙금이 평생 가라앉지 않은 듯하다.

교황은 절대로 자신 이외의 사람으로부터는 돈을 받기 위해 여기저기 돌아다니지 말라고 당부까지 했으나 심상치 않은 조짐이 생기기 시작했다. 카라라에서 대리석 석재가 도착하자 비용을 지불하기 위해 교황을 찾았으나 바쁘다며 만나주지 않은 것이다.

미켈란젤로는 인부들에게 불편을 끼치지 않기 위해 나중에 받을 생각을 하고 일단 자비로 지불하고 다음날 교황을 만나기 위해 갔더니 하인이 문 앞에서 들어오지 못하게 막는 것이 아닌가. 교황으로부터 출입금지 명령을 받았다는 것이다. 그동안 한 번도 이런 취급을 받지 않았던 미켈란젤로는 화를 참지 못한 채 "이제부터 교황 성하께서 저를 만나고자 하신다면 다른 곳에서 뵈어야 할 것입니다"라는 말을 남기고는 그 밤에 우편마차에 몸을 싣고 밤길을 달려 피렌체의 영토인 포치본시라는 곳에 도착했다. 얼마 지나지 않아 교황에게 무례죄를 범한 미켈란젤로를 발견하는 즉시 로마로 데려오라는 내용의 교황의 편지를 지닌 파발꾼들이 도착했다.

이에 대한 미켈란젤로의 대답은 짧았다.

돌아가지 않을 것이오. 마치 불한당 대하듯이 면전에서 나를 쫓아낸 교황님은 나의 선의와 충직한 봉사를 받을 자격이 없소. 더구나 교황 성하는 더 이상 무덤을 원치 않으니 나는 아무런 의무도 없소. (콘디비, 70~71)

그러고는 피렌체에서 3개월 정도를 머물렀다. 서슬 퍼런 권력자에게 이같이 말할 수 있었던 사람이 당대에 미켈란젤로 말고 또 누가 있었을까? 불같은 두 사람의 만남이었다. 엄청난 프로젝트 제안을 받고 신바람이 나서 석산에서 막노동꾼과 다름없이 온갖 고생을 하며 돌을 캐서 운반까지 해놓았는데 이처럼 180도 달라진 교황에게 인간적 분노와 절망감을 느낀 것은 충분히 이해할 수 있을 것 같다. 하지만 당시 "무시무시한 사람"이라는 별명까지 붙은 절대 권력자 앞에서 자신의 감정을 거침없이 표현한다는 것은 그 누구라도 쉽지 않았을 것이다.

미켈란젤로가 피렌체에 머무는 동안 교황은 피렌체공화국의 시뇨리아 정부에 "어르든 달래든 그를 로마로 보내라"는 협박으로 가득 찬 교서敎書를 세 번이나 보냈다. 이런 상황에서 미켈란젤로가 교황을 자연스럽게 만날 수 있는 행운이 찾아왔다. 당시 교황이 볼로냐를 교황령으로 정복한 후 기분 좋은 상태에서 이 도시에 머물고 있었던 것이다. 미켈란젤로는 이럴 때 교황을 만나면 자신에 대한 마음이 조금은 누그러져 있지 않을까 기대하며 볼로냐로 떠났다. 미켈란젤로는 큰소리로 용서를 청하며, 그때 그렇게 말한 것은 문 앞에서 쫓겨난 모욕을 참지 못해서였지 나쁜 뜻은 없었다며 사죄했다. 교황은 미켈란젤로를 용서한 후 또 다른 작품을 주문받기 전까지는 결코 볼로냐를 뜨지 말라고 당부했다. 교황은 괘씸할 법도 한 이 젊은 예술가에게 깊은 애정이 있었던 것이다.

율리우스 2세는 기회를 놓치지 않고 미켈란젤로에게 볼로냐의 성 페트로니오 성당 벽에 설치할 자신의 대형 청동상을 주문하는 것을 잊지 않았다. 교황이 떠난 후 미켈란젤로는 16개월 동안 이 도시에 남아서 청동초상조각을 제작해 성 페트로니오 성당 입구의 벽감에 설치했다. 이 조각상은 실물의 세 배 정도라고 하니 시스티나 천장화의 예언자들과 비슷한 크기 정도였을 것으로 추측한다. 그러나 이 작품은 4년 후인 1511년에 볼로냐가 프랑스에게 점령되면서 이전의 군주였던 벤티볼리오의 귀환과 함께 성난 백성들에게 파괴되었다.

16개월간 볼로냐에서 율리우스 2세의 청동조각상을 완성한 미켈란젤로는 로마로 복귀했다. 하지만 로마에서는 미켈란젤로가 기대한 교황의 무덤조각 대신 다른 일이 기다리고 있었다. 교황이 느닷없이 시스티나 예배당의 천장화를 그리라고 명령한 것이었다.

미켈란젤로는 분노가 치솟았고 다시 또 절망에 빠졌다. 더구나 그림은 경험도 없는 터였다. 미켈란젤로는 이를 브라만테의 음모로 보고 자신은 그림에는 경험이 없으니 라파엘로를 시키라며 빠져나가려 했으나 결국 일을 맡을 수밖에 없었다.

결과적으로 시스티나 천장화는 미켈란젤로에게 가장 큰 영광을 가져다준 역사상 최고의 걸작이 되었다. 시련이 영광을 낳은 것이다. 아울러 교황에게는 무덤이라는 자신의 개인적 욕망이 아니라 교회를 위한 걸작을 주문하게 한 결과를 가져다주었다. 교황이 만약 미켈란젤로에게 자신의 거대한 무덤을 만들게 했다면 그는 도덕적으로 용서받기 어려웠을 것이다.

율리우스 2세는 매번 자신을 놀라게 하는 이 젊은 거장의 매력에 흠뻑 빠졌던 것 같다. 당시 미켈란젤로의 나이는 29세 정도였고 교황은 60대의 노령이었다. 성질이 고약하고 직선적인 것으로 치자면 두 사람 다 둘째가라면 서러워했겠지만 극과 극은 통한다고, 둘 사이에는 애정이 있었고 서로 끌리는 면이 있었던 것 같다. 교황 율리우스 2세에 대한 평가는 엇갈리지만 예술후원자에게 필요한 첫 번째 덕목이 작가를 볼 줄 아는 안목이라 할 때 미켈란 젤로를 발굴한 그는 역사상 가장 운이 좋고 능력 있는 예술후원자였음은 분명하다.[11)

가족이란
무엇인가
?

가족이란
평생 짊어져야 하는 십자가

가족이란
평생 짊어져야 하는 십자가
—고종희

사랑할 수밖에 없는 '가족'이라는 공동체

미켈란젤로의 부친 루도비코 부오나로티는 작은 마을의 경찰국장Podestà을 두 달 정도 지낸 적이 있다고는 하지만 실제로는 하급 관료였던 것으로 보인다. 차남인 미켈란젤로는 5명의 형제가 있었는데 17세에 수도원에 들어간 형 레오나르도를 대신해 평생 아버지와 동생들을 부양하는 장남 역할을 했다.

미켈란젤로의 나이 25세 때 부친이 건강을 돌보지 않는다고 나무라는 편지를 보내자 "제가 모든 고통을 참고 이겨온 것은 모두 가족 때문이에요. 여러 가지 저의 걱정도 모두 가족을 사랑하는 까닭입니다"라고 답했다. 미켈란젤로가 시스티나 천장화 작업으로 기진맥진해 있을 때도 가족은 힘이 되어주기는커녕 그를 괴롭혔다. 다음은 그 무럼 아버지에게 쓴 편지다.

그런 것으로 걱정할 필요는 없습니다. 그런 것들은 생명에 관한 일이 아니니까요. 제가 있는 한 아버지를 불편하게 하지는 않을 것입니다. 제가 아무리 이 세상의 부를 차지한들 아버지가 안 계시다면 무슨 소용이 있겠습니다. 차라리 우리가 다소 굶주릴지라도 아버지가 이 세상에 살고 계시다는 것이 저에게는 무엇보다도 기쁜 일입니다. 아버지는 이 세상에서 영예를 가지지는 못했을지라도 생활 걱정은 없을 터이니 그것만으로라도 만족하게 생각하시기 바랍니다.

그리고 지금의 제가 그러하듯이, 우리가 비록 가난할지라도 그리스도와 함께 선량하게 지내시기를 바랍니다. 왜냐하면 저는 가난하기는 하지만 현세를 위해 고민하는 일은 없기 때문입니다. 더구나 저는 지금 일 때문에 무척 애를 쓰고 불안 속에 허덕이고 있습니다. 15년이라는 세월을 저는 잠시도 행복한 시간을 가져본 일이 없습니다. 저는 아버지를 돌보려고 있는 힘을 다했습니다. 그것을 아시는지 모르시는지요. 오오 주여! 우리들의 모든 것을 용서하십시오. 앞으로도 저는 제 생애를 다해 이렇게 살렵니다. 다만 저에게 힘이 있다면. (롤랑, 84)

세 동생들은 미켈란젤로에게서 늘 돈을 뜯어갔으며 로마에 오면 그의 집에서 지냈다. 그는 동생들에게 장사밑천을 대주었고 토지를 사주었으나 동생들은 고맙게 생각하기는커녕 이를 당연한 것으로 여겼으며 부친을 학대하기까지 했다. 이에 관해 미켈란젤로가 동생에게 쓴 인상적인 편지가 있다.

조반시모네에게!

선한 자를 위해 힘쓰면 그 사람은 더욱 좋아지고, 악한 자에게 베풀면 그 사람은 더욱 나빠진다는 이야기가 있다. 내가 친절한 말과 행동으로 너를 바른 생활로 인도했고 (…) 나는 너를 다른 형제와 똑같이 나의 동생으로 생각했다. 그러나 이제 더는 너를 내 동생으로 생각하지 않겠다. 만일 네가 정말 내 동생이라면 아버지를 공박한다든지 하는 짓은 차마 못했을 것이다. 너는 짐승만도 못한 녀석이다. 만일 아버지가 남에게 공박당하거나 학대당하는 것을 본다면, 대신 나서서 자기의 생명을 던지기까지 하는 것이 자식의 의무인 줄 알아야 한다. (…) 이제라도 네가 행실을 고치고 아버지를 진심으로 공경한다면 곧 좋은 점포를 사주겠다. (…) 더 이상 말을 않겠다. 나는 12년간 이탈리아 각지에서 비참한 생활을 해왔다. 모든 모욕을 이겨내고 많은 고난을 겪으며 말할 수 없는 피로에 쇠약해지고 여러 가지 위험에 시달려왔으나 그것은 모두 우리 일가를 돌보기 위한 것이었다. 이제 내가 겨우 재기하려고 할 때 너는 내가 그간 쌓아올린 탑을 한순간 허물어뜨리려고 하니 내가 도저히 참을 수 없다. 그리스도에게 맹세해서라도 그런 짓은 용서 못한다. (롤랑, 86~88)

셋째동생 부오나로토가 미켈란젤로가 준 전세금을 다 써버리고는 형에게 받은 돈보다 자기가 형을 위해 쓴 돈이 더 많다고 떠벌리고 다닌 것에 대해서는 다음과 같이 쓴소리를 하고 있다.

나는 네가 어디에서 돈이 생겼는지 알고 싶다. 네가 산타 마리아 누오보 은행의 나의 예금에서 228두카트를 찾은 것과 내가 너의 상점으로 보낸 수백 두카트와 또한 너희들의 생계비를 보낸 것을 너는 기억하고 있는지 알고 싶다. (…) 너에게 베푼 것을 생각한다면 나를 이렇게 괴롭히지는 않았을 것이다. (롤랑, 89)

미켈란젤로가 가장 어려운 고비를 맞은 시스티나 천장화를 제작할 때에 가정적으로는 이러한 일을 겪고 있었던 것이다. 사실 가족 간에도 베푸는 자 따로 있고 받는 자 따로 있으며 받는 자가 오히려 불평하는 일은 동서고금이 같은 모양이다. 미켈란젤로에게 가족은 평생 지고 가야 할 십자가였다.

십자가를 피하지 않은 미켈란젤로

미켈란젤로에게는 레오나르도라는 조카가 있었다. 그는 조카를 친자식처럼 여겼고, 조카는 삼촌의 유산을 상속받을 목적으로 늘 복종하고 있었다. 미켈란젤로가 이 조카의 신붓감을 고르는 기준을 제시한 편지가 남아 있는데, 이는 미켈란젤로의 사람 보는 기준을 보여주는 듯해 흥미롭다.

네가 선택한 여자는 단순히 선량해야 하는 것뿐만 아니라 건강해야 한다. (…) 평온하게 살아가려면 상대가 고귀하고 교양이 있어야 하는데 그렇다면 어느 사람을 선택해도 그건 너의 자유다. 그리고 막대한 지참금이 있는 것보다 차라리 없는 편이 낫다. (…) 딸을 너에게 주려는 사람이 너의 재산을 생각하는지 잘 따져보아야 한다. 딸을 주는 것이지 재산을 탐내서는 안 된다. 정신과 건강, 혈통과 품행의 단정함, 그리고 상대의 양친을 잘 고려하지 않으면

안 된다. (…) 때에 따라서 접시도 닦고, 집안일을 수치로 여기지 않는 여자가 좋다. (…) 미모는 네가 피렌체 제일의 미남이라고 할 수 없으니 단지 불구라든가 너무 추녀가 아닌 한 그런 것에 너무 신경 쓸 것은 없다. (롤랑, 203~204)

형식과 허식 없이 사람됨을 봐야 하며 재산이 결혼에 개입되어도 안 됨을 밝히고 있다. 현대인들도 이 기준에 맞춰 며느리를 보면 딱 좋을 것 같다. 미켈란젤로는 조카 며느리를 고르느라 꽤 지쳐버릴 정도로 신경을 써서 나중에는 알아서 하라며 포기한 상태였는데 마침내 결혼한 조카에게 다음과 같은 편지를 썼다.

내가 자세한 것은 잘 모르나 네가 신부를 집에 맞이하기 전에 일체의 금전적인 문제는 빠짐없이 처리할 필요가 있다고 생각한다. 왜냐하면 이러한 문제에서는 언제나 불화가 생기기 마련이니까. (롤랑, 205)

미켈란젤로는 평생 작품을 주문받으며 계약서를 쓰고 돈을 벌었기 때문에, 그리고 그 가정에서 유일하게 돈을 쓰는 사람이었기 때문에 돈 문제에서는 현실감각을 가지고 있었던 것 같다. 그러고는 이렇게 유머러스하게 마무리했다.

　자, 그러면 이제는 오래 잘 살도록 노력하는 것뿐이다. 과
부의 수는 언제나 홀아비의 수보다 많으니까. (롤랑, 205)

　이후 미켈란젤로는 조카며느리에게 다이아몬드와 루비
반지를 보냈다. 그 답례로 조카 부부가 셔츠를 보내주자
미켈란젤로는 "로마에 있는 물건은 네 처가 좋아하는 것
이라면 무엇이든 보내줄 테니 말만 하라"며 조카에게 아
이스크림처럼 부드러운 말을 했다. 모처럼 가족에게서 행
복을 느낀 것 같다.
　세속적인 욕망에 집착하지 않았던 미켈란젤로가 유독
가문의 명예를 높이고 싶었던 데는 가족을 줄줄이 책임져
야 하는 고달픈 생활도 한몫했을지 모르겠다. 미켈란젤로
에게 가족은 평생 짊어지고 가야 할 십자가였다. 그는 원
망하고 절망했으나 그 십자가를 내려놓지는 않았다.

어머니란
무엇인가
?

지울 수 없는
영원한 그리움의 존재

지울 수 없는
영원한 그리움의 존재

—박성은

성모자상에 대한 미켈란젤로의 애착

미켈란젤로는 레오나르도 다빈치처럼 어린 시절 어머니를 여의었다. 그리고 그들 모두 독신으로 일생을 살았고 동성애자로 알려져 있다. 그러나 미켈란젤로는 청소년시절 피렌체 메디치 저택에서 살 때 후원자 로렌초의 딸 콘치나를 흠모했다. 그리고 1535년 로마의 귀족부인 콜론나를 사랑했던 일도 여러 개의 소네트를 통해 알 수 있다. 물론 그녀들에 대한 사랑은 플라토닉한 것이었다.

연구자들은 그가 로마의 유서 깊은 귀족가문의 젊은이인 토마소 데 카발리에리를 사랑했다고 하지만 미켈란젤로는 그의 아름다운 육체와 아름다운 영혼을 사랑하고 찬미한 것이었다. 프로이트가 정신분석학적 관점에서 레오나르도 다빈치의 작품에 나타나는 형식적 특징과 의미를 어려서 세상을 떠난 어머니에 대한 애정표현으로 분석해 서양미술사의 지평을 넓혀주었듯이 미켈란젤로가 특별히 성모자상The Virgin and Child 도상에 애착을 가진 현상 역시 같은 분석이 가능할 것 같다.

인간에게 어머니는 어떤 존재일까? 다른 포유동물들도 마찬가지이지만 생명을 뱃속에 넣어 키우다 달이 차 세상에 나오면 그 어머니는 자신의 젖을 먹여 아기가 건강하게 자랄 수 있도록 정성껏 키운다. 세상의 많은 사람들이 유년과 청소년시절 어머니를 잃은 마음의 상처로 어른이 되어서도 균형 잡힌 삶을 사는 일에 실패하는 경우가 많다. 이런 상실감은 기억 속에 깊숙이 자리 잡아 성인이 되어도 해결되지 못한 채 심리적인 스트레스가 되어 순간순간 의식의 표면에 떠올라 우리 삶을 깊은 어둠으로 이끈다. 그러나 소수의 천재적인 예술가들은 이와 같은 상실감을 자신의 작품을 통해 예술로 승화시키고 자신의 상처를 극복해내기도 한다.

미켈란젤로와 어머니와의 관계는 어떤 것이었을까? 미켈란젤로의 전기를 쓴 바사리에 따르면, 미켈란젤로는 태어난 지 일 년 만에 석공의 아내인 유모에게 맡겨졌다. 어머니는 병약해 아기에게 젖을 먹일 수가 없었던 것이다. 그리고 그녀는 미켈란젤로가 여섯 살 되던 해에 세상을 떠났다. 어린 시절 엄마의 충분한 젖을 먹지 못하고 자란 본능과 여섯 살 어린 나이에 죽은 엄마에 대한 기억과 그리움은 그의 작품 곳곳에 드러난다. 그러나 바사리와 콘디비에 의한 그의 전기에서 또는 그가 자주 자신의 감정을 표현한 수많은 소네트에서 어머니에 대한 그리움은 눈에 띄지 않는다. 그럼에도 불구하고 미켈란젤로의 많은 성모자상은 그의 깊은 심층에 자리하고 있던 무의식이 의식의 표면으로 올라와 조각과 회화 그리고 드로잉을 통해 엄마라는 존재에 대한 그리움을 표현해낸 것으로 보인다.

성격적으로 내성적이며 우울증을 보이던 그가 자신의 내면을 표현하기 위해 찾아낸 방법이 엄마와 아기의 관계가 그려진 성모자상이었다. 그가 소년시절부터 중년의 나이까지 제작한 수많은 성모자상은 예술가 미켈란젤로가 성인이 되어서도 사라지지 않던 심리 상태의 미술적 대응이었다. 많은 미켈란젤로 연구자들이 미켈란젤로의 성모자상이 일찍 죽은 어머니에 대한 그리움을 미술로 표현한 것이라고 추측한다. 사실 미켈란젤로는 많은 성모상을 부조와 회화 그리고 드로잉으로 제작했다. 마치 17세기 네덜란드의 화가 렘브란트와 19세기 후반의 화가 빈센트 반고흐가 자신의 수많은 초상화를 통해 자신의 내면세계를 탐구한 것처럼 미켈란젤로는 성모자상을 통해 어머니에 대한 자신의 내적 심리상태를 표현해낸 것이다.

호데게트리아와 엘레오우사

도상적인 관점에서 미켈란젤로는 자애의 성모를 의미하
는 엘레오우사Eleousa 유형을 선택하고 있으며, 그 중에서
도 '수유하는 성모상'을 선택한 사실에서 그의 어머니에
대한 생각을 읽어낼 수 있다. 당시 교회는 호데게트리아
Hodegetria[12][그림1] 유형의 위엄에 찬 성모상을 선호했지만
미켈란젤로는 엘레오우사[13][그림2] 유형을 선택한 것이다.
특히 그의 모든 성모자상에서 발견되는 특징으로 먼 곳을
응시하며 아기예수를 보고 있지 않는 성모의 시선에 대해
연구자들은 주목하고 있다. 왜일까? 그것은 아마도 한 살
에 젖을 떼고 여섯 살에 저세상으로 떠나버린 죽은 엄마
에 대한 기억과 그리움을 성모자상에 투영한 것이라는 의
견이 일반적이다.

미켈란젤로가 모성애에 대한 그리움을 처음으로
표현해낸 작품은 〈계단의 성모〉[그림3]라는 부조다.
1489~1492년, 그가 14세와 16세 사이 소년시절에 제작
한 이 작품에는 어린 시절 세상을 떠난 엄마에 대한 기억
과 그리움이 상징적으로 표현되어 있다. 전체적인 구성에
서 옆면의 얼굴로 표현된 여인, 그녀의 가슴에 머리를 파

[그림1] 치마부에, 〈권좌의 성모자〉, 템페라, 1280, 피렌체 우피치미술관

[그림2] 리포 멤미, 〈겸손의 마리아〉, 템페라, 1340, 베를린 국립미술관

묻고 잠이 든 아기에게 젖을 물린 여인이 오른쪽 공간을 가득 채우고 있으며 여인의 머리 뒤에 보이는 둥근 광배에서 그녀가 성모임을 알 수 있다. 그러나 옆면의 얼굴로 표현된 여인의 시선은 영원을 바라보고 있는 듯하다. 그리고 그녀의 가슴에 머리를 파묻고 젖을 먹던 아기는 잠이 든 것 같다.

  소년 미켈란젤로는 여기서 엘레오우사에 속하는 '수유하는 성모'라는 비잔틴 유형을 따르고 있다. 여기서 미켈란젤로가 마리아 락탄스 즉 젖을 아기에게 먹이고 있는 성모상 유형을 사용한 것은 과연 우연이었을까를 생각해 보게 된다. 엄마의 가슴에 얼굴을 묻고 잠이 든 아기 미켈란젤로는 그가 어린 시절 자신을 떠난 그리운 엄마와 자신의 모습을 성모자상에 투영한 것은 아닐까? 이와 같은 성모의 발아래로는 여섯 개로 된 계단이 있고 그 상단에는 푸티putti들이 계단 아래를 내려다보고 있다. 연구자들

[그림3] 미켈란젤로, 〈계단의 성모〉, 대리석, 1489~92, 피렌체 카사부오나로티

에 따르면 계단은 플로티누스의 신플라톤주의 철학사상에서 계층 이론이 반영된 것이다. 즉 인간의 영혼을 여러 단계로 나누어 최하단을 물질계로 보고 맨 상층을 신이 위치한 곳으로 보아 그 아래 단계에 위치한 영혼이 최고 단계에 도달하면 신과 합일될 수 있다는 사상이다.

현재 벨기에의 브뤼헤 노트르담 성당에 소장되어 있는 환조 〈브뤼헤의 성모〉[그림4]는 또 다른 관점에서 미켈란젤로의 어머니에 대한 생각이 표현된 작품이다. 이 작품은 플랑드르 상인 무스크론 형제가 주문해 1504~1506년 사이 제작된 것으로, 그가 이미 〈피에타〉와 〈다비드〉상으로 명성을 얻은 후의 양식적으로 성숙된 성모자상 모습을 보여준다. 성모는 오른손으로 생명의 책을 들고 왼손으로 아기예수의 오른손을 꼭 잡고 있다. 여기서 성모의 무릎에 기대어 선 아기예수가 작은 손으로 엄마의 손을 꼭 잡고 있는 모습은 아기 미켈란젤로가 엄마에 대한 자신의 마음을 표현하고 있는 것으로 보인다. 〈계단의 성모〉에서는 엄마의 가슴에 머리를 박고 젖을 먹다 잠이 들어버린 아기가 아니라 조금 자란 아기가 이제 더 이상 엄마를 떠나지 않으려고 엄마에게 안기는 모습으로 변해 있다.

1503~1505년 사이 제작된 〈타데이 톤도〉와 〈피티 톤도〉는 원형으로 제작되었다. 일반적으로 그림은 직사각형의 틀을 갖고 있는 데 반해 위 두 개의 부조는 원형의 틀 즉 톤도로 되어 있다. 톤도tondo란 이탈리아어로 원형이란 의미다. 15세기 이탈리아사회의 신심이 깊은 가정에서는 거울처럼 생긴 톤도에 그려진 기독교를 주제로 한 그림을 벽에 걸어놓고 매일 거울을 대하듯 그림을 들여다보며 신앙생활을 했다. 이는 그림이 지닌 관상적인 기능 때문이었다. 15세기 북유럽의 플랑드르 지역 회화에서 원형 프레임의 톤도 성모상이 유행한 것은 같은 시기 유럽의 종교적인 분위기가 어떤 것이었는지를 잘 보여준다. 여기서 여러 가지 도상 중에서 15, 16세기 기독교인들이 가장 선호하는 도상은 인간에게 친밀한 성모자상이었다. 이와 같은 성모자상은 어떤 구성이라도 아기를 안고 있는 마리아가 앞으로 다가올 아기예수의 죽음을 예견하며 슬픔을 표현하는 것이 일반적이다.

216

[그림4] 미켈란젤로, 〈브뤼헤의 성모〉, 대리석, 1504~06, 벨기에 브뤼헤 노트르담 성당

[그림5] 미켈란젤로, 〈성 요한과 함께 있는 성모와 아기예수〉 또는 〈타데이 톤도〉, 대리석, 1503~05, 피렌체 바르젤로 국립박물관

성 요한과 함께 있는 성모자상은 성모상을 기초로 변형된 도상이다. 예수그리스도의 앞길을 닦기 위해 6개월 먼저 이 세상에 온 예언자 세례 요한은 예수의 사촌이다. 따라서 어린 시절을 같이 보낸 사촌이 성모자상에 자주 등

218

장하는 것은 예수의 어린 시절을 그리는 데 적합한 주제
다. 〈타데이 톤도〉[그림5]에서 세례자 요한은 아기예수에
게 죽음의 상징인 검은 방울새를 건네주고 있다. 이것은
그리스도가 앞으로 겪게 될 수난의 상징으로 15세기 수많
은 성모자상에 등장하는 지물attribute이다. 여기서 조각가
미켈란젤로는 아기예수를 세례자 요한을 보며 몸을 틀어
장난치듯 엄마 품으로 도망치는 모습으로 표현해내고 있
다. 이는 엄마와 아기로서 자신 간의 친밀한 관계를 보여
주고자 하는 미켈란젤로의 감정이 부조로 표현된 것으로
추측된다.

어찌할 수 없는 그리움, 미켈란젤로의 마음의 시선
한편 도상적 관점에서 볼 때 〈피티 톤도〉[그림6]에서 엄
마의 무릎에 한 팔을 기대고 다리를 꼬고 서 있는 아기예
수의 모습이 매우 흥미롭다. 그 자세는 고대 그리스 묘비
와 로마시대 석관조각에서 자주 등장하는 죽은 자의 초상
조각에 나타나는 자세와 닮아 있다. 예를 들면 그리스 일
리소스 강 근처에서 발굴된 〈일리소스 묘비〉[그림7]에서
의 아들의 자세와 로마제국시대 〈니오베의 석관〉[그림8]
은 그 좋은 예다. 고대사회에서 이와 같은 자세는 무덤이
나 죽음과 관련이 있다. 따라서 미켈란젤로는 〈피티 톤도〉

에서 아기예수에게 다가올 죽음을 상징하고 있는 것으로 보인다.

〈니오베의 석관〉 전면에는 레토여신의 아들과 딸인 아폴론과 아르테미스가 니오베의 아들과 딸들을 화살로 쏘아 죽이는 장면이 표현되어 있다. 니오베는 그리스 신화에 나오는 여성으로 리디아의 왕 탄탈로스의 딸이다. 니오베는 테베의 왕인 암피온의 아내로 7명의 아들과 7명의 딸을 둔 것을 자랑하며 남매밖에 못 낳은 레토여신을 흉보고 다니다 여신에게 벌을 받은 것이다. 인간의 교만에 대한 신의 벌로 죽임을 당한 자식들이 묻힌 원형의 무덤 문 앞에 머리에 베일을 쓴 니오베가 슬픔에 싸여 앉아 있고, 그 반대편에는 〈피티 톤도〉의 아기예수와 같은 자세로 니오베의 남편인 암피온이 왼손으로 턱을 괴고 두 다리를 꼬고 서 있다.[그림9] 이와 같은 자세들은 고대 이교도 사회에서 여러 석관에 나타나는 죽음과 관계되는 자세로 르네상스시대 기독교미술을 위해 조각가와 화가들에 의해 재생된 모티프다.

한편 한손으로는 펼쳐져 있는 책을 들고 왼손으로는 아기예수의 허리를 감싸안은 성모는 이번에도 아기를 내려다보고 있지 않다. 이는 예술가 미켈란젤로가 제작한 모든 성모상에 나타나는 형식적인 특징이다. 그렇다면 그것

[그림6] 미켈란젤로, 〈성 요한과 함께 있는 성모와 아기예수〉(일명 피티 톤도), 대리석, 1503~05, 런던 왕립예술아카데미(좌)
[그림7] 〈일리소스 비석 : 아버지와 아들, 소년과 개〉, 대리석, BC. 330, 아테네 케라메이로스 박물관(우)

은 도상적 관점에서 무엇을 의미할까? 미켈란젤로는 태어난 지 일 년 만에 석공의 아내인 유모에게 맡겨졌다. 그리고 그가 여섯 살에 어머니는 세상을 떠났다. 미켈란젤로는 이처럼 간절히 원하지만 영원히 닿을 수 없는 엄마에 대한 그리움을 먼 곳을 바라보는 성모의 시선을 통해, 자신과 좁혀지지 않는 엄마와의 관계를 조각을 통해 표현해낸 것으로 보인다.

도니 가家에서 주문했기 때문에 일명 〈도니 톤도〉[그림10]로도 불리는 〈성가족〉은 현재 피렌체 우피치미술관에

[그림8] 〈니오베 자식들의 학살 석관〉,
대리석, BC. 134~140, 바티칸(상)
[그림9] 그림8의 세부(측면), 원형무
덤 앞의 니오베와 암피온(하)

소장되어 있다. 미켈란젤로는 자신을 조각가로 생각했으므로 회화는 거의 제작하지 않다가 처음으로 유화와 템페라로 지름이 1미터가 넘는 패널 원형 틀 안에 성가족을 표현했는데 그 효과는 마치 부조와도 같은 느낌을 준다. 우리는 소년 미켈란젤로가 아버지의 소망을 거스르며 예술가가 되었다는 사실을 이미 알고 있다. 그런 아버지 무릎에 올라서 아기예수가 된 미켈란젤로는 엄마의 두 팔에 들려 엄마를 내려다본다. 이와 같은 구성은 전통적인 성가족의 구성에서 찾아볼 수 없는 혁신적인 모습이다. 중앙의 담벼락을 중심으로 전경과 후경으로 나뉜 화

222

[그림10] 미켈란젤로, 〈성가족〉(일명 도니 톤도), 패널에 템페라,
1506~07, 피렌체 우피치미술관

면에서 전경에는 아기예수와 마리아 그리고 요셉이 역동
적인 자세로 잔디 위에 앉아 있다. 그리고 벽면 뒤로는 누
드의 남성 인체들이 벽에 걸터앉아 있고, 화면 오른쪽 중
앙 벽 뒤에는 세례자 요한이 성聖가족을 올려다보고 있
다. 담으로 둘러쳐진 꽃이 핀 공간은 '호르투스 콘클루수
스Hortus Conclusus'로 고대 로마시대의 '높은 담으로 둘러쳐
진 정원'에서 기원한다. 이후 기독교미술에서 무염시태
즉 원죄 없이 태어난 마리아를 상징하는 공간으로 사용하
기 시작했다. 성가족 뒤 배경의 누드 인물들은 고대 이교
도들을 상징하며, 성가족은 은총의 시대를, 그리고 세례자
요한은 이 두 시대를 이어주는 역할을 상징한다고 한다.

　미켈란젤로는 엘레오우사 유형에 속하는 '수유하는 성

[그림11] 미켈란젤로, 〈성모와 아기예수〉,
드로잉, 1520년대, 소장처 미상

모'를 중년의 나이에도 지속적으로 다루었다. 현재 소장처를 알 수 없는 것으로, 1520년 미켈란젤로가 45세에 붉은색 콘테로 드로잉한 〈성모와 아기예수〉[그림11]는 미완성 작품이다. 그러나 거기에서는 성모와 아기예수가 나타내주는 성스러운 종교화로서의 모습은 더 이상 찾아볼 수가 없다. 오직 배고파 엄마의 가슴을 움켜잡은 채 열심히 젖을 빨고 있는 순진무구한 아기의 모습과 오른손은 두 손가락을 벌려 아기의 등을 감싸안고 왼손으로는 아기의 왼다리를 잡아주어 아기가 편안한 자세로 젖을 먹을 수 있도록 수유 자세를 보이는 자애로운 엄마의 모습이 그려져 있을 뿐이다. 그러나 이곳에서도 엄마의 시선은 아기를 보고 있지 않다. 그녀는 역시 다른 성모자상에서처럼 머리를 돌려 먼 곳을 응시하고 있다. 우리는 여기서 엄마와 영원히 마주할 수 없는 미켈란젤로의 마음의 시선을 읽어낼 수 있을 것 같다.

마찬가지로 현재 피렌체 메디치가문의 채플인 산로렌초 성당 중앙 제단에 서 있는 〈성모자〉상 [그림12]은 성스러운 종교적 느낌과 함께 아기와 엄마 사이에 흐르는 인간적인 느낌에 대한 조각적 표현이 그 절정에 달한 작품이다. 무릎 위로 꼬고 앉은 마리아와 그녀

[그림12] 미켈란젤로, 〈메디치가의 성모〉, 대리석, 1524~34, 피렌체 산로렌초 성당

의 왼쪽 무릎 위에 앉은 아기예수가 상체를 돌려 마리아의 가슴에 얼굴을 묻고 젖을 먹고 있는 모습이다. 성모는 당대 속세 여인들이 쓰던 머릿수건을 쓰고 있으며 아기의 겨드랑이를 감싸안은 그녀의 왼손에는 아기를 향한 어머니의 힘 있고 따뜻한 배려가 깃들어 있다. 그러나 옅은 슬픔의 표정을 짓고 있는 어머니의 시선은 역시 젖을 먹고 있는 아기를 향해 있지 않다.

절절한 어머니의 고통이 드러난 '피에타'

만년에 미켈란젤로는 성모자 도상과 함께 '피에타'와 '십

자가 처형'이라는 주제에도 집착했다. 그것은 성모자 도상과 마찬가지로 아들과 어머니가 주인공인 피에타Pietà 도상을 통해 역시 그의 어머니에 대한 기억과 그리움을 표현한 것으로 추측된다. 그러나 두 도상이 모두 모자母子 사이의 애정을 표현한 것으로, 성모자상이 아기와 엄마의 포근한 모습을 빌려 표현한 것이라면 피에타상은 글자 그대로 성인이 되어 죽은 아들을 끌어안고 애도하는 고통스러운 어머니의 마음을 표현하고 있다. 죽은 어머니를 그리워하는 미켈란젤로의 마음이 이상적으로 표현되었으면서 조각가로서 자신의 정체성을 미술계에 알리는 작품이 오늘날 베드로대성당에 있는 〈피에타〉다. 그러나 이 작품은 4부의 '종교란 무엇인가?'에서 자세히 언급되므로 다음 작품으로 넘어가보자.

현재 피렌체대성당 박물관에 있는 〈피렌체 피에타〉[그림13]는 미켈란젤로가 자신의 묘소에 설치할 목적으로 제작한 작품이었다. 도상적 관점에서 볼 때 그것은 로마 베드로대성당에 있는 〈피에타〉의 변형이다. 십자가에서 막 내려진 예수그리스도의 시신을 어머니 마리아와 막달라 마리아, 그리고 니고데모가 부축하는 장면이다. 여기에 미켈란젤로는 성서에 등장하는 니고데모 얼굴을 빌려 자신의 초상화를 조각해 넣었다는 것이 여러 연구자들의 추측이다. 일생동안 자신의 단독 초상화를 결코 제작하지 않았던 예술가 미켈란젤로가 이렇게 여러 회화와 조각 곳곳에 작품 속 인물들을 통해 자신의 초상화를 표현했다는 사실은, 천재적인 예술가 미켈란젤로 역시 사후에 자신의 흔적을 남기고 싶은 인간의 욕망을 벗어나지 못하고 있음을 보여주고 있다고 보는 견해다. 그러나 필자는 이와 같은 해석보다는 성인들의 정신적인 초상을 닮고 싶어 한 그의 영혼을 읽어내는 것이 더 중요하다는 생각이다.

미켈란젤로는 어느 순간, 원기왕성하던 청장년시절 신성한 도구로 여겼던 예술조차 헛된 집착에 불과하다고 느끼게 되었다. "예술작품이란 그저 신성하고 완전무결한 창조주의 그림자일 뿐이다"라고 생각한 늙은 예술가 미켈란젤로는 이제 생의 마지막 조각 작품을 죽은 어머니에 대한 기억과 그리움으로 피에타에 담았다. 앞에서 언급한 그의 생애 마지막 조각 작품인 〈론다니니의 피에타〉가 그것이다. 그가 의도했건 의도하지 않았건 숨진 아들을 뒤에서 안타깝게 끌어안고 있는 어머니 마리아의 모습과 예수그리스도의 힘없이 늘어져 있는 몸의 표현은 죽음과 같은 고통으로 하나가 되어버린 영적인 몸이다. 여기서 미켈란젤로가 한창 젊은 나이였던 25세에 제작한 로마의 〈피에타〉에서 느껴지던 이상화된 영원히 젊은 어머니의

[그림13] 미켈란젤로, 〈피렌체 피에타〉, 대리석, 1550~55, 피렌체 오페라 델 두오모 박물관

단아한 모습을 우리는 찾아볼 수 없다.

　언제나 아기와 다른 곳을 바라보던 어머니의 시선이 이제 아들과 같은 곳을 바라보며 그를 떠받치고 있는 모습에서, 노령의 나이로 당대 미술계에서 부와 권위와 영광을 모두 누린 예술가 미켈란젤로가 생의 마지막 순간에 신과의 합일을 원했던 만큼 어린 시절 자신을 홀로 남겨놓고 저세상으로 떠난 어머니와의 합일을 원했던 것을 강하게 느낄 수 있다.

천재란
무엇인가
?

고통받고, 희열하며,
신과 만나는 자

고통받고, 희열하며,
신과 만나는 자

—고종희

미켈란젤로에게 궁극의 '그것'은 예술

로맹 롤랑은 "천재가 어떤 인물인지 모르는 사람은 미켈란젤로를 보라"고 했다. 천재는 스스로 그것에서 벗어날 수 없으며, 밤낮으로 그것만 생각하고, 그것만을 위해 일한다. 천재는 그것으로 인해 고통받고, 그것 때문에 희열하며, 그것을 통해 신과 만난다. 미켈란젤로에게 그것은 예술이었다.

미켈란젤로의 천재 이미지 만들기에 기여한 사람은 조르조 바사리였다. 바사리에 따르면 예술의 완벽한 경지는 다빈치, 라파엘로, 미켈란젤로에 의해 달성된다. 이제 미술가들은 자연을 모방하는 데 그치지 않고 그것을 뛰어넘는다. 바사리는 르네상스 3대 거장을 신과 연결시켰다.

다빈치에 대해서는 "이 사람은 무엇이든 마치 신과 같

이 행했으며, 모든 사람들보다 우월하다. 인간의 기술로 이루었다기보다는 흡사 신의 도움을 받은 것으로 생각하게 한다"고 썼다. 그리고 라파엘로에 대해서는 "하늘로부터 축복받은 라파엘로는 인간이라기보다는 다만 영생을 얻지 못하는 신이라고 부르는 것이 알맞을 것이다"라며 찬사를 보냈다. 바사리는 라파엘로에 대해 곳곳에서 "그림이 아니라 살아 있는 것처럼 보인다"라며 그의 사실묘사 능력을 칭찬했다. 대표작 〈아테네 학당〉에 대해서도 "이 그림에서 보여준 라파엘로의 천재성은 화가들 사이에서 필적할 만한 사람이 없음을 증명해주었다"라고 썼다.

그러나 바사리는 "그가 그린 인물화에는 아직도 위풍과 장엄미가 모자란다"고 함으로써 라파엘로가 미켈란젤로에는 미치지 못했음을 분명히 하고 있다. 미켈란젤로가 시스티나 천장화 작업 도중 자리를 비운 사이에 라파엘로가 브라만테의 도움으로 천장화를 볼 수 있었다고 하면서, 그가 "미켈란젤로의 그림을 보았기 때문에 자신의 스타일에 위풍과 장엄미를 부여할 수 있게 되었다. 그리하여 옛 모습을 찾아볼 수 없을 만큼 발전되었다"고 기술함으로써 최고의 자리를 미켈란젤로를 위해 남겨두었다. 바사리에 따르면 르네상스미술은 미켈란젤로에 이르러 비로소 흠 없는 완벽함에 도달한다. 다음은 바사리가 쓴 미켈란젤로 전기의 시작 부분이다.

> 위대한 자연을 모방하고자 무한한 노력을 경주했으나 모두가 허사였다. 그 무렵 인자한 하느님은 눈길을 지상으로 돌리어 예술가들의 이런 헛된 노력과 성과 없는 연구, 그리고 주제 넘는 자부심으로 어둠에서 빛으로 보다 더 진리에서 멀어져가는 것을 인식하시고 이러한 그릇됨으로부터 우리들을 구원하려고, 만능의 넋을 지닌 한 사람을 지상에 내려보내기로 했다.
> (…) 그는 땅 위의 사람이기보다는 하늘이 낸 사람으로 여겨졌다. (바사리, 1328)

미켈란젤로를 절정에 올려놓기 위해 이전 작가들을 가차 없이 평가절하한 것이다. 아울러 미켈란젤로의 능력을 신이 내린 것으로 보고 있다. 미켈란젤로에 대한 찬사는 글의 내용뿐만 아니라 양에 있어서도 절대적이다. 국문판 번역본을 기준으로 다빈치에게는 13쪽을, 라파엘로에게는 27쪽을 할애한 반면 미켈란젤로에게는 무려 80쪽을 할애했다.

천재의 전형이 된 미켈란젤로
다음은 미켈란젤로의 작품에 대한 바사리의 평이다.

〈계단의 성모〉

- 그가 영향을 받은 도나텔로의 작품보다 우수하다.[14]

〈켄타우로스의 전투〉

- 소년의 작품이라기보다는 수련을 오랫동안 쌓아온 거장의 작품으로 보였다.[15]

〈피에타〉

- 볼품없는 돌멩이를 오직 예술가의 손이 짧은 시일 안에 마치 신과도 같이 이처럼 기적적인 작품을 만들어낼 수 있었다.

〈다비드〉

- 다비드는 고금의 그리스와 로마의 조각들을 압도했다.

〈카시나의 전투〉

- 사람이 제작한 작품이라기보다는 신의 손으로 이루어진 것이라고 말해야 할 것이다.

이어서 시스티나 천장화에는 후대 작가들이 해야 할 미술의 모든 것이 여기에 다 있으므로 이제 미술가들은 자연을 모방하는 것이 아니라 미켈란젤로의 마니에라 Maniera, 다시 말해서 그의 스타일을 모방하는 것이 최상이라며 매너리즘 이론을 펼쳤다.[16]

바사리는 미켈란젤로가 〈최후의 심판〉에서 원근법을 사용하지 않은 것 역시 인식하면서 이제 회화는 자연의 사실적인 모방에서 벗어나 자연보다 우월해졌다고 말했다. 그리고 메디치 채플의 미완성작에 대해서는 "조각도 자국이 선명한 미완성 상태이지만 작품의 완벽함이 드러난다"고 기술함으로써 미켈란젤로 예술의 진가를 이해했다.

바사리는 미켈란젤로 예술의 완벽함이 고대 작가마저 능가한다고 보았다. 그는 미켈란젤로를 신에 비유했으며 divino, 천재genio의 전형으로 보았다. 바사리가 사용한 천재 개념은 사실상 미켈란젤로를 모델로 한 것이다. 그러면서 미켈란젤로의 제자뻘인 동시대 작가들에게 더 이상 새로운 것을 창조할 수는 없으니 대가의 방식, 다시 말해 미켈란젤로의 방식을 따라하는 것이 최상의 미술에 이르는 길이라고 조언했다.

3부

생각과 행동

미켈란젤로는 고통 속에서 일을 했으나 그 안에서 행복했고 희열을 느꼈을 것이다. 지상의 그 누구도 그를 진정으로 이해할 수는 없었으나 많은 이들이 그를 칭송했다. 하지만 그가 세속적인 칭송을 좋아했다는 구절은 콘디비의 전기에서도, 바사리의 전기에서도 찾아볼 수 없다. 미켈란젤로는 세속적인 부귀영화를 초월한 사람임에 틀림없는 것 같다. 그 누구의 칭찬도 필요 없는 절대적인 존재. 그를 칭찬하고 자극하고 지탱해줄 수 있는 이는 오직 그 자신과 신뿐이었다.

왜 일을
하는가
?

나를 자극하고 칭찬하는 것은
오직 나 자신과 신뿐

나를 자극하고 칭찬하는 것은
오직 나 자신과 신뿐
―고종희

전 생애를 노동에 바친 숭고한 삶

14세에 기를란다요 공방에서 일을 시작한 이후 죽기 일주일 전까지 미켈란젤로는 일에서 손을 놓지 않았다. 90이라는 긴 생애를 살면서 쉬지 않고 작업을 했지만 막상 작품 수는 그다지 많지 않다. 회화는 바티칸 시스티나 소성당과 바오로 경당의 벽화, 그리고 두세 점의 패널화가 거의 전부이고, 조각 역시 수는 그리 많지 않다. 하지만 시스티나 천장화나 벽화에서 보듯 그의 작품 한 점은 다른 이의 몇 백 점이 될 수도 있는 규모이니 수치로 따질 일은 아닌 것 같다.

그는 역사상 작업시간이 가장 많았던 작가일 것이다. 90세가 넘게 장수한 피카소가 있으나 피카소는 적어도 식사는 밥상에서 했고, 늦둥이를 낳아 함께 놀아주기도 했으며, 여러 여성들과 연애를 하느라 시간을 빼앗기기도 했을 터이니 작업시간은 미켈란젤로에 미치지 못했을 것이다. 평생을 밥도 제대로 먹지 않고 잠도 제대로 자지 않으며 일만 했던 작가는 미켈란젤로 외에는 들어본 적이 없다. 그는 때로 원치 않는 일도 해야만 했으니 고통은 더했을 것이다. 그의 작품들은 머리와 육체의 격렬한 노동을 통해 탄생되었다. 노동이 숭고한 것이라면 전 생애를 노동에 바친 그의 삶은 숭고 그 자체라 해야 할 것이다.

그의 작업은 노동을 통해 나왔으나 동시에 그것은 세상에 존재하지 않는 새로운 예술을 탄생시키는 창조의 순간이었다. 그는 작업의 고통을 자주 토로했으나 일반인으로서는 짐작조차 하지 못할 그 창조의 순간에 희열했고 그 순간 창조주와 함께했을 것이다. 미켈란젤로의 열렬한 추종자로서, 화가로서는 그저 그랬고 건축가로서는 유명한 우피치미술관을 설계했으며 미술사가로서는 오늘날까지 이름을 빛내고 있는 바사리는 『르네상스 미술가전』에서 "생각건대 하루하루 제작이 그에게 열정을 돋우었으며, 또 자신의 진보와 개선에 더욱 박차를 가함으로써 피곤도 느끼지 않고 모든 곤란을 극복할 수 있었을 것이다"(바사리, 1347)라고 적었다. 바사리 역시 미켈란젤로와 만날 수 있었던 선택된 사람 중 하나였으나 미켈란젤로의 내면세계에 대해 이 이상을 쓸 수는 없었을 것이다.

미켈란젤로는 늘 감당하기 벅찰 정도의 일들이 밀려 있었으나 거절할 수 없는 새로운 주문 때문에 힘들어했다. 천신만고 끝에 하나를 완성하면 또 다른 주문이 그를 압박하는 형국이다. 그에게 작품을 주문할 수 있는 사람들은 교황을 비롯한 극소수 권력자들에 국한되었으므로 많은 경우 일의 선택권은 그가 아니라 주문자에게 있었다.

나는 과거의 어느 누구도 할 수 없었던 일을 뼈가 부서지도록 해야만 한다. 밤이나 낮이나 일 이외의 것은 생각하지도 못한다. (롤랑, 13)

거의 식사할 시간이 없습니다. 먹을 틈도 나지 않고요. 지난 12년 동안 나는 피로에 지쳐서 식사도 제대로 못합니다. (…) 나는 한 푼도 없고, 여러 가지 괴로움에 시달리고 있습니다. 나는 빈곤과 고통 속에 살고 있습니다. (롤랑, 14)

미켈란젤로의 이런 글들을 액면 그대로 다 믿을 수는 없을 것이다. 롤랑에 따르면, 1534년 미켈란젤로 재산신고 기록상 그의 재산으로는 여섯 채의 집, 일곱 곳의 토지, 그리고 많은 예금이 있었다. 그는 가족에게 돈이 없다고 자주 엄살을 부렸다. 그는 아버지와 동생들을 부양해야 했는데, 이럴 경우 받는 쪽은 어떻게든 많이 받으려 하고 주는 쪽에서는 엄살을 좀 부리기 마련이다.

그의 식사는 빵 몇 조각과 포도주를 약간 드는 정도였고, 일을 할 때는 식사시간이 따로 있지 않았으며, 잠자는 시간도 몇 시간 되지 않았다고 한다. 그는 자주 일을 하다가 장화를 신은 채 잠이 들었으며, 장화가 발에 붙어서 그것을 벗기 위해 칼로 살을 베어내기도 했다고 하니 안락한 침대, 품위 있는 식탁은 먼 나라 이야기였고, 그의 일상은 가난한 자보다 별반 나을 것이 없었던 것이다. 식사와 잠자리가 부실하다 보니 병치레도 자주 했다. 신경쇠약, 열병, 담석, 발작, 의식불명을 겪었고, 몇 번이나 죽을 고비를 넘겼으며, 말년에는 전립선으로 꽤 고생을 했다. 그러면서도 그 시절에 90세를 살았다는 것은 불가사의한 일이다.

우리가 알 수 없는 미켈란젤로의 신비

로맹 롤랑은 일 중독자 미켈란젤로가 선택할 수 있는 길은 오직 종교에 기대는 수밖에 없었다고 평했다. 그것도 맞는 말이다. 하지만 그게 다는 아닐 것이다. 그에게 일은 선택사항이 아니라 늘 피할 수 없는 상황에서 부딪칠 수밖에 없는 것이었지만 아무리 운명이라 하더라도, 아무리 어찌할 수 없는 사정이 있다 하더라도 싫으면 하지 못하는 법이다. 먹고사는 생계가 달린 문제도 아닌데 어떻게 싫은 일을 평생 쉬지 않고 할 수 있겠는가? 그에게 일은 육체적 고통도, 배고픔도, 불편함도 감수하게 만드는 우리가 알지 못하는 그 어떤 기쁨이었을 것이다. 그 누구를 만나는 것보다 혼자서 일하는 시간이 더 좋은, 그래서 평생 고독을 사랑한 이 남자, 사람들은 그를 천재라고 부른다.

그의 위상은 명예로 치자면 당대 군주들도 최고의 예를 갖출 정도였다. 이탈리아를 침략한 프랑스의 왕 프랑수아 1세조차도 이 예술가를 사랑해 연금을 주겠다고 제안했는가 하면, 그를 사랑한 교황 클레멘스 7세는 봉급을 세 배나 더 주겠다고도 했다. 토스카나 공국의 공작이 된 메디치가의 코시모 1세도 로마로 그를 찾아와 작품을 의뢰했으나 목적한 바를 이루지 못했다. 세속의 많은 권력가들이 자신의 이름을 이 거장과 연결짓기 위해 거액을 지불하고라도 작품을 주문하고자 했으나 미켈란젤로는 이들 주문을 대부분 거절해야 했으니 어찌 보면 권력자는 바로 그였다. 권력자를 정의하는 관점은 다양하겠지만 '노'라고 말할 수 있는 사람을 권력자라고 한다면 그는 교황을 제외한 세상의 거의 모든 권력자 앞에서 노라고 말할 수밖에 없었기 때문이다. 하지만 삶의 질은 엉망이었던 것이다.

흔히 사람들은 일이 어려운 게 아니라 사람 사이의 관계가 어렵다고 말하곤 한다. 이는 미켈란젤로에게도 예외가 아니었다. 그는 자주 모략과 절망 속에서 분노를 삼키면서 일을 해야 했지만 결국은 맡은 일은 완벽하게 해내는 프로의 전형이었다. 그가 고달팠던 이유는 스스로 만족할 때까지 일을 해야 직성이 풀린다는 데 있었는데 그 만족이라는 것이 보통사람으로서는 흉내조차 낼 수 없는 경지인 것이 문제였다. 특히 그림을 그리는 일은 본인이 직접 하지 않고서는 원하는 바에 도달할 수 없는 것이기에 혼자서 해야만 했다. 당시 대형벽화나 천장화는 선생이 제자들을 데리고 공동작업을 하는 것이 당연한 일이었다. 라파엘로가 대표적인 예인데, 바티칸의 벽화를 그릴 때 그의 데뷔작인 첫 번째 방을 제외하고 나머지 방들의 장식은 그가 드로잉을 그려주면 제자 중 한 사람이 그것을 키워서 벽에 옮겨 그렸고, 채색 작업 역시 숙련된 작가들이 맡아 그렸으며, 라파엘로 자신은 일을 감독하며 중요한 부분을 마무리하는 식이었다. 하지만 미켈란젤로에게는 이런 작업방식이 용납되지 않았다. 그는 제자들에게 일을 맡길 수 없었고 그러니 조수를 쓸 수도 없었던 것이다. 그는 직접 그리지 않고는 견딜 수 없었던 것이다. 무엇이 그를 그렇게 만들었을까? 완벽에 대한 집착, 그것은 우리가 알 수 없는 미켈란젤로의 신비다.

정직하지 않을 이유가 없었던 삶

그는 일을 어떻게 진행해야 하는지 프로세스를 정확히 알고 있었다. 바티칸의 시스티나 천장화에 얽힌 일화는 그를 이해하는 데 도움이 될 것이다. 이 거대한 작업을 시작하기 위해 높이가 7층 정도 되는 20미터의 천장에 어떻게 비계를 설치해야 작업을 할 수 있을지를 논의하는 자리가 있었는데 거기에는 당시 베드로대성당 건축감독이었던 브라만테도 있었다. 브라만테가 천장에 구멍을 뚫고 비계를 맬 것을 제안하자 미켈란젤로는 이 사람이 대책이 없는 사람이거나 자신에 대해 악의적인 사람이라고 생각했다. 그림이 완성되면 천장의 구멍은 어떻게 막을 것인지를 묻자 "그것은 그때 가서 생각하기로 합시다. 지금으로서는 이렇게 할 도리밖에는 없소"라고 대답하는 것을 보고 단번에 알아차린 것이다. 미켈란젤로는 비계를 매다는 대신 서로 얽어매는 방식으로 만듦으로써 브라만테는 물론 다른 사람까지도 가르쳤다고 한다.

결국 미켈란젤로는 물감을 만드는 조수 한 명만 채용

한 채 이 천장화를 4년에 걸쳐 혼자 그렸다. 길이 41미터, 폭 13미터, 높이 22미터, 총 750평에 이르는 거대한 공간이다. 처음에는 피렌체의 기를란다요 선생 공방에서 같이 그림공부를 했던 동료들과 일을 시작했으나 이들과 함께할 수 있는 일이 아님을 깨닫고 이들이 그려놓은 그림을 모두 지워버리고는 아예 출입문을 닫고 들어오지 못하게 했다. 그는 일에 있어서는 매정한 사람이었던 것이다.

당시 30세가 갓 넘은 미켈란젤로는 조각가였기 때문에 회화 경험이 많지 않았고, 더구나 이런 대규모 그림은 처음이었기 때문에 제작과정에서 문제도 발생했다. 작업이 3분의 1 정도 진척되었을 때 그림에 곰팡이가 끼기 시작한 것이다. 석회가 느리게 건조해 공기가 잘 통하지 않아 생긴 것이었다. 교황은 산갈로라는 건축가를 시켜서 원인을 규명하고 곰팡이를 없애는 방법을 가르쳐서 작품이 무사히 완성될 수 있도록 했다.

작품이 반쯤 완성되었을 때 성질이 급한 율리우스 2세는 천장화를 공개했는데 이 엄청난 그림을 보고 브라만테가 얼마나 놀랐을지 상상이 간다. 미켈란젤로를 망칠 작정으로 그림을 시켰는데 망치기는커녕 전대미문의 걸작이 눈앞에 펼쳐졌으니 말이다. 브라만테는 교황에게 나머지 부분은 자기들에게 맡겨달라고 간청했다고 하는데 미켈란젤로는 이에 맞서 교황에게 브라만테의 비행과 베드로성당을 지을 때 그가 범한 "가증할 만한 술책과 잇따른 실패들"(바사리, 1347)을 신랄하게 고했다고 한다. 교황은 브라만테의 제안을 일축하고 미켈란젤로에게 작업을 완성하도록 했고, 그로부터 1년 이상을 더 작업해 시스티나 천장화가 완성되었다.

그것이 바로 거대한 공간에 한 치의 오차도 없이 완벽한 인간 군상으로 구성된, 이전에도 이후에도 볼 수 없었던 불후의 명작 〈천지창조〉다. 이들 그림속의 인물들은 인간이 취할 수 있는 난해하고 어려운 거의 모든 자세를 아래에서 위를 바라본 각도에서 그려졌다. 전체적으로는 정확한 틀을 가지고 있으나 세부를 보면 하나하나가 모두 다르다. 오랫동안 누워서 작업을 하다 보니 작업이 끝난 후 미켈란젤로의 시력은 나빠져서 편지나 서류를 읽을 때 한동안 손을 위로 들고 누운 자세로 읽어야만 했다.

율리우스 2세는 미켈란젤로를 특별히 사랑하여 행여 다른 이들이 그의 곁에 있을까 질투했고, 혹시 미켈란젤로의 기분이 상하지나 않았는지 살펴보기도 했다고 한다. 물론 성질이 불같은 노인이어서 언젠가 "작품이 언제 되느냐"고 묻자 성질이 불같기로는 교황에게 뒤지지 않을 미켈란젤로가 "언제고 되겠지요Quando Potrò"라고 대답하자 옆에 있던 채찍으로 미켈란젤로를 후려친 적도 있었다고 하나 그에 대한 뒷수습을 하느라 애를 먹은 걸 보면 두 사람 간의 신뢰와 애정은 두터웠다고 봐야 할 것이다.

미켈란젤로가 바티칸 일을 하는 동안에 그에게는 늘 적대자들이 있었다. 그들은 능력은 물론이고 정직함에 있어서도 미켈란젤로와 비교가 되지 않았다. 미켈란젤로는 때로 성질이 고약했고 독설에 가까운 직언을 거침없이 쏟아내기도 했으나 진실에서 벗어난 말이나 일을 한 적은 없었다. 원하는 것이 없었으니 정직하지 않을 이유가 없었을 것이다. 그의 적대자들은 주로 베드로대성당의 일을 맡고 있던 사람들이었는데 자신들의 입지를 유지하려면 미켈란젤로와 같은 능력자는 껄끄러울 수밖에 없었을 것이다. 그 앞에서는 잘난 척을 할 수도, 일을 조작할 수도 없었기 때문이었다. 그러니 중상모략을 해서라도 어떡하든지 그를 쫓아내려 했다. 능력은 부족하되 욕망은 넘치는 이들이 곧잘 하는 짓이다.

여기서 그에게 일을 주문한 역대 여러 교황들의 처신은 대체로 적절했다. 미켈란젤로를 궁지에 몰아넣으려고 교황을 통해 회화에 경험이 없던 그에게 천장화를 굳이 시켜놓고는 막상 멋진 작품이 나오자 완성은 자신이 하겠다고 한 몰염치한 브라만테의 말을 율리우스 2세가 들어주었다면 미켈란젤로의 천장화는 탄생할 수 없었을 것이다. 당시 브라만테는 베드로대성당 총감독으로 당대 최고의 건축가였던 것은 사실이지만 능력 면에서는 미켈란젤로와 비교 상대가 되지 못했다. 어느 조직에 문제가 생기는 것은 능력부족이거나 정직하지 못한 사람들이 주도권을 잡고 있기 때문이며, 그것은 결국 사람을 잘못 쓴 기관장의 책임이다. 진실은 불편하고 듣기 싫으나 아부자들의 말은 혀 속의 설탕처럼 달콤한 법. 하지만 설탕은 달콤하니 당장은 기분이 좋지만 결국 이를 썩게 만들고 만병의 근원이 된다. 율리우스 2세는 바티칸 예술사업의 총 책임자로서 미켈란젤로를 절대적으로 신뢰하고 그를 적대자들로부터 보호해주었다. 기껏 인재를 발탁해놓고도 힘을 실어주지 않아 실력발휘를 못하게 하는 경우도 많은데 율리우스 2세는 미켈란젤로를 끝까지 지지했던 것이다.

그 누구의 칭찬도 필요 없는 절대적 존재 미켈란젤로

미켈란젤로는 70이 넘어서 베드로대성당 건축감독직을 맡았다. 미켈란젤로에게 이 일을 맡긴 교황은 시스티나 소성당의 벽화 〈최후의 심판〉을 맡긴 바오로 3세(1534~49 재위)였다. 당시 미켈란젤로는 이미 70대의 노령이었고 이미 공사를 진행해온 사람들과 대립 관계에 있었음에도 일을 맡았는데, 그 이유는 자신이 개입하지 않으면 돈만 들이붓고 시간만 낭비할 뿐 일이 제대로 진행되지 않을 것임을 너무나 잘 알고 있었기 때문이었다. 한 예로 산갈로라는 건축가가 4,000크라운을 받고 여러 해를 소모한 베드로성당 건축일을 미켈란젤로는 단 15일 만에 25크라운을 받고 해결해주는 식이었다. 그러니 기존에 일을 맡고 있었던 사람들로서는 미켈란젤로의 존재가 불편할 수밖에 없었다. 미켈란젤로는 건축감독이 되기 전 공사장 사람들에게 "산갈로 때와 같이 무성의한 행위를 하는 자는 내쫓을 터이니 협력해달라"고 부탁했다.(바사리, 1367) 일이 진행되는 과정에서 여러 사람의 반감과 증오를 샀지만 미켈란젤로는 개혁을 단행했다. 그는 로마의 베드로대성당 건축일과 관련해서는 보수를 일체 받지 않았으며 이는 후임 교황 때도 마찬가지였다. 그러자 교황은 나룻배를 사준다고 했는가 하면, 관직을 제공하는 등 다른 방법으로 사례를 하려 했으나 미켈란젤로는 이를 모두 거절했다.

교황 바오로 3세의 후임자 율리우스 3세(1550~55 재위) 시절에도 성 베드로대성당 공사는 이어졌다. 적대자들과의 대립 또한 지속되었는데 1550년 말, 산갈로 일파들은 성 베드로대성당의 교황과 이사진에게 미켈란젤로가 세 동의 예배당에 창문을 3개밖에 내지 않는 등 건축물에 손해를 끼치고 있다고 고해바쳤다. 그들은 미켈란젤로가 원형 지붕에 들창을 내려고 하는 사실을 모르고 있었던 것인데 이에 미켈란젤로는 3개의 창을 더 낼 것이라고 하면서 상대가 이 이야기를 못 들었다고 하자 다음과 같이 대답했다.

제가 계획하고 있는 것을 주교님을 비롯해 모든 사람들에게 다 말씀드려야 할 필요는 없다고 봅니다. 주교님의 직무는 자금을 조달하고, 악당들을 쫓아버리는 일이며, 공사는 제 직무입니다. (…) 교황 성하, 제가 이 일로 돈을 벌지 않는다는 것을 누구보다 잘 알고 계십니다. 그러할진대 제가 감당하고 있는 이 노고가 제 영혼을 기쁘게 하지 못한다면 그것은 시간낭비요, 쓸데없는 일을 하고 있는 것입니다. (바사리, 1373)

그를 아꼈던 교황 율리우스 3세는 그의 어깨를 잡으며 위로했다. "자네는 정신과 육체 양면에서 이익을 보고 있는 거야, 걱정할 것 없어."

좀처럼 일을 맡기를 거부하는 미켈란젤로가 보수까지 거절하면서 베드로대성당 건축감독 일을 맡은 것은 당시 진행되던 상황으로 보아 자신이 일을 맡지 않으면 엉망이

되어갈 것을 뻔히 알고 있었기 때문이었다. 때로 미켈란젤로에게서 일이란 돈도 명예도 아닌 정의의 실현이었다. 위대한 성현들이 진리를 위해 삶을 바치듯 미켈란젤로는 자신의 재능을 옳은 일을 하는 데 바친 것이다. 이렇게 해서 그가 완성한 작품이 베드로대성당 건축의 하이라이트라 할 수 있는 지붕의 둥근 돔이다.

율리우스 3세는 미켈란젤로를 깊이 신임했다. 로마에 가면 빌라 줄리아Villa Giulia라는 아름다운 고대미술관이 있는데 원래는 교황 율리우스 3세가 자신의 이름을 따서 지은 별장이다. 그는 미켈란젤로에게 이 별장 일을 맡기지 않았다. 노령의 작가에게 교황이 할 수 있는 최고의 경의는 일을 시키지 않는 것이기 때문이었을 것이다. 대신 사람들로 하여금 미켈란젤로의 조언을 듣도록 했다. 그리고 사람들 앞에서는 미켈란젤로를 자신의 옆에 있게 했다고 한다.

미켈란젤로는 고통 속에서 일을 했으나 그 안에서 행복했고 희열을 느꼈을 것이다. 그 누구도 그를 진정으로 이해하는 사람은 없었으나 많은 이들이 그를 칭송했다. 보통사람이라면 상사에게 사소한 일로 인정받아도 기분이 날아갈 듯 좋은 법인데, 그가 세속적 칭송에 좋아했다는 구절은 그의 전기 어디에서도 찾아볼 수 없었다. 미켈란젤로는 세속적인 부귀영화를 초월한 위인이었다. 그 누구의 칭찬도 필요가 없었고, 듣고자 하지도 않았던 절대적인 존재. 그를 칭찬하고, 자극하고, 지탱하는 이는 오직 그 자신과 신뿐이었다.

많은 사람들이 내가 신의 뜻에 의해 이 자리에 있다는 것을 알고 있다. 나는 이렇게 늙은 몸일지라도 이 자리를 포기하려고 생각하지 않는다. 그것은 내가 신의 사랑에 봉사하고, 나의 희망이 모든 것을 신에게 맡기는 까닭이다. (롤랑, 192)

절망을
극복하는 방법은
무엇인가
?

절망을 이기려면
더욱 큰 절망에 몰입하라

절망을 이기려면
더욱 큰 절망에 몰입하라

—고종희

시리아의 활처럼 휜 '미켈란젤로'

나는 매우 불쾌하며 고생만 한다. 밤낮을 가릴 것 없이 일
만 생각했다. 지금까지 이만큼 고생을 이겨왔고, 지금도
이기고 있다. 그러나 이제 다시 되풀이하게 된다면 나의
건강은 도저히 배겨낼 수가 없을 것이다. 이번 일은 정말
힘이 든다. (롤랑, 78)

교황 율리우스와 볼로냐에서 만나 교황의 청동상을 주
문받고 일하던 중 미켈란젤로가 동생에게 쓴 편지다. 미
켈란젤로는 고생을 사서 하는 타입이라고 해야 할까. 조
각가가 채석장에 가서 돌을 직접 채석했다는 이야기는 미
켈란젤로 말고는 거의 들은 적이 없다. 당시 미켈란젤로

는 교황 율리우스 2세의 묘비조각을 위한 최상의 재료를 확보하기 위해 8개월 동안 까라라 채석장에서 지냈다. 그의 정신은 귀족이었으나 그가 하는 노동은 인부들과 다를 바 없었다. 미켈란젤로가 원하는 돌은 무늬나 흠집이 없는 스타투아리오Statuario라 불리는 최상급의 대리석이다. 흔치 않은 이 돌을 채석장에서 캐내는 일도 힘들지만 그것을 우마차로 끌고 까라라 항구까지 옮기는 일과, 그것을 배에 싣고 바다 건너 로마로 운송하는 일은 극도로 조심스러운 일이었다. 아무리 조심해도 도착해보면 돌이 깨져 있는 경우가 부지기수였다.

이런 험난한 과정을 거쳐 돌이 로마에 도착했는데 교황 율리우스 2세는 자신이 주문한 일임에도 불구하고 바쁘다며 만나주지도 않았으니 교황 대신 돌 값까지 치른 미켈란젤로가 교황의 태도에 분노해 그날로 피렌체로 도망쳤다는 일화는 앞서 소개한 대로다.

율리우스 2세의 무덤조각 대신 미켈란젤로에게 주어진 일은 시스티나 천장화였다. 미켈란젤로는 자신이 천장화를 하게 된 이유가 당시 베드로대성당 건축감독이었던 브라만테가 자신이 볼로냐에서 제작한 율리우스 2세의 청동조각으로 신임을 얻게 될 것을 시기해 자신을 궁지로 몰아넣기 위해 경험이 없는 그림을 그리도록 교황을 설득한 것이라고 믿었다. 실제로도 그랬을 가능성이 크다.

젊은 조각가로서 40여 개 조각으로 구성된 엄청난 규모의 기념비를 만든다는 기대감에 그 어려운 채석장 생활도 견딘 것이었는데 갑자기 묘비조각을 그만두고 경험도 없는 프레스코 천장화를 그리라니, 그가 겪었을 절망과 분노는 짐작조차 할 수 없다. 이 무렵 그가 겪은 절망감을 토로한 편지가 있다.

나는 정말 용기를 잃고 있습니다. 벌써 1년 동안이나 교황으로부터 한 푼도 받지 못하고 있습니다. 청구하지도 않았습니다. 아직도 보수를 받을 만큼 일이 진척되지 못했기 때문입니다. 그것은 일이 어렵다는 것, 나의 본직이 아니라는 것입니다. 저는 이렇게 허송세월을 하고 있습니다. 오오, 신이여! 나에게 용기를 주소서. (롤랑, 83)

하지만 경험이 없다며 그토록 고통스러워했던 시스티나 천장화를 그는 결국 완성했고, 그것은 인류의 가장 위대한 명작이 되었다. 그는 분노하고 절망했으며, 위기에 처했으나 포기하지 않았던 것이다. 이 작품 이후 그의 시력은 상했고, 무엇을 보더라도 위로 치켜들고 보아야 했다고 한다. 미켈란젤로는 자신의 모습을 농담 삼아 이렇게 말했다고 한다.

> 오랜 노고의 덕택으로 내 목에는 혹이 하나 생겼다. 머리
> 는 뒤로 젖혀지고 수염은 하늘로 거꾸로 솟았으며, 배는
> 턱을 향하여 불쑥 내밀고 있다. 그리고 가슴은 비둘기 가
> 슴처럼 돼버렸다. 물감은 내 얼굴에 흘러서 모자이크를 만
> 들었고 허리는 푹 파묻혀버리고 엉덩이는 뒤로 불쑥 내밀
> 어졌다. 발은 앞이 보이지 않아 짐작으로 걷는다. 내 가죽
> 은 앞에서 당기어 뒤로 처져버렸다. 마치 시리아의 활처럼
> 휜 것이다. (롤랑, 94)

극단의 좌절 상태에서 인류의 보물을 성취하다

미켈란젤로에게 이런 극한 상황은 한두 번이 아니었다.
1515년 미켈란젤로는 메디치 출신의 교황으로서 위대한
자 로렌초 데 메디치의 아들인 레오 10세(1513~21 재위)로
부터 메디치가문의 성 로렌초 성당 정면 건축을 의뢰받고
모형까지 만들었다. 하지만 이번에는 채석을 까라라가 아
닌 메디치가문의 소속령인 세라베차 산에서 하라는 명령
을 받았다. 세라베차는 까라라와 30킬로 정도 떨어진 산
골 마을이다. 그동안 온갖 고생을 다하며 카라라에서 채
석할 수 있는 여건을 만들어놓았는데 다른 산에서 돌을

캐다 쓰라니, 이는 말이 쉽지 채석 공사는 물론이려니와 모든 것을 새롭게 시작해야 함을 의미했다. 더구나 산더미같이 많은 돌들을 배편이 아닌 육로로 길을 만들어가며 피렌체까지 운송해야 했으니, 로마로 보내는 것보다 몇 배는 더 고생스러웠을 것이다. 채석부터 운송, 그리고 작업에 이르기까지 이 일련의 과정을 진두지휘해야 하는 작가로서는 고달프기 짝이 없었을 것이다. 이런 엄청난 육체적 작업들을 하면서 미켈란젤로는 자신을 노예라고 생각하지는 않았을까? 그의 유명한 〈죽어가는 노예〉, 〈반항하는 노예〉, 〈죄수〉 시리즈는 어쩌면 자신의 모습을 표현한 것일 수도 있다.

그런데 문제는 어렵게 돌들을 운반했으나 성 로렌초 성당의 정면 건축 작업은 착수조차 못하고 1518년에 프로젝트 자체가 취소되었다는 것이다. 대신 레오 10세는 그에게 메디치가문의 무덤을 모신 예배당의 건축과 조각을 맡겼다. 그 유명한 줄리앙 조각이 있는 곳이다. 이 무덤 건축은 1520년에 시작되어 1534년에 완성되었으니 무려 14년이 소요된 대형 프로젝트였다.

이런 상황에서 미켈란젤로가 겪었던 절망감과 배신감은 어떠했을까? 우리는 컴퓨터로 글을 쓰다가 몇 장만 날려도 땅이 꺼질 것 같은데 미켈란젤로는 몇 년, 몇 달 동안 극단적 고통 속에서 준비한 일들을 허공으로 날렸으니 그가 느꼈을 고통과 분노, 배신감은 상상조차 하기 어렵다. 하지만 심각한 것은 이런 고난이 그의 생애 동안 지속되었다는 사실이다.

그를 평생 괴롭힌 일은 교황 율리우스 2세의 무덤조각이었다. 그의 후손들은 무덤을 완성하지 않으면 그동안 받은 돈을 다 토해내라고 했고, 그렇지 않으면 기소하겠다고 협박했다. 미켈란젤로는 소송이라는 말만 들어도 기겁을 했을 것이다. 율리우스 2세는 1513년에 사망했으나 그의 무덤은 미켈란젤로를 끝까지 따라다녔던 것이다. 오죽하면 미켈란젤로 스스로 이 무덤을 '비극의 무덤Sepolcro della tragedia'이라고 칭했을까. 무덤조각을 완성하면 일이 간단히 해결될 수 있었지만 문제는 교황 레오 10세의 후임으로 역시 메디치가문 출신의 교황이었던 클레멘스 7세가 전임 교황이 주문한 메디치가 무덤 프로젝트를 완성하라고 했으니 그의 어깨를 짓누르는 묘비작업은 끝내고 싶어도 끝낼 시간이 없는 것이 문제였다. 결국 이 무덤은 계약 후 40년 만인 1545년, 미켈란젤로가 만든 조각으로는 〈모세〉만이 완성되어 원래의 계획보다 현격히 축소된 상태로 로마의 산 피에트로 인 빈콜리 성당에 설치되었다.

미켈란젤로는 어떻게 절망을 극복할 수 있었을까? 어

려운 상황을 극복하는 길은 그보다 더 어려운 일과 맞닥뜨리는 것 말고 무엇이 있을까? 대부분의 미술가들은 후원자를 만나기를 갈구하고 있으나 미켈란젤로에게서 후원자란 불가능에 가까운 일을 맡기거나 맡긴 일을 매몰차게 취소하고 그보다 더 어려운 일을 맡기는 냉혹한 사람들이었다.

미켈란젤로가 절망을 어떻게 극복했는지를 알 수는 없다. 그에게서 불행이란 자신이 하고 싶은 일 대신 맡겨진 일을 해야 하는 데 있었다. 하지만 극단의 좌절 상태에서 마지못해 시작한 일일지라도 결과는 늘 인류의 보물로 완성되었다. 그는 절망했으나 포기하지 않았던 것이다.

명예란
무엇인가
?

미켈란젤로가 포기할 수 없었던
유일한 욕망, 그것은 명예

미켈란젤로가 포기할 수 없었던
유일한 욕망, 그것은 명예

—고종희

가문의 혈통에 집착했던 미켈란젤로

비범한 화가이자 조각가인 미켈란젤로 부오나로티는 레조 지방의 유서 깊고 빛나는 황제의 피를 이어받은 카노사 백작 가문 출신이다.

1553년 아스카니오 콘디비가 쓴 미켈란젤로 전기의 시작부분이다. 세속의 영화에 그다지 미련이 없었던 미켈란젤로였으나 그 역시 포기하지 못한 것이 있었으니 그것은 바로 명예다. 작가가 전기의 첫 문장을 혈통으로 시작하면서 미켈란젤로의 선조를 카노사 백작과 연결시킨 것은 미켈란젤로의 의도에 따른 것으로 보인다.[1) 여기서 저자는 미켈란젤로의 조상 카노사 가문에 대해 장황할 정도로 자세하게 설명한다. 가문의 선조인 페르초케 베아트리체 Perciocchè Beatrice에 대한 자세한 인맥과 함께 이 가문이 이 탈리아 중북부의 만토바 등지에서 활동하다가 1250년경 피렌체에서 자리를 잡기 시작한 경위, 그리고 교황파와 황제파 중 황제파에 속했다는 정치적 입장은 물론 가문의 문장紋章에 대해서도 장황하게 설명한다.

콘디비에 따르면 카노사 가문의 문장은 처음에는 붉은 색 바탕에 흰색의 개가 뼈를 물고 있는 모양이었으나 이 후 푸른 바탕에 금색으로 바뀌었고, 피렌체 정부가 내린 5개의 붉은 백합과 두 개의 황소 뿔로 이루어진 투구 장식이 있다고 한다. 가문의 문장에 개가 등장하는 이유는 카노사Canossa라는 성이 우리말로는 '개뼈다귀' 정도로 번역할 수 있는 개cane와 뼈ossa의 합성어이기 때문이다. 미켈란젤로가 그린 드로잉 중에 자신의 조상을 상상해 그린 것이 있는데 그것을 보면 한 군인이 쓴 투구에 개가 뼈를 물어뜯는 모습이 그려져 있다. '개뼈다귀'라는 성姓 카노사를 이미지화한 것이다. 콘디비는 이어서 카노사라는 미켈란젤로 가문의 이름이 피렌체에 오면서 부오나로티로 바뀌었으며 조상 중에서 피렌체공화국의 지도자들Signori이 다수 배출되었음을 은근히 자랑하고 있다.

그리고 마침내 알레산드로 카노사Alessandro Canossa라는

264

백작은 1520년 미켈란젤로에게 편지를 보내 부오나로티 가문이 자신의 가문에서 유래한 귀족 출신임을 보증해주었다. 이로써 부오나로티 가문은 귀족 혈통임을 인정받은 것이고 카노사 백작 입장에서도 당대 최고의 미술가 미켈란젤로가 자신의 가문 출신이라니 마다할 이유가 없었을 것이다. 미켈란젤로는 조카에게 꾸지람을 할 때 "우리는 예로부터 피렌체 시민이다. 고귀한 것으로는 어느 누구에게도 뒤지지 않는 집안이다"(롤랑, 12)라고 말하곤 했다. 가문에 대한 자부심이 늘 배어 있었다고 볼 수 있다.

그렇다면 미켈란젤로는 왜 그처럼 혈통에 집착했을까? 나는 그 열쇠를 그 무렵 피렌체에서 시작된 미술가의 사회적 지위에서 찾고자 한다. 미켈란젤로의 생애 동안 예술가의 지위는 이전의 노동자 계급에서 귀족 계급으로 상승했다. 그가 소년이었을 때 가족 몰래 그림을 그리자 부친은 그림은 귀족에게는 맞지 않는 천한 것이라며 미켈란젤로를 꾸짖고 구타까지 했다. 그러나 그는 위대한 예술가가 되어 "예술은 귀족의 일이지 서민이 할 수 있는 일이 아니다"라고 말했다. 미켈란젤로 생전에 예술가의 지위가 육체노동자에서 자유학예[2] 종사자로 바뀌게 된 것이다. 예술이 육체노동이 아니라 정신의 산물이라는 개념은 미켈란젤로의 미학 형성에 중대한 영향을 미쳤다.

예술을 지적 영역으로 끌어올린 다빈치와 미켈란젤로

직업의 귀천에 대한 인식은 시대에 따라 변할 수밖에 없을 것이다. 이 같은 문제를 본격적으로 생각하고 정의하기 시작한 사람들은 고대 그리스의 철학자들이었고, 르네상스시대에 이 문제에 대해 생각하고 답변을 내놓은 사람은 레오나르도 다빈치다. 그는 미술이 가진 정신적 가치에 대해 이론적 근거를 마련하고자 했는데 그에 따르면 회화繪畵가 영어의 사이언스에 해당하는 시엔자Scienza, 즉 과학이라는 것이다. 다빈치가 사용한 사이언스라는 말은 오늘날의 과학의 의미보다는 '지적 작업'이라는 의미에 더 가까울 것이다. 다빈치의 저서 중에 그의 사상과 생각, 아이디어를 적은 메모를 집대성해 출판한 『회화론Trattato della Pittura』이라는 책이 있는데 그 첫 번째 장이 "회화는 사이언스인가 아닌가?"라는 질문으로 시작한다.[3]

사이언스Scienza란 인간의 머릿속에서 이루어지는 지적 대화를 말하며 과학 그 자체라 할 수 있는 자연의 원리에 뿌리를 두고 있다. 기하학은 사이언스로서 점, 선, 면으로 이루어졌다. 점은 모든 물체의 최소 요소다. 그러니까 점은 기하학의 첫 번째 요소다. 회화는 면 위에 점과 선으로 그려지니 기하학의 일종이고 따라서 사이언스다. 인간의 탐

구 영역 중에서 수학적 증명이 불가능하다면 그것은 과학이 아니다. (다빈치, 『회화론』 제1부, 1)

르네상스시대 회화에서 중요한 역할을 했던 원근법은 회화에 규칙이 있음을 수학적으로 증명할 수 있는 방편이었다. 다빈치의 주장은 회화가 면 위에 점과 선을 통해 표현하는 기하학의 일종이므로 사이언스에 속한다는 것이다. 다빈치는 이 같은 이론을 통해 이전에는 육체노동이자 일종의 기술에 속했던 회화를 자유학예Liberal Art로 올려놓았다. 이제 회화는 노동의 산물에서 지적 산물이 되었으며, 그에 종사하는 예술가도 노동자에서 지성인으로 자연스럽게 신분상승이 이루어졌다. 다빈치는 "어떤 지식이 노동이고 어떤 지식이 자유학예인가?"라는 질문을 던지며 다음과 같이 답변한다.

흔히 경험에서 비롯된 지식은 노동이고, 머리에서 태동된 것은 사이언스라고 한다. 그리고 그 중간 단계는 사이언스에서 탄생하여 수작업으로 마무리되는 것이라고 한다. 하지만 내 생각에는 경험에서 나오지 않은 과학은 공허하고 오류투성이다. 경험은 모든 확실함의 어머니다. (다빈치, 『회화론』 제1부, 28)

다빈치는 실제는 경험하지 않고 이론만 주장하는 것의 문제점도 잘 알고 있었다. 회화가 과학일 수 있다는 근거를 지적知的 작업에서 찾았던 다빈치는 이번에는 "조각은 과학인가 아닌가?"를 묻는다.

조각은 땀을 흘려야 하고 육체적 노동이 필요한 일이기 때문에 과학이 아니라 가장 육체적인 직무다. 조각은 그것을 감상하는 자에게 어떤 예찬도 주지 못하는 반면 회화는 사이언스 덕분에 드넓은, 그리고 멀고 먼 지평선을 증명해 보인다. (다빈치, 『회화론』 제1부, 31)

다빈치는 그러면서 교묘하게 회화의 우월성을 부각시킨다.

회화와 조각 간에는 어떤 차이도 없다. 다만 조각가는 최대한의 육체적 노동을 통해 작업을 하고 화가는 최대한의 지적인 노동을 통해 작업을 할 뿐이다. (다빈치, 『회화론』 제1부, 31)

다빈치는 어쩌면 미켈란젤로를 의식해 이렇게 말한지도 모른다. 두 사람은 1504년 피렌체 시청의 벽화 작업에서 라이벌로 참가해 한판 승부를 겨룬 적도 있었다. 이에 대해 미켈란젤로는 "회화는 조각에 가까울수록 우수하고, 조각은 회화에 가까울수록 나빠진다"라는 조각 우세론으로 일갈했다.

다빈치는 미술의 기초가 되는 드로잉disegno에 대해 말하면서 드로잉은 예술가의 지적인 세계의 표현이자 '정신적 대화'라는 용어를 창안했다. 르네상스시대 미술가들 사이에서 드로잉은 필수적이고 보편화되었으며 작가의 사상을 자유자재로 표현할 수 있는 최상의 표현방식이었다. 다빈치는 6천 장 이상의 드로잉을 남겼으며, 미켈란젤로 역시 수많은 드로잉을 남겼다. 서로 입장은 달랐으나 예술이 지성의 산물임을 인정했다는 점에서는 일치했다. 정신적 가치를 중시한 드로잉의 개념이 묘하게도 예술가의 사회적 지위 상승의 이론적 근거가 된 것이다.

이처럼 예술을 지적 영역으로 끌어올린 다빈치와 미켈란젤로의 이론은 미술가들에게 놀라운 변화를 가져다주었다. 예술가들이 좋은 저택에서 귀족처럼 지내며 중요한 행사에 초대받는 등 귀족과 같은 생활을 하는 시대가 열렸기 때문이었다. 물론 그 절정에 오른 사람은 미켈란젤로다. 미켈란젤로는 73세 때인 1548년, 조카에게 다음과 같이 지시했다.

사제에게 더 이상 내 주소를 '조각가 미켈란젤로'라고 쓰지 말라고 해라. 로마에서 나는 미켈란젤로 부오나로티로 통하고 있으니 말이다. 피렌체 시민이 제단화를 부탁하고 싶다면 화가를 찾아야겠지만, 나는 공방을 열고 주문을 받는 화가나 조각가로 일한 적이 없다.

자신이 평생 그림을 그리고 조각을 해서 예술가의 신분을 귀족의 반열에 올려놓았으나 미켈란젤로가 실제로 받은 대접은 귀족의 수준이 아니라 당대 최고였음을 암시한다. 그저 이름만 대면 되었지 조각가라는 호칭은 필요치 않다고 생각한 것이다. 이런 상황에서 미켈란젤로로서는 가문이 콤플렉스로 작용했을 수 있다. 그리하여 자신이 혈통상으로도 귀족에 속하고 있음을 보여주고자 했으니, 그가 콘디비의 전기 시작부분에서 혈통을 그토록 강조하게 한 이유를 여기에서 찾을 수 있을 것이다.

혈통을 중시한 것은 르네상스문화의 특징이기도 했다. 통치자 중에는 혈통상의 귀족이 있었는가 하면, 상업으로 부를 쌓거나 용병장군으로 활약하다 통치자가 된 경우도 있었다. 이들 후자들은 로마제국 황제의 후예라는 혈통을 필요로 했고, 그래서 자신들의 조상이 로마제국까지 거슬러 올라가는 가짜 족보도 만들곤 했는데 미켈란젤로의 가

270

문에 대한 집착도 이와 무관치 않을 것이다.

미켈란젤로로 인해 그 영광이 빛난 당대의 권력자들

미켈란젤로의 생애 동안 교황이 아홉 번 바뀌었는데 교황들은 대부분 미켈란젤로를 존중하고 아꼈다. 메디치가문 출신 교황 클레멘스 7세는 미켈란젤로가 피렌체공화국의 방어대장으로 메디치를 상대로 싸웠음에도 불구하고 메디치가의 정적들로부터 그를 보호해주었다. 그의 후계자 바오로 3세는 선임교황이 계획한 〈최후의 심판〉을 수정 없이 제작하라고 허락했다. 권력자는 권좌에 오르면 자신의 의도대로 뭔가를 휘두르고 싶은 법이다. 당시 작업을 착수하지 않았기 때문에 〈최후의 심판〉에 대해 교체나 수정을 요구할 수도 있는 상황이었으니 바오로 3세가 미켈란젤로를 얼마나 존중했는지 짐작할 수 있다.

미켈란젤로는 작품에 관한 한 주문자가 지상최고의 권력자인 교황이나 군주라 할지라도 주문자의 요구를 들어주지 않고 자신의 뜻대로 관철시켰다. 젊은 시절 피렌체공화국의 대통령 소데리니가 다비드의 코가 너무 크다고 말하자 비계에 올라가서 작품을 수정하는 척하며 돌가루를 솔솔 날려 보내더니 이제 괜찮으냐고 너스레를 떤 것이나, 바오로 3세가 어느 날 요나 밑에 그려진 율리우스

2세의 문장을 지우고 자신의 문장으로 바꾸어달라고 요청하자 그 작품의 명예는 율리우스와 클레멘스에 속하는 것이므로 지울 수 없다고 한 것 등 유사한 사례는 일일이 열거할 수 없을 정도다.

교황 바오로 4세는 〈최후의 심판〉에서 당시 교황청으로서는 위기를 느낄 만한 프로테스탄트 신학사상이 발견됨에도 불구하고 미켈란젤로에게 전적인 자유를 줌으로써 걸작을 남기게 했다. 이 교황은 또한 미켈란젤로가 맡았던 베드로대성당의 설계를 조금도 변경하지 말도록 엄명을 내렸으며, 그의 후계자 비오 5세도 미켈란젤로의 의도를 절대로 존중하라고 명령했다. 하지만 이들보다 더 미켈란젤로를 아낀 이는 바오로 4세의 후계자인 율리우스 3세였다. 그는 로마에 자신의 이름을 딴 빌라 줄리아라는 별장을 지으면서 연로한 미켈란젤로에게 더 이상 작품을 주문하지 않음으로써 이 고령의 예술가에게 최고의 존경을 표했다. 대신 가끔씩 들러 조언을 해달라고 부탁했는데 툭하고 던지는 미켈란젤로의 한마디가 건축 전체를 확 바꿔놓는다는 사실을 알고 있었기 때문이었다. 그 많은 교황들이 한 예술가에게 보낸 이 같은 예후는 이전에도 이후에도 찾아볼 수 없으며, 오로지 미켈란젤로만이 누린 영광이었다. 바사리는 이렇게 당대 최고의 권력자들이 미

켈란젤로로 인해 그 명예가 빛날 것임을 예언했고, 그 예
언은 적중했다.

그의 작품을 볼 수 있는 이 세대는 얼마나 행복한가! 그
중에서도 특히 행복하고 운 좋은 이가 바로 교황 바오로
3세였다. 하늘은 교황 성하에게 이런 영광을 향유할 것
을 허락하셨다. 성하의 이름은 일찍이 세상에 드높은 미
켈란젤로와 더불어 그 명성이 영원히 전해지리라. (바사리,
1365)

새로움이란
무엇인가
?

성취, 도전, 파괴의 전형
'시스티나 천장화'

성취, 도전, 파괴의 전형
'시스티나 천장화'
—고종희

신이 창조한 인간의 아름다움과 신비를 그리다

시스티나 예배당의 천장화 〈천지창조〉는 '인간의 능력은 어디까지인가?'라는 물음을 갖게 한다.[그림1] 피카소의 〈게르니카〉도, 조토의 스크로벤니 경당 프레스코화도, 로댕의 〈지옥의 문〉도 미켈란젤로의 이 작품 앞에서는 한없이 작아 보인다. 〈천지창조〉는 당시의 전통적 색채와 형태, 그리고 공간 개념에서 벗어나 새로운 시각세계를 제시했다는 점에서 성취, 도전, 파괴로 일관한 미켈란젤로의 예술세계를 잘 보여준다.

시스티나 천장화를 주문한 교황 율리우스 2세의 원래 계획은 천장 가장자리에 예수의 12제자를 그리게 한 후 중앙 부분을 문양으로 장식하게 할 생각이었다. 이런 교황의 뜻을 현재의 모습으로 바꾸어놓은 사람은 미켈란젤

[그림1] 미켈란젤로, 시스티나 천장화, 바티칸 시스티나 소성당

로로서 작가가 주문자의 뜻에서 벗어나 자신이 원하는 바를 관철시켰다는 점에서 순수미술fine art의 새 시대가 열렸다고 볼 수도 있을 것이다. 작가의 의도가 그만큼 존중되었기 때문이다. 물론 구체적인 세부에 있어서는 신학자와 성직자의 도움을 받았을 것이다.

시스티나 천장화는 가상의 건축적 뼈대 안에 다양한 인물상들이 자리 잡고 있고, 각각의 인물들은 다양하고 변화무쌍한 포즈로 묘사되어 있어서 가히 인체의 백과사전이라 할 만하다. 천장 중앙에는 구약의 '천지장조'가 9개의 사각형 구획 안에 그려져 있고, 천장의 가장자리에는 12명의 예언자와 무녀들이, 벽과 천장이 만나는 벽면의 가장 위쪽에는 예수의 조상祖上들이 그려져 있다. 하지만 이들 주요 부분 외에도 무수히 많은 인물들이 등장한다. 이를테면 천장 중앙의 '천지창조'는 똑같은 크기의 사각 구획으로 나뉜 것이 아니라 큰 사각형 구획과 작은 사각형 구획을 번갈아 그렸고, 작은 사각형 구획의 네 모퉁이에 각각 나체를 한 명씩 그려 넣음으로써 화면의 변화와 생동감을 살렸다. 각 예언자와 무녀 사이에 위치한 기둥에는 어린아이들이 쌍으로 그려졌으며, 예언자와 무녀들 사이에 자리한 삼각형 공간 안에는 예수의 조상들이, 그리고 이들 삼각형 밖에는 다시 또 괴이한 포즈를 취하고 있는 누드 조각상들이 대칭으로 그려져 있다. 글로 설명하자니 복잡한 것처럼 생각되지만 실제로 작품을 보면 질서정연하여 혼란한 느낌이 전혀 들지 않는다. 한마디로 미켈란젤로는 이 천장화 안에 인간이 취할 수 있는 거의 모든 자세를 다 그려 넣기로 작정한 듯하다. 그것도 아주

어렵고도 해괴한 각도만 골라서.

미술사학자 샤를 드 톨네이는 천장화에 대해 중앙의 천지창조는 신의 계시를, 예언자와 무녀는 신의 개입을, 예수의 조상들은 신플라톤 철학에 따른 단계를, 그리고 나체의 인물들은 미Bello의 상징을 그린 것으로 해석했다. 지금까지 수많은 학자들이 천장화의 의미에 대해 연구를 해왔기에 톨네이의 해석은 그중 하나일 뿐 미켈란젤로의 정확한 의도를 안다는 것은 불가능할 것이다. 분명한 것은 미켈란젤로는 구약의 메시지를 인체를 통해 표현했고, 신이 창조한 인간이 얼마나 아름답고 신비로운지를 보여주고 있다는 것이다.

미켈란젤로, '모든 것'을 혁신하다

시스티나 천장화는 공간과 크기에 대한 전통적 개념을 바꿔놓았다. 미켈란젤로가 활동하던 시대의 회화는 화면 앞쪽은 크게, 뒤로 갈수록 작게 그리는 수학적 원근법에 기초한 시각세계의 재현이었다. 건축가 브루넬레스키Filippo Brunelleschi(1377~1446)가 발명한 원근법을 15세기 초 마사초가 처음으로 회화에 도입한 이래 원근법에 의한 회화는 20세기 초 추상미술이 탄생되기 전까지 서구회화의 깨지지 않는 법칙이었다. 피카소의 위대함은 입체주의를 통해 철옹성 같았던 전통적 원근법에 의한 회화의 기술을 깼다는 데 있다. 그 후 미술가들은 각자의 표현방식을 찾게 되었고 미래주의, 다다이즘, 초현실주의를 비롯한 20세기 초의 다양한 아방가르드 미술은 이 같은 시도의 결과들이다.

시스티나 천장화는 두 차례의 공사를 통해 완성되었다. 1차 공사는 1508년부터 1510년 9월까지로 중앙 그림을 중심으로 볼 때 '술취한 노아'부터 '하와의 창조'까지 천장의 절반을 먼저 그렸다. 이때 그린 세 점의 '노아의 이야기'는 원근법에 의해 그려졌으며 인물들도 이후의 그림에 비해 다수 등장하는 등 콰트로첸토Quattrocento식 회화 전통을 이어가고 있다.[4]

'아담의 창조'부터 나머지 절반은 2차 시기인 1511년 8월부터 1512년 10월 사이에 제작했다. 1차 시기와 2차 시기 사이에는 1년 정도의 휴식기가 있었는데 두 시기를 비교하면 미묘한 변화가 감지된다. 중앙의 사각 구획 안에 그려진 창세기 장면들을 보면 등장인물들 크기가 커진 대신 그 수는 적어졌다. 예언자와 무녀들은 물론 반원형과 사각틀 안에 그려진 그리스도의 조상들을 비롯한 대부분의 이미지들도 1차 시기에 비해 크기가 커졌고, 형태가 변화무쌍해졌으며, 색채가 더욱 강렬해졌다. 이를 이해하기 위해 각 장면들을 보다 자세히 살펴보자.

미켈란젤로 상상력의 절대경지, '천지창조'

- 술 취한 노아[그림2]

농부인 노아는 포도밭을 가꾸는 첫 사람이 되었다. 그가 포도주를 마시고 취해 벌거벗은 채 자기 천막 안에 누워 있을 때 가나안의 조상 함이 자기 아버지의 알몸을 보고 밖에 있는 두 형제에게 알렸다. 셈과 야펫은 겉옷을 집어 둘이서 그것을 어깨에 걸치고 뒷걸음으로 들어가 아버지의 알몸을 덮어드렸다. 그들은 얼굴을 돌린 채 알몸을 보지 않았다. 노아는 술에서 깨어나 작은아들이 한 일을 알고서 이렇게 말했다. "가나안은 저주를 받으리라. 그는 제 형제들의 가장 천한 종이 되리라." 그는 또 말했다. "셈의 하느님이신 주님께서는 찬미받으소서. 그러나 가나안은 셈의 종이 되어라." (창세기 9:20~27)

화면 왼쪽에서 삽질하는 사람이 인류의 첫 농부 노아다. 노아는 땅바닥에서 술에 취해 벌거벗은 채로 잠이 들었다. 그의 앞에 서 있는 이들은 노아의 세 아들들인데 이들을 어떻게 구분할 수 있을까? 두 명은 벌거벗은 아버지를 직접 쳐다보지 않고 있는 반면, 맨 오른쪽 인물은 노아

280

[그림2] 미켈란젤로, 〈술 취한 노아〉, 1508~12, 바티칸 시스티나 소성당

를 향하고 있다. 바로 아버지가 알몸인 것을 형과 아우에게 알린 둘째 아들 함이다. 이 일로 인해 술이 깬 후 노아는 그에게 저주를 퍼부었다. 성경에서 아버지의 알몸을 쳐다본 자와 쳐다보지 않은 자들의 운명이 이렇듯 달라지니 그림에서도 그냥 넘어갈 수가 없는 것이다. 이 장면은 원근법에 따라 그려졌으며 포도주 통, 술병 등이 사실적으로 묘사되었다. 공간구성, 인물배치 등에서 콰트로첸토 회화의 전통을 이어가고 있다.

– 대홍수[그림3]

하느님께서 노아에게 말씀하셨다. "(…) 너는 아들들과 아내와 며느리들과 함께 방주로 들어가거라. 그리고 온갖 생물 가운데에서, 온갖 살덩어리 가운데에서 한 쌍씩 방주에 데리고 들어가 너와 함께 살아남게 해라. 그것들은 수컷과 암컷이어야 한다."

[그림3] 미켈란젤로, 〈대홍수〉, 1508~12, 바티칸 시스티나 소성당

노아가 육백 살 되던 해 둘째 달 열이렛날, 바로 그날에 큰 심연의 모든 샘구멍이 터지고 하늘의 창문들이 열렸다. 바로 그날 노아는 자기 아들 셈과 함께 야펫, 자기 아내, 그리고 세 며느리와 함께 방주에 들어갔다. 이렇게 하느님께서 노아에게 명령하신 대로 모든 살덩어리들의 수컷과 암컷이 들어갔다. 그런 다음 주님께서 노아 뒤로 문을 닫아 주셨다.

땅에 사십 일 동안 홍수가 계속되었다. (…) 땅에 물이 점점 더 불어나 온 하늘 아래 높은 산들을 모두 뒤덮었다.

(창세기 7:11~20)

화면 뒤쪽에 위치한 노아의 방주는 단순한 배가 아니라 튼튼한 주택처럼 보인다. 오른쪽 배 위에 노아가 이미 승선을 마쳤음을 알리고 있다. 방주 앞에 위치한 작은 배를 보면 사람들이 서로 배에 타려고 매달리고 있다. 도끼로 올라오는 사람들을 죽이려는 이도 보인다. 낭만주의 대표작품인 제리코의

[그림4] 미켈란젤로, '남자를 업고 있는 남자'(《대홍수》의 부분), 1508~12, 바티칸 시스티나 소성당

〈메두사의 뗏목〉을 미리 보는 듯하다.

화면 앞쪽에는 홍수를 피해 산으로 오르고 있는 사람들이 보이는데 아비규환이 따로 없다. '대홍수'는 천장화 중 미켈란젤로가 가장 먼저 그린 부분으로 아직 프레스코화 기법을 완전히 터득하지 못한 초기작이다. 화면 구성이 전경, 중경, 원경 등 원근법적 공간에 의해 배치되었고, 각

양각색의 인물상들이 다양한 포즈로 그려졌다. 여기 등장하는 몇몇 인물들[그림4]은 라파엘로가 바티칸 스탄차에 그린 〈보르고의 화재〉에서 모방되었다.

- 노아의 제사[그림5]

노아는 주님을 위해 제단을 쌓고, 모든 정결한 짐승과 모든 정결한 새들 가운데에서 번제물을 골라 그 제단 위에 바쳤다. (창세기 8:20)

그림 위의 부분은 노아가 번제물을 사를 불 앞에 있고 그의 며느리는 불을 붙이고 있는 모습이다. 아래에는 번제물로 바칠 양을 잡고 있는 이, 번제물을 태울 장작을 가지고 온 이의 모습이 보인다. 노아의 아들들이다. 인물은 원근법에 기초한 전경, 중경에 정확히 배치되었고 각 인물들의 동작도 훌륭하지만 아직은 콰트로첸토 회화 규범에서 벗어나지 못하고 있다. 손가락으로 하늘을 가리키고 있는 노아의 모습은 라파엘로의 그 유명한 〈아테네 학당〉에 등장하는 플라톤과 흡사한데 라파엘로가 이 그림을 보고 응용했을 가능성이 있다. 공교롭게도 1508년부터 1512년까지 라파엘로와 미켈란젤로는 바티칸에서 각각

284

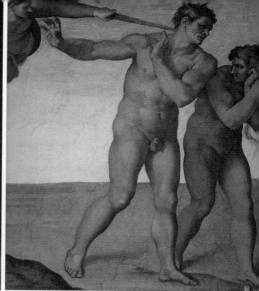

[그림5] 미켈란젤로, 〈노아의 제사〉, 1508~12, 바티칸 시스티나 소성당(좌)
[그림6] 미켈란젤로, 〈낙원추방〉, 1508~12, 바티칸 시스티나 소성당(우)

벽화와 천장화 작업을 하고 있었으며 라파엘로가 미켈란
젤로의 시스티나 천장화를 보고 미술양식이 바뀐 것은 사
실이니 이 장면의 첫 고안자는 미켈란젤로가 맞을 것이다.

- 유혹과 추방[그림6]

뱀은 주 하느님께서 만드신 들짐승 가운데에서 가장 간교
했다. 그 뱀이 여자에게 물었다. "하느님께서 '너희는 동산
의 어떤 나무에서든지 열매를 따먹어서는 안 된다'고 말씀
하셨다는데 정말이냐?" 여자가 뱀에게 대답했다. "우리는
동산에 있는 나무 열매를 따먹어도 된다. 그러나 동산 한

가운데에 있는 나무 열매만은 '너희가 죽지 않으려거든 먹지도 만지지도 마라.' 하고 하느님께서 말씀하셨다." 그러자 뱀이 여자에게 말했다. "너희는 결코 죽지 않는다. 너희가 그것을 먹는 날, 너희 눈이 열려 하느님처럼 되어서 선과 악을 알게 될 줄을 하느님께서 아시고 그렇게 말씀하신 것이다." 여자가 쳐다보니 그 나무 열매는 먹음직하고 소담스러워 보였다. (…) 그래서 주 하느님께서는 그를 에덴동산에서 내치시어, 그가 생겨나온 흙을 일구게 하셨다.

(창세기 3:1~24)

시스티나 천장화 중 가장 유명한 장면 중 하나다. 왼쪽은 하와가 뱀에게 유혹을 받고 있는데 하와의 바로 앞에 벌거벗은 아담이 있어서 보기에도 아슬아슬하다. 하와가 뱀으로부터 사과를 받는 자세는 자연스럽지 않고 몸을 비튼 이른바 콘트라포스토Contrapposto 자세다.[5] 미켈란젤로는 인물을 자연스럽게 그리기보다는 작가의 생각대로 그리는 주관적인 표현을 시도하고 있다.

장면 오른쪽에는 아담과 하와가 낙원에서 추방당하고 있는 모습이다. 두 사람 모두 우람한 체격이다. 추방 장면은 1세기 전 마사초가 그린 브랑카치 예배당의 〈추방당하는 아담과 하와〉[그림7]에서 영향을 받았다. 28세에 요절

[그림7] 마사초, 〈추방당하는 아담과 하와〉(부분), 1508~12, 바티칸 시스티나 소성당

한 마사초는 미켈란젤로에게 가장 큰 영향을 미친 천재 화가다. 그가 22세에 그리기 시작한 피렌체 카르미네 성당 안의 브랑카치 예배당 벽화는 단번에 중세를 탈피해 르네상스회화를 탄생시켰다. 미켈란젤로 스스로 자신의 진정한 스승은 조토와 마사초라고 했을 정도다. 미켈란젤로는 어렸을 적 브랑카치 예배당에서 마사초의 그림들을 모사하곤 했다. 마사초의 그림을 보면서 젊은 시절의 미켈란젤로는 인체의 아름다움, 운동감, 단순함 등 회화의 본질에 대해 깨달았다.

- 이브의 창조

주 하느님께서는 사람 위로 깊은 잠이 쏟아지게 하시어 그를 잠들게 하신 다음, 그의 갈빗대 하나를 빼내시고 그 자리를 살로 메우셨다. "이야말로 내 뼈에서 나온 뼈요 내 살

에서 나온 살이로구나! 남자에게서 나왔으니 여자라 불리
리라."(창세기 2:21~23)

아담이 자는 사이 갈비뼈에서 하와가 나오고 있는 순간
을 그렸다. 아담과 하느님의 얼굴은 이목구비가 뚜렷하나
하와는 윤곽만 표현되었다. 아직 완전한 사람이 되기 전
의 모습인 것이다. '하와의 탄생'은 중세 때부터 그려져왔
던 도상이며 미켈란젤로는 특별히 오르비에토 대성당 정
면에 새겨진 〈천지창조〉 부조를 참조했을 가능성이 있다.

– 아담의 창조[그림8]

하느님께서 말씀하셨다. "우리와 비슷하게 우리 모습으로
사람을 만들자. 그래서 그가 바다의 물고기와 하늘의 새와
집짐승과 온갖 들짐승과 땅을 기어다니는 온갖 것을 다스
리게 하자."(창세기 1:26)

시스티나 전체 천장화 중에서 가장 유명한 장면으로 이
전의 어떤 화가도 그린 적이 없는 도상이다. 아담은 아직
숨을 쉬지 못하는 흙의 상태다. 하느님의 손끝과 아담의
손끝이 닿는 순간 그가 숨을 쉬기 시작할 것이다. 아담은

288

[그림8] 미켈란젤로, 〈아담의 창조〉, 바티칸 시스티나 소성당

땅 위에 기대어 있고 하느님은 공중에 떠서 오고 있는 중이다. 그런데 자세히 보면 하느님은 자력으로 날고 있는 것이 아니라 천사들에 의해 들려서 오고 있다. 특히 하느님을 아래에서 받치고 있는 천사는 자신보다 큰 하느님을 떠받치고 있느라 사력을 다하고 있다. 천사들의 얼굴을 보면 앞쪽 천사들은 이목구비가 뚜렷하게 그려진 데 반해 뒤쪽에 위치한 천사는 얼굴 윤곽이 뚜렷하지 않아 유령처럼 보인다. 앞쪽은 선명하게 뒤쪽은 흐릿하게 보이는 시각현상을 그린 것을 알 수 있다.

　미켈란젤로가 이 같은 회화적 효과의 노하우를 얻은 사람은 마사초와 동시대를 살았던 필리포 립피Filippo Lippi(1406~1469)였다. 마사초가 요절하고 떠난 당시 피렌체에는 보티첼리의 스승으로 유명한 필리포 립피가 마사

[그림9] 필립포 립피, 〈살로메의 춤〉,
1452~65, 프라토 대성당(상)
[그림10] 필립포 립피, 〈살로메의 춤〉(부
분), 1452~65, 프라토 대성당(하)

초의 혁신적인 회화기법을 계승했다. 그의 대표작은 피렌체에서 차로 30분 정도 거리에 있는 프라토 대성당에 그린 세례자 요한 이야기[그림9]다. 이 그림은 하나의 그림 속에 세 개의 장면을 그린 것인데 얼핏 보면 우아해 보이지만 알고 보면 섬뜩한 그림이다.

이 그림의 매력은 헤로데 왕 앞에서 춤을 추는 아름다운 살로메 등 주인공이 아니라 이들 뒤쪽에 그려진 희미한 사람들이다. 이들은 거의 눈에 띄지 않으며, 학자들 사이에서도 그동안 언급된 바 없었다. 나는 매우 가까이서 이 작품을 연구할 기회가 있었는데, 앞쪽 인물들을 뚜렷하게 그리고 뒤쪽 인물들을 흐릿하게 그린 것이야말로 대단한 시각현상의 발견으로, 이는 50년 후 다빈치가 개발한 스푸마토 기법과 일맥상통하는 기법이다. 립피는 인물에 그치지 않고 반대편 벽에 유리병들을 그려놓음으로써 자신의 비법을 자랑하고 있다. 사실 이런 디테일을 알아보는 사람은 작가든 학자든 많지 않다. 그것은 아주 가까이서 그림을 관찰했을 때 비로소 보이기 때문이다. 하지만 화가들은 이런 디테일 속에 자신만의 비밀을 숨겨놓는 것을 좋아한다. 미켈란젤로는 이를 알아보고 〈아담의 창조〉에서 하느님과 함께 날고 있는 천사의 무리 등 여러 곳에서 립피의 비밀을 응용했다.

[그림11] 미켈란젤로, 〈리비아의 무녀〉, 1508~12, 바티칸 시스티나 소성당

미켈란젤로가 립피에게서 영향을 받았다는 증거는 립피의 〈살로메의 춤〉 가장 오른쪽 가장자리에 등장하는 옆모습의 인물[그림10]이 시스티나 천장화의 '리비아의 무녀'[그림11]로 재탄생되었고, 살로메가 들고 있는 쟁반 위의 목 잘린 세례자 요한의 머리는 천장화의 〈유딧과 홀로페르네스〉에서 재등장하고 있는 것에서 알 수 있다.

- 해와 달, 초목의 창조[그림12]

하느님께서 말씀하시기를 "하늘의 궁창에 빛물체들이 생겨, 낮과 밤을 가르고, 표징과 절기, 날과 해를 나타내어라. 그리고 하늘의 궁창에서 땅을 비추는 빛물체들이 되어라." 하시자 그대로 되었다. (창세기 1:14~15)

하느님께서 말씀하시기를 "땅은 푸른 싹을 돋게 해라, 씨를 맺는 풀과 씨 있는 과일나무를 제 종류대로 땅 위에 돋게 해라." 하시자 그대로 되었다. (창세기 1:12)

292

[그림12] 미켈란젤로, 〈해와 달, 초목의 창조〉, 1508~12, 바티칸 시스티나 소성당

천사들을 대동하고 날아오는 강력한 카리스마의 하느님 모습이 무척이나 강렬하다. 그의 오른손은 과감한 단축법으로 그려졌으며 해와 달 사이에 있다.

화면 왼쪽에는 온갖 초목을 돋아나게 하는 하느님이 뒷모습을 보이며 가볍게 하늘을 날고 있다. 미켈란젤로에게 인체 묘사는 이제 어떤 자세나 각도에서도 문제가 되지 않고 있다. 뒷모습을 그렸기 때문에 자연스럽게 엉덩이와 발바닥이 보이는데 이 모티프는 백년 후 카라바조에 의해 자주 그려졌으며, 이후 렘브란트의 〈돌아온 탕자〉를 비롯한 전 유럽의 화가들 사이에서 크게 유행하는 모티프가 되었다. 시스티나 천장화에서 하늘을 자유자재로 나는 하느님과 천사들을 그리다 보니 자연스럽게 발바닥을 그리게 된 것인데 화가들은 이처럼 선배 혹은 타 작가의 특정 모티프에서 영감을 얻는 경우가 많다.

[그림13] 만테냐, 〈바쿠스의 축제〉, 동판화, 1470년경, 뉴욕 메트로폴리탄 박물관

　그렇다면 미켈란젤로가 그린 이 과감한 뒷모습과 단축법은 어디에서 유래한 것일까? 만토바 공작 궁에 그려진 안드레아 만테냐Andrea Mantegna(1431~1506)의 천장화에는 벌거벗은 아기들을 과감한 단축법으로 그린, 일명 '푸티'가 등장한다. 만테냐는 이 작품 외에도 〈죽은 그리스도를 애도함〉에서 극단적인 단축법을 선보인 적 있다. 두 작가 사이에는 과감한 단축법이라는 공통점이 있다. 만테냐는 또한 조각상을 그려놓은 듯한 입체감이 강조된 그림을 그렸다. "그림은 조각에 가까울수록 좋은 작품이다"라고 말한 미켈란젤로가 만테냐의 그림을 보고 얼마나 감탄

했을지 짐작이 간다. 미켈란젤로의 '노아의 홍수'에서 나타나는 '여자를 업고 뭍으로 올라오는 남자', '젊은이를 안고 있는 노인' 등이 만테냐의 판화[그림13]에서도 등장하는 것에서 이를 알 수 있다. 미켈란젤로는 이처럼 이전 대가들의 작품에서도 많은 영향을 받았다.

- 빛과 어둠의 분리

하느님께서 말씀하시기를 "빛이 생겨라." 하시자 빛이 생겼다. 하느님께서 보시니 그 빛이 좋았다. 하느님께서는 빛과 어둠을 가르시어 빛을 낮이라 부르시고 어둠을 밤이라 부르셨다. (창세기 1:3~4)

이 장면에서는 유일한 등장인물이 하느님이다. 이전 장면에서 하느님이 공중을 나는 모습으로 그려졌다면 여기서는 공중에 떠 있는 몸의 앞부분을 아래에서 바라본 모습으로 그려졌다. 미켈란젤로는 그 어느 곳에서도 같은 이미지를 반복하여 그리지 않은 것을 알 수 있다. 얼굴은 과감한 단축법으로 그려져서 입과 코만 보일 뿐 그로테스크하게 변형되었다. 미켈란젤로의 상상력의 끝은 과연 어디까지인지 감탄할 따름이다.

이스라엘의 구원 이야기, 모퉁이 그림

사각 천장의 네 모퉁이Pennacchi에는 이스라엘의 구원 이야기가 그려졌다. 〈유딧과 홀로페르네스〉와 〈다윗과 골리앗〉은 1차 시기에 그렸고, 〈청동뱀〉과 〈하만의 징벌〉은 2차 시기에 그렸다. 이들 네 일화는 위기에 처한 이스라엘 백성이 신의 개입으로 구원되었다는 내용이다. 2차 시기의 그림은 1차 시기에 비해 구도, 형태, 색상이 더욱 대담해졌다.

- 유딧과 홀로페르네스[그림14]

과부 유딧이 미인계를 써서 적진에 들어가 적장 홀로페르네스를 유혹해 그의 목을 베어 이스라엘 민족을 구한 이야기다.

유딧은 홀로페르네스의 머리맡에 있는 침대 기둥으로 가서 그의 칼을 집어 내렸다. 그리고 침상으로 다가가 그의 머리털을 잡고 "주 이스라엘의 하느님, 오늘 저에게 힘을 주십시오." 하고 말한 다음, 힘을 다해 그의 목덜미를 두 번 내리쳐서 머리를 잘라내었다. 그러고 나서 그의 몸뚱이를 침상에서 굴려버리고, 닫집을 기둥에서 뽑아 내렸다. 잠시 뒤에 유딧은 밖으로 나가 홀로페르네스의 머리를 자

[그림14] 미켈란젤로, 〈유딧과 홀로페르네스〉, 1508~12, 바티칸 시스티나 소성당

기 시녀에게 넘겼다. 여종은 그것을 자기의 음식 자루에
집어넣었다. (유딧 13:6~10)

유딧이 하녀가 쟁반에 이고 있는 적장 홀로페르네스의
잘린 목을 천으로 덮고 있다. 여기서 적장의 머리는 미켈
란젤로의 자화상이라는 설이 있다. 오른쪽에는 머리가 잘
린 적장이 널브러져 있는 모습이 보이고, 왼쪽에는 한 병
사가 잠에 빠져 있는 모습이 보인다. 유딧은 참혹한 모습
을 차마 쳐다보지 못한 채 고개를 돌리고 있으며 뒷모습
으로 그려졌다. 얼굴을 보여주지 않으면서도 느낌을 전달

하는 것은 최고의 인물화 표현인데 미켈란젤로도 이를 보여주고 있다. 바로크 회화의 선구자 카라바조도 유딧이 홀로페르네스의 목을 베는 잔혹한 그림을 그렸는데, 미켈란젤로의 이 그림을 보고 영감을 받았을 것이다. 물론 카라바조답게 목을 베는 순간을 그림으로써 극적 효과를 더욱 극대화했고, 원작과는 완전히 다른 모습으로 변모시킬 줄도 알았다. 미켈란젤로는 바로크 시대에 크게 유행하게 된 잔혹한 그림의 첫 출발지라 해도 무방할 것이다.

－ 하만의 징벌[그림15]

유대인을 전멸하려 한 하만에게 오히려 징벌이 주어져 그가 사망한다.

크세르크세스 임금이 에스테르 왕비에게 말했다. "도대체 그자가 누구요? 그렇게 하려고 마음먹은 그자가 어디 있소?" 에스테르가 "그 적과 원수는 이 사악한 하만입니다." 하고 대답하자 하만은 임금과 왕비 앞에서 경악했다. (⋯) 임금이 대궐 정원에서 연회석으로 돌아왔을 때, 하만은 에스테르가 있는 평상 위에 쓰러져 있었다. 이에 임금이 말했다. "이자는 내가 집에 있는데도 왕비를 폭행하려 하는가?" 임금의 입에서 말이 떨어지자, 하만의 얼굴이 가려졌다.

298

[그림15] 미켈란젤로, 〈하만의 징벌〉, 1508~12, 바티칸 시스티나 소성당

내시들 가운데 하나인 하르보나가 임금 앞에서 말했다. "마침 말뚝이 하나 있습니다. 그것은 임금님을 위해 유익한 보고를 한 적이 있는 모르도카이를 노려 하만이 마련한 것인데, 하만의 집에 있으며 높이는 쉰 자가 됩니다." 그러자 임금이 "그자를 그 위에 매달아라." 하고 명령했다. 사람들은 하만이 모르도카이를 노려서 세운 바로 그 말뚝에 그를 매달았다. 그제야 임금의 분노가 가라앉았다. (에스테르기 7:5~10)

2차 시기에 그린 이 그림의 구도와 색상은 의도적인 혼

란과 부조화로 표현되었다. 나무에 묶인 하만은 일찍이 그 누구도 그린 적 없는 과감한 단축법의 표현으로 유명 하다. 화면 왼쪽 탁자에 있는 세 사람은 아하스에로스 왕 과 에스델 그리고 하만이다. 왕비인 에스테르가 왕에게 "그 적과 원수는 이 사악한 하만입니다"라고 폭로하자 하 만이 깜짝 놀라는 모습이다. 화면 오른쪽은, 왕이 안뜰에 서 에스델이 몸을 누이고 있는 평상에 하만이 엎드려 있 는 모습을 목격하고는 호통을 치고 있는 모습이다. 기이 한 단축법으로 그려진 하만은 나무 기둥을 밟고 서 있다. 하만이 왕비의 사촌오빠인 모르드개를 죽이기 위해 준비 한 나무기둥에 오히려 자신이 매달려 죽게 되었음을 그렸다.

　- 다윗과 골리앗[그림16]
　어린 양치기 소년 다윗이 거인 골리앗을 새총으로 죽이 고 목을 베어 적군으로부터 이스라엘 민족을 구한다.

　다윗은 사울에게 "아무도 저자 때문에 상심해서는 안 됩니 다. 임금님의 종인 제가 나가서 저 필리스티아 사람과 싸 우겠습니다." 하고 말했다. 그러자 사울은 다윗을 말렸다. "너는 저 필리스티아 사람에게 마주 나가 싸우지 못한단 다. 저자는 어렸을 때부터 전사였지만, 너는 아직도 소년

[그림16] 미켈란젤로, 〈다윗과 골리앗〉, 1508~12, 바티칸 시스티나 소성당

이 아니냐?"

그러나 다윗이 말했다. "임금님의 종은 아버지의 양 떼를 쳐왔습니다. 사자나 곰이 나타나 양 무리에서 새끼 양 한 마리라도 물어가면, 저는 그것을 뒤쫓아가서 쳐죽이고, 그 아가리에서 새끼 양을 빼내곤 했습니다. (…) 할례받지 않은 저 필리스티아 사람도 그런 짐승들 가운데 하나처럼 만들어놓겠습니다. 그는 살아 계신 하느님의 전열을 모욕했습니다."(사무엘상 17:34~36)

다윗이 골리앗의 머리를 칼로 내리쳐 자르려는 순간이

다. 골리앗의 몸은 다윗에 비해 거대하다. 화면 앞쪽에는 다윗이 골리앗을 죽이는 데 사용한 새총이 보인다. 다윗과 골리앗 이야기는 수많은 화가에 의해 그려졌으며 미켈란젤로의 작품은 후에 카라바조에게 영향을 주었다. 카라바조의 그림에서 자주 등장하는 목을 베는 순간의 원조가 미켈란젤로임을 알 수 있다. 카라바조는 미켈란젤로의 작품으로부터 잔혹성이라는 키워드를 뽑아낼 줄 알았고 그것은 바로크 내내 대히트를 거두었다. 이상 살펴본 1차 시기에 해당하는 이들 두 장면은 원근법에 의한 전통적 회화에서 벗어나지 않고 있음을 볼 수 있다.

– 청동뱀[그림17]
이스라엘 백성이 하느님과 모세에 반역하자 하느님이 뱀을 보내 백성들을 물려 죽게 했으나 청동뱀으로 다시 목숨을 살려준다.

그래서 백성은 하느님과 모세에게 불평했다. "당신들은 어쩌자고 우리를 이집트에서 올라오게 하여, 이 광야에서 죽게 하시오?"(…)
그러자 주님께서 백성에게 불뱀들을 보내셨다. 그것들이 백성을 물어 많은 이스라엘 백성이 죽었다. 백성이 모세에

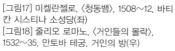

[그림17] 미켈란젤로, 〈청동뱀〉, 1508~12, 바티칸 시스티나 소성당(좌)
[그림18] 줄리오 로마노, 〈거인들의 몰락〉, 1532~35, 만토바 테궁, 거인의 방(우)

게 와서 간청했다. "우리가 주님과 당신께 불평해 죄를 지었습니다. 이 뱀을 우리에게서 치워주시도록 주님께 기도해주십시오." 그래서 모세가 백성을 위해 기도했다. 그러자 주님께서 모세에게 말씀하셨다. "너는 불뱀을 만들어 기둥 위에 달아놓아라. 물린 자는 누구든지 그것을 보면 살게 될 것이다." 그리하여 모세는 구리뱀을 만들어 그것을 기둥 위에 달아놓았다. 뱀이 사람을 물었을 때 그 사람이 구리뱀을 쳐다보면 살아났다. (민수기 21:5~9)

화면 오른쪽에는 불뱀이 백성들을 물어 죽이는 장면을, 화면 중앙 왼쪽에는 뱀에 물린 사람들이 기둥에 달린 구리뱀을 바라보자 다시 살아나게 되었음을 그리고 있다. 오른쪽에서는 뱀에 물려 죽게 된 사람들의 혼란과 절망을 표현했다. 인물들은 공간 안에 빼곡히 밀집했는가 하면 공중에 떠 있는 자들도 있다. 르네상스의 원근법적 공간 개념에서 벗어났으며 조화와 균형의 미학도 사라졌다. 이들의 그로테스크한 모습은 〈최후의 심판〉에서 다시 볼 수 있으며 줄리오 로마노가 만토바의 테궁에 그린 거인의 방[그림18] 벽화를 비롯하여 매너리즘 화가들에게 이어졌다. 이 그림은 형태뿐만 아니라 색채 역시 변화무쌍하고 과감하다. 중앙의 밝은 빛은 가장자리로 가면서 점차 어둡게 처리함으로써 조명을 받은 무대를 연상케 한다.

그 밖의 새로움

- 예언자와 무녀[그림19]
천장화에 그려진 예언자와 무녀는 총 12명으로 요나, 예레미아, 페르시아무녀, 에스겔, 에리트레아무녀, 요엘, 스가랴, 델포이무녀, 이사야, 쿠마이무녀, 다니엘, 리비아무녀다. 각 예언자마다 이들의 명패[그림20]를 들고 있거나 받치고 있는 인물상을 하나씩 그렸다.
예언자는 이스라엘 사람들이고 무녀는 이교도로서 구

[그림19] 미켈란젤로, 〈예레미아〉, 1508~12, 바티칸 시스
티나 소성당

[그림20] 미켈란젤로, 〈예레미아
의 명패를 들고 있는 인물상〉(부
분), 바티칸 시스티나 소성당

세주의 탄생이나 재림을 예언한 사람들이다. 이들의 형태는 마치 조각을 그림으로 옮겨놓은 듯 입체감이 뚜렷하다. 미켈란젤로가 이후 제작한 〈모세〉와 〈줄리앙〉을 비롯한 피렌체 메디치 채플의 조각상들은 이들 천장화 이미지들을 조각으로 옮겨놓은 것으로 볼 수 있다. 그만큼 입체적인 그림들이다. 각 예언자 뒤에는 작은 인물상을 두 점씩 그려 넣었는데 이들의 표정은 마치 유령을 그린 듯 기이한 모습이다.

- 그리스도의 조상祖上들[그림21]

마태오복음의 시작은 그리스도의 족보로부터 시작하는데 미켈란젤로도 천장화 속에 다윗의 자손이며 아브라함의 자손인 그리스도 가계의 족보를 그려놓았다. 이들 그리스도의 조상들은 삼각틀velo과 반원형lunetta 안에 그려졌으며 반원형 중앙에는 '다비드'를 비롯하여 각 가족의 이름을 적어놓았다. 이들 인물들은 표정이 그로테스크하고 색채가 변화무쌍하며 파격적이다.

몇몇 이미지만을 소개한다면 자신의 지팡이에 새겨진 두상과 이야기를 나누고 있는 오벳[그림22]은 그로테스크한 표정이 파격적이다. 예수의 조상들은 삼각틀에는 가족

306

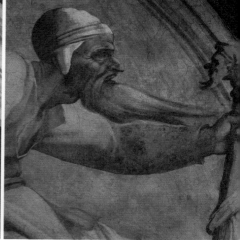

[그림21] 미켈란젤로, 〈예수 조상들〉, 1508~12, 바티칸 시스티나 소성당(좌)
[그림22] 미켈란젤로, 〈오벳〉, 1508~12, 바티칸 시스티나 소성당(우)

단위로, 반원형에는 양쪽에 한 명씩 그려졌다. 이들은 의도적으로 추한 모습으로 그려졌는데 이 같은 추함의 표현은 15세기 르네상스조각의 선구자 도나텔로에게서 영향을 받은 것이다. 모두가 아름다움을 추구할 때 도나텔로는 추함의 미학에 눈을 떴던 특출난 조각가였고, 미켈란젤로는 이를 놓치지 않고 천장화에서 마음껏 구사하고 있다.

- 그림으로 그린 조각상들[그림23]

천장 중앙의 〈천지창조〉 이야기를 그린 작은 사각형의 네 모퉁이에는 나상이 그려져 있다. 이들 나상은 인간이 취할 수 있는 가장 조형적이면서도 흥미로운 자세를 취하고 있는데 이 같은 각양각색의 자세는 인체 교본으로 최

[그림23] 미켈란젤로, 〈나체상〉,
1508~12, 바티칸 시스티나 소성당

고일 것이다. 이들 나상들은 조각을 그린 회화인지, 혹은 회화를 조각처럼 그린 것인지 알 수 없을 정도로 회화적인 동시에 조각적이다. 이들 나상들은 이후 피렌체의 메디치 채플의 낮과 밤, 아침과 황혼 등 미켈란젤로의 조각 작품에서 응용되었다. 또한 카라바조의 〈세례자 요한〉[그림24]에서 볼 수 있듯이 후대 화가들에게 지속적으로 영향을 주었다.

이밖에도 예언자들 사이에는 대리석 기둥 위에 두 명씩 짝을 이루고 있는 꼬마 조각상들이 있고[그림25], 그리스도의 조상을 그린 삼각형 위쪽에도 각각 대칭으로 그려진 가짜 조각상들이 있다. 이들의 포즈와 자세는 너무나 기괴해서 자세히 보고 있노라면 웃음이 나올 정도다. 그림으로 그린 이 같은 조각상들은 이후 매너리즘 양식의 창시자 폰토르모Jacopo Pontormo(1494~1557)의 작품에서 등장하는가 하면, 바로크양식의 창시자인 카라치 역시 볼로냐의 파바궁Palazzo Fava과 마냐니궁Palazzo Magnani 장식[그림26]

308

[그림24] 카라바조, 〈세례자 요한〉, 1494~98, 로마 카피톨리노 박물관

[그림25] 미켈란젤로, 〈꼬마 나상〉, 1508~12, 바티
칸 시스티나 소성당(좌)
[그림26] 카라치, 〈로마의 시조〉, 1591, 볼로냐 마냐
니궁(우)

에서도 주요 모티프로 사용했다. 데 키리코 역시 살아 있
는 듯한 조각상들을 다수 그린 바 있다. 이들 일련의 현상
은 하나같이 미켈란젤로로부터 출발한다. 물론 미켈란젤
로는 만테냐와 도나텔로와 같은 선배들의 영향을 받았지
만 미켈란젤로가 아니었다면 '그림으로 그린 조각상'들이
이렇게 새로운 양식을 만드는 주요 요소로 자리 잡지는
못했을 것이다.

모방은
창조의 어머니인가
?

모방은 창조의 영감이자
작은 도구

모방은 창조의 영감이자
작은 도구

—고종희

미켈란젤로도 모방했다!

미켈란젤로의 〈천지창조〉와 〈최후의 심판〉에 영향을 주었으나 아직 연구되지 않은 작품들을 최근 몇 차례의 이탈리아 여행 중에 만날 수 있었다. 그중 하나는 1410년 볼로냐의 성 페트로니오 성당 벽에 조반니 다 모데나Giovanni da Modena(1379~1455)가 그린 〈최후의 심판〉[그림1]이다.

미켈란젤로는 볼로냐에 두 번 이상 체류했는데 그중 한 번은 16개월을 머물면서 교황 율리우스 2세의 청동상을 제작했다. 이 청동상이 설치된 곳은 조반니 다 모데나의 〈최후의 심판〉이 있는 성 페트로니오 성당이다. 미켈란젤로는 이곳을 수시로 드나들며 모데나의 〈최후의 심판〉을 눈여겨보았을 것이고 후일 시스티나 예배당의 〈최후의 심판〉을 그릴 때 참고했을 것이다. 성 페트로니오 성당은 한

[그림1] 조반니 다 모데나, 〈최후의 심판〉, 1410, 볼로냐 성 페트로니오 성당

때 대성당으로 쓰이기도 했으니 그런 곳에 작품을 남길 정도면 모데나도 당시에는 상당한 실력가였을 것이다. 그의 〈최후의 심판〉은 성당 내부의 한쪽 벽에 그린 대작으로서 성당 입장은 무료이지만 이 작품을 관람하려면 입장료를 따로 내야 할 정도로 볼로냐 시에서 특별히 관리하는 문화재다.

조반니 다 모데나의 〈최후의 심판〉 중에는 케루빔 천사가 심판 후의 인간의 운명이 적힌 '생명의 책Liber Vite'을 들고 있는 장면이 있다. 미켈란젤로의 〈최후의 심판〉에서도 '생명의 책'을 들고 있는 천사 둘이 등장하는데 그중 한 명은 지옥으로 떨어질 영혼의 명단이 적힌 책을, 다른 한 명은 천국으로 올라갈 영혼의 명단이 적힌 책을 들고 있다. 미켈란젤로는 이들 장면을 모데나의 벽화에서 영향받았을 가능성이 있다. 모데나의 천사와 미켈란젤로의 천사의 손가락 모양이 비슷한 것이 이를 뒷받침한다. 작가들은 이처럼 무심코 지나치기 쉬운 디테일을 모방하는 경우가 흔히 있다.

미켈란젤로의 지옥으로 떨어지는 영혼들도 비록 직접적이지는 않지만 이 작가에게서 영감을 받았을 수 있다. 조반니 다 모데나의 〈최후의 심판〉에는 신성모독, 분열, 우상숭배, 마술, 이교도, 태만, 분노, 식탐, 오만, 질투, 색

욕 등의 죄를 지은 자들이 각각 무리를 지어 지옥에서 벌을 받고 있다. 미켈란젤로의 〈최후의 심판〉에도 지옥에 떨어지고 있는 영혼들이 등장하는데 모데나의 작품처럼 죄명을 구체적으로 보여주지는 않았으나 공포에 떠는 그로테스크한 모습 등 전반적인 분위기는 참조했을 가능성이 있다. 하지만 〈최후의 심판〉을 주제로 한 벽화는 모데나의 작품 외에도 피렌체의 대성당 부속 세례당의 천장에 12세기에 제작된 대형 모자이크가 있는가 하면, 산타마리아 노벨라 성당에도 같은 주제의 벽화가 있으며, 무엇보다도 파도바에 조토가 그린 〈최후의 심판〉이 있으니 미켈란젤로가 참고했을 작품들은 여러 곳에 있었을 것이다.

미켈란젤로의 작품에 가장 많은 영향을 미친 작품은 오르비에토 대성당의 정면 벽에 새겨져 있는 중세의 부조들이다. 공교롭게도 이들 작품의 주제 역시 '아담의 창조', '이브의 창조', '원죄', '에덴추방' 등 〈창세기〉와 〈최후의 심판〉[그림2]을 다루고 있다. 이들 부조를 보고 있노라면 미켈란젤로가 꽤 많은 아이디어를 얻었음직한 장면들이

다수 발견된다. 특히 천장화의 각 장면들과 인물들을 구획 안에 넣은 방식이 그렇다. 다만 두 작품은 얼핏 보기에는 너무나 달라서 전혀 상관이 없어 보일 뿐이다. 미켈란젤로는 자신이 영향을 받은 작품을 알아볼 수 없을 정도로 전혀 다르게 변모시킬 줄 알았는데, 그것이 바로 예술에 있어서 필요한 창조의 기술이다.

모방은 했을지언정 '나의 것'으로 승화시키다

오르비에토 대성당 내부에는 미켈란젤로가 보다 직접적으로 모방한 루카 시뇨렐리Luca Signorelli(1445~1523)의 벽화들이 있다. 시뇨렐리는 1499년에서 1502년 사이 오르비에토의 산 브리치오 예배당에 인류의 종말과 관련하여 〈안티 그리스도〉, 〈지옥〉[그림3], 〈죽은 영혼의 부활〉[그림4] 등을 주제로 '최후의 심판'을 그렸다. 시뇨렐리의 이 벽화는 15세기 최고의 걸작에 속하며 색채, 형태, 인체의 다양한 표현 등이 가히 환상적이라 할 수 있어서 미켈란젤로가 매료되기에 충분했을 것이다. 미켈란젤로는 시뇨렐리의 이곳 벽화로부터 〈최후의 심판〉에 등장하는 나팔 부는 천사, 주검에서 살아나는 영혼들, 거꾸로 떨어지는 다양한 인간 군상, 예언자들, 지옥의 사자 미노스, 죽음의 강의 뱃사공인 카론테 등을 탄생시켰다. 시뇨렐리의 강렬하

316

[그림3] 루카 시뇨렐리, 〈지옥〉, 1500~04, 오르비에토, 오르비에토 대성당

고 신선한 색채 또한 미켈란젤로의 혁신적인 색채 탄생에
영향을 미친 것으로 보인다. 미켈란젤로가 모방할 정도이
니 시뇨렐리의 작품은 대단한 수준임이 분명하다. 실제로
이들 작품을 감상하다 보면 그 놀라운 상상력과 표현력에
감동되어 자리를 뜰 수 없을 정도다.

　미켈란젤로는 모방에 대한 자신의 생각을 밝힌 적이 있

[그림4] 루카 시뇨렐리, 〈죽은 영혼의 부활〉, 1500∼04, 오르비에토 대성당

다. 고대조각을 능가한다고 떠들어대는 조각가를 어떻게 생각하느냐고 한 조각가가 묻자 이렇게 답했다. "남을 따라만 가는 자는 앞설 수 없고, 혼자 힘으로 작품을 훌륭하게 만들 수 없는 자는 다른 사람의 작품도 이용할 능력이 없다."

　미켈란젤로가 시뇨렐리를 모방했다고는 하지만 똑같이 그린 것은 하나도 없다. 미켈란젤로는 완전히 자기방식으로 바꾸었기 때문이다. 미켈란젤로는 이 같은 방식으로 맘에 드는 작품이 있으면 그것을 자신의 작품의 밑거름으로 썼다.

미켈란젤로가 직접 영향을 받은 작가는 조각가로는 도나텔로, 조반니 피사노 등이 있고 화가로는 조토, 마사초, 필리포 립피, 안드레아 만테냐, 루카 시뇨렐리, 피에로 델라 프란체스카 등이 있다. 그가 직접 모방한 작가라면 대단한 매력이 있었음이 분명하며 실제로 이들 작가들은 오늘날 미술사에서 르네상스 최고의 거장으로 평가받고 있다.

미켈란젤로의 기억력은 놀라워서 다른 사람의 작품을 한 번 보면 정확히 기억했다고 한다. 젊은 시절 화가 친구 몇 사람이 모여 담벼락의 그림을 가장 똑같이 본뜬 사람에게 저녁 사기 내기를 한 적이 있었는데 미켈란젤로는 이전에 한 번 본 기괴한 낙서를 똑같이 그려내어 동무들을 놀라게 했다고 한다. 미켈란젤로가 자신이 응용할 작품들을 직접 보고 스케치했는지 아니면 그의 천부적인 기억력에 의존했는지에 대해서는 그의 드로잉을 연구할 필요가 있다.

미켈란젤로를 영웅화한 바사리는 자신의 영웅이 누군가의 작품을 모방했다는 사실을 거의 언급하지 않았다. 다만 오르비에토 대성당에 있는 시뇨렐리의 프레스코 벽화에 대해서 "〈최후의 심판〉을 그릴 때 루카의 작품에서 천사, 악마, 하늘의 배치 등을 일부 모방했다"라고만 기술했다.

4부

철학과 사상

"그림은 머리로 그리는 것이지 손으로 그리는 것이 아니다"라는 말은 미켈란젤로가 쓴 편지의 한 구절이다. 작품을 판단하는 것은 손이 아니라 눈이라는 주장이다. 미켈란젤로에게 예술은 개인적인 것이지 보편적인 것이 아니었다. 이 점은 레오나르도 다빈치와도 다른 견해다. 작품이 작가의 눈, 다시 말해 그의 머릿속 생각에 의해 판단된다는 것, "진정한 아름다움은 자연에서 오는 것이 아니라 작가의 머릿속에서 나온다"는 것, 이것은 얼마나 명쾌한 정의인가.

종교란
무엇인가
?

종교란 '세속으로부터의 자유'를
위해 구해지는 것

종교란 '세속으로부터의 자유'를 위해 구해지는 것

—박성은

모든 종교의 궁극적인 목표는 인간의 행복 추구

종교의 기능은 '인간이란 무엇인가'라는 질문과 연결되어 있다. 서양사상사에서 인간존재에 대한 최초의 탐구는 고대 그리스로 거슬러 올라간다. 그들에 따르면 인간은 육체와 영혼을 가진 이원론적 존재로, 물질로 된 육체는 생로병사를 통해 죽어 지수화풍으로 소멸되어버리지만 영혼은 불사의 존재로 영원히 존재한다고 한다. 그러면 종교란 왜 필요한가? 무엇 때문에 인간은 종교를 찾고 왜 모든 인간사회에는 다양한 형태의 종교가 존재하는가? 이에 대한 사회학의 관점은, 모든 인간의 행동을 문제해결을 위한 행동으로 보는 것처럼 육체를 지닌 유한한 인간이 종교행위를 하는 것 역시 문제해결을 위한 노력으로볼 수 있다는 것이다.[1] 즉 종교의 기원을 인간이 태어나 죽을 때까지 살면서 느끼는 '불안심리'를 해결하고, 더 나아가 인간의 '소원성취'를 위해 자신을 도울 힘이 존재한다고 믿게 되는 것에서 찾는 것이다. 포이에르바흐가 말하고 있듯이 종교는 "인간 자신의 소원과 욕망과 이기주의를 투사해 객관화하고 대상화해서" 만들어낸 것이다.[2]

인류의 위대한 종교와 사상들은 모두 생로병사를 겪을 수밖에 없는 인간의 유한성과 상대성에 대해 지적한다. 이처럼 생로병사 속에서 발생하는 모든 인간적인 고통스러운 문제들을 해결하기 위해 인류의 위대한 종교들은 탄생했다. 인간은 이 세상에 물질적인 육체를 갖고 태어난다. 육체를 가진 우리 인간은 찰나와도 같은 인생을 살면서 병들고 늙어 죽어가는 변화를 겪는다. 이와 같은 생로병사와 함께 오감을 통해 끊임없이 거센 파도처럼 일어나는 생각과 감정에 휘둘리는 어리석음 속에서 찰나적인 인간의 삶은 지옥과도 같은 고통에 빠지게 된다. 불교와 함께 모든 인류가 만들어낸 종교는 이와 같은 점을 깊이 관조해 물질인 육체는 죽어 사라지지만 본질인 영혼은 사후세계에서 영원히 존재한다고 가르침으로써 인간에게 몸과 마음의 위안과 평화를 준다. 이것이 종교의 기본적인 기능으로 인간이 종교를 필요로 하는 이유다. 따라서 그 입장이 어떻든 현대의 인간은 이 세상에 태어나 살아가는 동안 그리고 사후세계를 위해 물질적이든 정신적인 문제이든 인생의 제반 문제들을 해결하기 위해 자신이 속한 문명의 토양에 맞는 종교가 필요한 것이다.

불교는 우리 인생을 고해苦海로 비유한다. 우리 인간은 태어나 고해라 불리는 이 세상에서 허우적거리다 아무런 의미도 없이 죽어간다. 예수그리스도가 황금률을, 석가가 자비를, 노자가 무위를, 공자가 양심을 설파해 인류를 이와 같은 고통에서 구하려 했지만 그로부터 2500년이란 시간이 흘러온 인류는 여전히 고해에 빠져 허우적거리고 있다. 왜일까? 우리는 현대의 물질만능주의 사회에서 삶의 의미를 잃고 우왕좌왕하며 살고 있다. 매일같이 매스컴을 통해 전해지는 사회면의 끔찍한 뉴스들은 이곳에서의 삶이 바로 지옥과 같은 삶임을 보여준다. 그러나 양심적인 사람들은 이와 같은 육체적 정신적 고통에서 벗어나 의미 있는 삶을 살고자 어떤 종류의 종교이든 자신에게 알맞은 종교에 귀의해 신앙을 갖거나 명상을 통해 마음을 수행함으로써 인간의 본래 진면목을 찾고자 한다.

오늘날 우리는 종교다원주의 시대에 살고 있다. 종교에 관한 서적들은 그 어느 학문분야의 책들보다도 많은 칸을 서점에서 차지하고 있다. 목사님, 스님, 신부님과 같은 교계의 지도자들과 대학에서 종교학을 전공하는 교수들은 종교란 무엇인가에 대한 설교와 법문 그리고 학문적인 이론을 화려하게 펼친다. 이 지구상에는 우리가 이루 다 헤아릴 수 없을 만큼의 다양한 종교가 그 종족의 수만큼 존재한다. 그러나 모든 종교는 근본적인 목적에서 볼 때 다 같다. 현세에서는 부귀영화와 장수를 누리는 행복한 삶을 빌고 사후세계를 위해서는 불교는 극락을, 기독교, 천주교, 이슬람교는 천국을 가게 해달라고 자신의 신들을 향해 빈다. 신에 대한 명칭이 다르고 추구하는 방법이 다를 뿐 모든 종교의 궁극적인 목표는 모두 인간의 행복 추구에 있다는 사실을 이해할 수 있다.

미켈란젤로의 종교관

그렇다면 신神 중심의 기독교에서 인간 중심의 기독교사회로 넘어가는 사회, 종교적으로 과도기적 시기인 15세기 후반에 태어나 1517년 독일 마르틴 루터의 종교개혁과 가톨릭교회의 반종교개혁(1545~1563)을 직접 지켜보며 16세기 중반까지 산 예술가 미켈란젤로의 종교관은 어떤 것이었을까? 그의 삶과 예술에 막대한 영향을 끼친 종교적 사건은 막 20대가 된 젊은 청년으로서 그가 피렌체에서 겪은 사보나롤라의 광적인 설교였다. 이것은 최초로 그의 종교적인 감수성에 커다란 영향을 끼쳤다. 극단적인 금욕주의자였던 도미니크교단의 사제 지롤라모 사보나롤라의 영적이며 광적인 설교는 1498년 피렌체 시민들 앞에서 그가 화형에 처해지기 전까지 4년에 걸쳐 지속되었다. 그는 영적인 설교를 통해 당시 성직매매를 일삼던 바티칸의 고위 성직자들의 타락과 사치와 허영심에 들떠 있는 피렌체 시민들의 죄를 일깨워 사람들을 두려움에 떨게 만들었다.

그러나 이와 같은 종교적인 체험을 늘 기억하며 육체적으로나 물질적으로는 겸손한 삶을 살아가던 예술가 미켈란젤로도 예술에 대한 긍지만큼은 노령의 나이에도 포기할 수 없었다. 예를 들면 1546년 그가 70세를 막 넘었을 때도 그는 여전히 젊은 패기를 갖고 이렇게 말하며 예술에 대한 자신만만함을 보이고 있다. "예술이 존속하는 한 예술은 세월을 초월하는 아름다움을 간직할 수 있다. (…) 그러므로 나는 예술을 더욱 완전하게 만들 것이다."[3]

하지만 위대한 예술가 미켈란젤로가 마지막 쓴 소네트는 신실한 기독교인인 그가 주님께 자신의 오만과 죄를 멸하고 불행한 영혼의 구원을 얻기 위해 참회하고 있음을 보여준다. 당대에 천재적인 예술가로 '신과도 같은' 그였지만 유한한 존재로서 한 인간에 불과했던 그에게 기독교라는 종교의 필요성은 자명했다. 이제 늙고 병들어 마치 어두운 폭풍우 속을 헤매는 것과 같은 자신의 지친 삶에서, 몰입하던 작품 제작에서 앞이 보이지 않을 때 기독교인 예술가 미켈란젤로는 소네트를 통해 신을 찾았다.

혼란스럽고 침울한 송장에서 벗어나, / 그리고 세속으로부터의 자유를 위해, 나는 당신을 찾습니다. / 내 경애하는 주님이시여, 지치고 위태로운 배 하나가 / 무서운 폭풍우로부터 평안의 세계로 나아가듯이.
당신의 가시 면류관과 당신의 손톱과 당신의 두 손바닥, / 그리고 당신의 너그럽고 소박하며 자비로운 얼굴을 통해, / 내 불행한 영혼에게 깊은 참회와 구제의 희망이라는 / 자비를 약속해주소서.
당신의 성스러운 눈이 저의 과거를 지켜봄에 / 옳고 그름만으로 판단하지 마시옵고, / 마찬가지로 당신의 청결한 귀도 그러하기를, / 그리고 당신의 근엄한 손길도 저의 과거를 꾸짖지 않기를 비옵니다.
당신의 피로써 저의 죄를 씻고 멸해주시며, / 제가 나이가 들수록, 당신의 피가 넘쳐흘러 / 항상 힘이 되고 완전한 용서를 얻도록 바라옵니다. (미켈란젤로의 마지막 소네트 중에서)[4]

〈성모와 요한이 함께한 십
자가의 예수〉[그림1]는 아름
다운 인간의 육체를 찬미하
고 때론 절망하던 미켈란젤
로의 소네트의 회화적 대응
이다. 종교는 미켈란젤로에
게 늙어가면서 혼란에 빠진
자신의 삶을 정화시키고 다
시 삶의 방향을 옳은 길로
인도해주는 어둠 속의 등불

[그림1] 미켈란젤로, 〈성모와 요한
이 함께한 십자가의 예수〉, 드로
잉, 소장처 불명

같은 역할을 하고 있는 것이다. 결국 우리 모든 인간은 현
실 속에서 일생을 통해 자아ego를 실현하면서 살다 문득
늙음과 병이 찾아와 죽음 앞에 서서 인간의 유한함을 느
낄 때 자신의 한계를 인식하고 절대적 존재인 신에게 도
움을 요청하게 되는 것 같다.

신플라톤주의 사상의 영향, 신과의 합일을 꿈꾸다

예술가 미켈란젤로는 근세 초 르네상스와 종교개혁, 그
리고 과학혁명이란 3대 혁명으로 일컬어지는 일대 변혁
을 겪던 격동의 시대 속에서 살며 작품을 제작했다. 16세
기 성기 르네상스시대는 특히 기독교가 인간 중심으로 세

속화의 길을 걸으며 인간이 이 세상 모든 가치의 중심에 서게 되는 시기였다. 따라서 미켈란젤로는 자신의 기독교 신앙과 자신을 열광케 한 고대 그리스로마의 이교도 미술 사이에서 많은 갈등과 혼란을 겪었다. 그러나 천재적인 조각가 미켈란젤로는 기독교라는 종교를 이교도의 자연주의 조각과 회화라는 도구를 통해 인류문화사상 가장 위대하고 아름다운 걸작들로 창조해냈다.

신에서 인간으로 세상의 가치 중심이 바뀌던 시대의 혼란 속에서 예술가 미켈란젤로가 자신의 생각을 예술로 표현해내는 데 그를 이끌고 간 사상적 원동력은 신플라톤주의Neo Platonism 사상이었다. 당시 피렌체 인문주의자들이 번역을 통해 '재생'시켜낸 신플라톤주의 사상은 고대후기 그리스철학자 플로티누스(204~270)가 플라톤의 이데아 이론을 재해석한 것으로 그는 이 세상을 마치 피라미드형의 계층이 존재하는 곳으로 보았다. 즉 삼각형 정상에는 빛인 일자가 자리하고 일자의 영혼을 분유하고 있는 이 세상 만물은 일자와 거리가 멀어질수록 빛이 흐려져 영혼이 결여된 무감각한 물질이 된다는 유출설을 주장했다. 또한 물질로서 인간의 육체는 피라미드의 가장 낮은 곳에 위치하나 영혼의 힘에 의해 가장 높은 곳에 있는 일자와 합일할 수 있다는 '영혼상승론'을 제기했다. 여기서

330

일자는 기독교의 절대자인 신神이 되었고, 맨 아래 계층에 속하는 물질인 육체에서 시작해 인간의 영혼은 낮은 계층에서 높은 계층으로의 여정을 거쳐 신과의 합일을 이룰수 있게 되었다[5]는 것이 신플라톤주의 철학과 신학으로부터 영향을 받은 인문주의자 마르실리오 피치노의 사상이었다. 1490년에서 1492년 사이 로렌초 데 메디치의 후원으로 메디치 저택에 머물렀던 미켈란젤로는 역시 로렌초의 후원을 받아 플라톤 아카데미를 창설한 마르실리오 피치노와 시인 안젤로 폴리치아노와 같은 인물들을 만날 수있는 행운을 얻었고 그때 그들로부터 배운 신플라톤주의사상과 이론은 일생동안 그의 대부분의 작품의 토대를 이루게 되었다. 종교적으로 혼란스럽던 시대에 살면서 천재적인 조각가 미켈란젤로는 기독교 미술의 이념을 이교도의 자연주의 조각이라는 도구를 통해 인류문화사상 가장진실하고 성스러운 작품으로 구현해낸 것이다.

조각가로서 미켈란젤로가 신플라톤주의 사상을 적용한 그의 종교성을 가장 잘 드러내주는 작품은 바로 바티칸 베드로대성당에 있는 〈피에타〉[그림2]이다. 후원자 자코포 갈리의 주선으로 바티칸에 체류하고 있던 프랑스 출신의 추기경 빌레르 드 라그롤라의 무덤을 위한 조각으로제작된 이 작품은 그가 조각가로서의 정체성을 미술계에

[그림2] 미켈란젤로, 〈피에타〉, 대리석, 1499~1500, 바티칸 산피에트로 대성당

[그림3] 〈피에타〉, 채색목조, 1330, 독일 본 란데스미술관

알리는 신호탄이 된 작품이었다. 필자는 개인적으로 이 작품에는 조각가 미켈란젤로의 어려서 저세상으로 떠난 어머니에 대한 그리움이 그 속에 표현되어 있다고 생각한다. 〈피에타〉에서 그의 어머니의 모습이 영원히 젊은 마리아의 얼굴을 통해 표현된 것이다. 성모의 가슴에 대각선으로 내려오는 띠에는 "피렌체인 미켈란젤로 부오나로티가 만듦"이라는 라틴어로 된 미켈란젤로 작품의 유일한 서명이 새겨져 있다.

피에타상은 중세 북유럽 특유의 도상으로 십자가에서 내려진 그리스도의 시신을 어머니 마리아가 무릎에 앉고 애도하는 장면이다. 십자가에서 내려진 죽은 예수그리스도를 둘러싸고 애통해하는 많은 인물이 등장하는 '애도 Lamentation'에서 독립된 도상으로 마리아와 죽은 예수그리스도만으로 구성된 피에타는 북유럽 독일에서 13세기에 탄생했다.[그림3] 우리는 여기서 일반적으로 성모상에서 갓 태어난 어린 아기예수를 가슴에 안고 어르며 미소를 보이던 젊은 어머니 마리아와 대조적으로 이제는 피를 흘리며 죽어 늘어져 있는 아들의 시신을 안고 절망적으로 애통해하는 마리아의 얼굴을 마주하게 된다.

양식적 관점에서 미켈란젤로의 베드로대성당의 〈피에타〉는 피렌체 산마르코 정원에서 고대 조각을 통해 조각의 진실을 탐구하던 청소년 미켈란젤로의 지난 10년간의 결실이었다. 중세시대 독일의 피에타상과 비교해볼 때 미켈란젤로의 〈피에타〉에서는 신플라톤주의 영향을 강하게 느낄 수 있다. 구성상 완벽한 삼각형 구도를 사용한 이 군상 조각은 자족적인 형태를 지닌 전성기 르네상스 미학의 정점에 서 있다. 자신의 무릎 위에 길게 늘어진 죽은 아들을 내려다보는 성모마리아의 얼굴에서 우리는 중세 북유럽에서 보이던 과장된 슬픔의 감정을 더 이상 볼 수 없으며, 여기에서는 오직 내면적인 세계로 침잠해 들어가듯 명상적인 느낌이 성모의 얼굴을 휘감고 있다. 대리석이라는 물질에 완벽한 형태의 조화와 균형을 통해 영원히 지속될 것만 같은 생명이 탄생된 것이다. 예술이란 무엇인가? 예술이란 다시 한 번 예술가의 생각 즉 이념을 감각적인 물질로 구현시키는 것이라는 사실을 뼛속 깊이 느끼게 해주는 순간이다. 우리가 여기서 만난 마리아의 얼굴은 명상적으로, 조반니 파피니가 잘 표현하고 있듯이 "고요하고 빛나는 장엄에 휩싸여 있다. 마치 우주 한복판에서 초자연적인 고독 속에 자리 잡은 듯하다."[6] 그리고 미켈란젤로가 아름다움에 대해 신플라톤주의 철학의 영향을 얼마나 많이 받았는지 느끼게 된다. 성모마리아의 얼굴이 역사적 사실에 비해 너무 젊어 보이지 않느냐는 사람들의 질문에 그는 이렇게 대답했다. "순결을 간직한 여성은 순결을 잃은 여성보다 젊다는 걸 모르는가? 하물며 음란한 욕망을 전혀 가져본 적 없는 동정녀라면 몸이 달라지지 않지."[7]

"성스러운 사랑을 향해 발길을 돌린" 미켈란젤로

자신의 육체적인 삶에 대해서는 무관심하고 질박한 삶을 살았지만 예술가로서 미켈란젤로는 아름다운 육체에 대한 무한한 애정을 보였다. 그리고 사회적으로는 고독하고 내성적이며 비사교적인 삶을 살았지만 영적으로는 어떤 예술가도 따를 수 없을 만큼 무서운 집중력을 보이며 작업에 임하는 종교적인 인간 유형에 속했다. 마치 작품제작 중에 신과 합일을 느낀 듯한 미켈란젤로의 영靈적 모습이 피에타로 불리는 여러 조각 작품들 곳곳에서 드러나고 있는 것이 그 증거다. 현재 밀라노의 스포르체스코 성에 보관되어 있는 〈론다니니의 피에타〉[그림4]는 미켈란젤로가 죽기 직전까지 작업한 최후의 조각품으로 알려져 있는데 로마의 론다니니궁이 소장하고 있었기 때문에 붙여진 작품명이다.

미켈란젤로는 좌상인 바티칸의 〈피에타〉와 함께 〈피렌체 피에타〉, 〈론다니니의 피에타〉라는 입상의 피에타 두

[그림4] 미켈란젤로, 〈론다니니의 피에타〉, 대리석, 1564, 이탈리아 밀라노 카스텔로 스포르체스코

개를 남기고 있다. 바사리에 따르면 〈론다니니의 피에타〉는 미켈란젤로가 89세 나이로 죽기 5일 전까지 매달렸던 작품이다. 90세 가까운 노령으로 죽음 직전까지 끌과 망치를 들고 대리석을 깎아내던 예술가로서 조각에 대한 그의 집념을 느끼게 해준다. 〈론다니니의 피에타〉에서 미켈란젤로는 어머니 마리아가 뒤에 서서 십자가에서 내려져 힘없이 늘어져 있는 아들 예수의 어깨를 감싸안으며 끌어안고 있는 형태로 표현하고 있는데, 그것은 마치 아들의 등에 업혀 아들을 따라 천국으로 올라가는 마리아의 육신을 표현한 듯 어머니 마리아가 예수의 등에 업힌 듯이 보이는 반전의 효과를 보이고 있다.

또한 형식적인 관점에서 초창기 작품으로 미켈란젤로에게 조각가로서 명성을 얻게 한 바티칸의 〈피에타〉와 비교해볼 때 이 입상의 피에타는 마치 두 인물의 인체를 길게 잡아늘인 듯 형태의 변형deformation을 보여주고 있다. 이와 같은 형태의 변형은 현대 조각가들이 인체조각에서 자주 사용하는 기법으로 미술사학자들은 이 작품을 미켈란젤로 최고의 걸작으로 평가하기도 한다. 그러나 무엇보다 미완성작품으로서 두 인물의 상반신을 관찰해보면 굵고 거친 끌 자국들이 만들어내는 조각의 표면 효과에서 미켈란젤로가 자신의 죽음과 예수의 죽음을 영적으로 오

[그림5] 그림4의 세부, 예수 그리스도와 성모의 미완성 얼굴

버럽시키고 있음을 느낄 수 있다. 마치 예수의 늘어진 육체에서 빠져나가는 영혼을 느끼는 듯 끌과 망치를 들고 미켈란젤로는 자신에게 다가오고 있는 죽음을 조각해내고 있는 것이다.[그림5]

원기왕성하던 청장년 시절 신성한 도구로 여겼던 예술

조차 헛된 집착에 불과하다고 느끼게 된 늙은 예술가 미켈란젤로는 이제 생의 마지막 조각작품에서 죽은 어머니에 대한 기억과 그리움을 담았다. 그가 의도했건 의도하지 않았건 숨진 아들을 뒤에서 안타깝게 끌어안고 있는 어머니 마리아의 모습과 예수그리스도의 힘없이 늘어져 있는 몸의 표현에서 그것이 드러나는바 그것은 한 여성과 남성이 죽음과 같은 고통으로 하나가 되어버린 영적인 몸이다. 여기서 미켈란젤로가 한창 젊은 나이였던 25세에 제작한 로마의 〈피에타〉에서 느껴지던 이상화된 젊은 어머니의 단아한 모습을 우리는 찾아볼 수 없다. 언제나 아기와 다른 곳을 바라보던 어머니의 시선도 이제 아들과 같은 곳을 바라본다. 노령으로 당대 미술계에서 부와 권위와 영광을 모두 누린 예술가 미켈란젤로가 생의 마지막 순간에 신과의 합일을 원했던 만큼 자신과 어린 시절 자신을 홀로 남겨놓고 저세상으로 떠난 어머니와의 합일을 원했던 것은 아닐까?

〈론다니니의 피에타〉 제작에 들어갈 무렵 친구들의 연이은 죽음과 나빠진 건강 상태로 미켈란젤로는 삶에 대해 깊은 허망함을 느끼기 시작했고 이와 같은 그의 피곤한 영혼의 상태는 종교에 의존하고자 하는 모든 인간의 일반적인 심리를 느끼게 한다. 이와 같은 신앙심은 그의 또 다른 소네트에 고스란히 드러나고 있다.

이제 나는 깨달았네, 그 많은 실수들이 / 애정을 다한 환
상이었음을 / 그로 인해 미술은 나에게 우상이자 군주가
되었네. (…)
그림이나 조각은 이제 더 이상 / 내 영혼을 달래지 못하
고, 저 성스러운 사랑을 향해 발길을 돌리네. / 십자가에서
우리를 품에 안으려고 팔을 벌리고 있는 저 사랑.[8]

신앙이란
무엇인가
?

신앙이란
신의 뜻을 따르는 것이다

신앙이란
신의 뜻을 따르는 것이다

—고종희

성인들과 닮은 미켈란젤로의 삶

교회는 성인聖人을 모시고 공경하는 전통이 있는데 이들에게는 몇 가지 공통점이 있다.

> 이웃을 내 몸처럼 사랑했다.
> 재산을 가난한 이에게 나누어주었는가 하면,
> 음식을 거의 섭취하지 않았고,
> 평생 옷 몇 벌로 지냈으며,
> 신을 위해 하나뿐인 목숨을 바쳤다.
> 마지막으로 고통은 거의 모든 성인들의 전매특허였다.[9]

이는 그리스도 교회뿐만 아니라 종교를 불문한 거의 모든 성현들에게서도 볼 수 있는 특징일 것이다. 결국 성현이란 세상의 영화와 욕망을 버리고 진리의 길을 간 사람들이다. 미켈란젤로의 삶을 보면 상당부분 성인들의 삶과 닮아 있음을 느끼게 된다. 다음은 콘디비가 쓴 미켈란젤로 전기의 마지막 부분이다.

그는 인체의 아름다움뿐만 아니라 우주의 모든 아름다운 것들을 사랑했다. 아름다운 말, 아름다운 개, 아름다운 물고기, 아름다운 식물, 아름다운 산, 아름다운 광야. 그리고 그것을 찬미했다. 그는 자연의 아름다움을 찬미하기를 벌이 꽃에서 꿀을 따듯이 했다. 그리고 그것을 자신의 작품에 그려냈으며 그의 작품을 본 사람들로 하여금 탄성을 지르게 했다.

그는 공원에서 지내는 시간이 많았고, 필요한 음식을 섭취했을 뿐 식탐하지 않았다. 특히 일을 할 때는 빵 한 조각으로 만족했으며, 일하면서 먹었다. 나는 그가 이렇게 말하는 것을 여러 번 들었다.

"아스카니오, 나는 부자였지만 항상 가난한 사람처럼 살았다네."

그는 소식했으므로 식곤증에 빠지는 일이 없었으며, 잠을 자면 고통을 느꼈다. 잠을 많이 자면 위까지 아파했다. 그는 장화를 신고 잤으며 이로 인해 자주 쥐가 났고 그것 때문에 고통스러워했다. 때로는 장화를 벗으면 살이 묻어나와 비명을 질렀다. 돈에 인색하지 않았고, 돈을 축적하려 하지도 않았다. 그에게는 정직하게 살 정도의 돈이면 충분했다. 그는 자신의 많은 것들을 기부했으며, 필요하면 팔기도 했다. 돈이 많은 척을 하지도 않았다. 그는 지갑을 열어 돈이 필요한 가난한 사람, 학자, 문학가, 화가들을 도왔다. 그는 나에게도 그것을 베풀었기 때문에 나는 증언할 수 있다.

그는 모든 사람을 좋게 말했지만 라파엘로만은 예외였다. 라파엘로는 자연이 아니라 학습에 의지했다고 말한 바 있다. 사람들은 그가 가르치는 것을 좋아하지 않았다고 하지만 그것은 사실이 아니다. 그는 나에게 예술의 모든 비밀을 공개했다. 그는 늘 예술이 천민이 하는 일이 아니라 귀족이 하는 일임을 지켜내고자 노력했다.

그는 엄청난 작품들을 만들었지만 자신이 모욕을 당하지 않는 한, 그리고 불공정한 판단을 받지 않는 한 늘 겸손하여 자신을 낮췄다. 모욕을 받을 경우 용감하게 맞섰지만 그렇지 않은 경우에는 늘 인내심이 많았다. 그의 검소함에 대해서는 아무리 강조해도 지나치지 않을 정도다. (콘디비, 151~156 요약)

우주의 이치를 깨달은 자는 인간은 물론 작은 벌레, 풀 한 포기, 별, 달, 태양 등 생물과 무생물, 우주만물을 사랑한다. 공자, 부처, 마호메트도 그러했을 것이다. 미켈란젤로 역시 신의 창조물인 인간과 자연, 우주를 사랑했다.

미켈란젤로는 음식을 절제했고, 부유했으나 소박하게 살았으며, 만인의 칭송을 받았으나 겸손했다. 당대 최고의 통치자들 앞에서 자신의 뜻을 굽히지 않고 할 말을 했을지언정 아랫사람들에게 거드름을 피웠다는 기록은 찾아볼 수 없다. 재산을 관리했고, 저택을 몇 채 구입했으며, 동생들에게 가게를 몇 차례 사줄 정도로 돈도 많이 벌었으나, 그 돈으로 가족을 부양하고 어려운 사람들을 도왔지 그 자신이 호의호식했다는 기록은 없다. 그는 검소한 옷을 입고 소박한 식사를 했으니 일상생활은 빈자와 다를 바 없었다.

그리스도인 중에는 스스로를 제물로 바치는 사람들이 있는데 목숨을 바쳐 순교하는 경우와 평생을 하느님께 봉헌하는 경우가 있다. 미켈란젤로는 후자에 속할 것이다. 그가 남긴 작품들은 대부분이 종교미술이다. 르네상스 3대 거장이라 불리는 다빈치와 라파엘로도 종교미술을 많이 제작했으나 초상화로 명성을 쌓은 반면 미켈란젤로는 초상화는 그리지 않았다. 그의 예술과 정신은 자연을 모방하는 단계를 넘어 그것을 초월하고 있었기에 초상화를 그리는 일은 적어도 그에게는 가치 있는 일이 되지 못했다. 대신에 그는 온몸을 바쳐 시스티나 소성당의 천장화와 벽화를 그렸다. 그 높고 넓은 천장에 올라가 무려 4년 동안이나 혼자서 그토록 정교한 그림을 그린다는 것이 인간으로서 가능한 일인가? 또한 60이 넘은 노구를 이끌고 그 높고 넓은 시스티나 벽면을 400명 이상의 인체로 가득 채운다는 것이 가능한 일인가?

신의 뜻을 따르면서 창조의 힘을 얻은 미켈란젤로

그는 어떻게 고통을 이겨낼 수 있었을까? 미켈란젤로는 작업의 고통 속에서 하느님을 만났고, 자신의 일을 신이 내린 임무로 생각했던 것 같다. 성인들은 보통사람이 보기에는 고통스러운 삶을 사는 것 같지만 정작 그들 자신은 고통 속에서도 속세에서는 느낄 수 없는 천상의 행복을 미리 맛보고 있는지 모른다.

의인들의 영혼은 하느님의 손안에 있어 어떠한 고통도 겪지 않을 것이다.
어리석은 자들의 눈에는 의인들이 죽은 것처럼 보이고 그들의 말로가 고난으로 생각되며 우리에게서 떠나는 것이 파멸로 여겨지지만 그들은 평화를 누리고 있다.

하느님께서는 용광로 속의 금처럼 그들을 시험하시고 번제물처럼 그들을 받아들이셨다.

그분께서 그들을 찾아오실 때에 그들은 빛을 내고 그루터기들만 남은 밭의 불꽃처럼 퍼져나갈 것이다.

주님을 신뢰하는 이들은 진리를 깨닫고 그분을 믿는 이들은 그분과 함께 사랑 속에 살 것이다.

은총과 자비가 주님의 거룩한 이들에게 주어지고 그분께서는 선택하신 이들을 돌보시기 때문이다.[10]

육신의 고통이 극단적일지라도 영혼은 하느님과 만나는 기쁨을 누릴 수 있다고 말한다. 미켈란젤로가 어떻게 하느님과 만났는지는 알 수 없지만 그는 시나 편지에서 "내 안에 있는 신"이라는 표현을 자주 했다. 시스티나 천장화를 마치고 쓴 시에서는 다음과 같이 노래하고 있다.

신께서 사후에 우리의 육신을 영혼으로 돌려보내고, 평화 속에 있게 하든가 혹은 영원히 살게 할 것이라면, 만일 내 모양이 아무리 추할지라도 나의 육체를 세상에서와 똑같이 천국의 당신 옆에 있게 해주시기를 애원합니다.

미켈란젤로는 죽음 이후의 영원한 삶을 믿었다. 신앙인으로서 가장 큰 행복은 신과의 만남일 것이다. 그리스도교는 예수그리스도의 죽음과 부활을 통해 구원과 영원한 생명을 얻을 것을 믿는다. 신이 인간에게 영원한 생명을 약속했다면 그것은 신의 현존이 전제되어야 한다. 보지 않고도 믿는 자는 복되다 했지만 아무도 신을 본 사람이 없으니 신을 체험했다는 사람들의 이야기는 신의 현존을 깨닫는 데 도움이 될 것이다.

미켈란젤로가 〈최후의 심판〉 '지옥' 부분에서 참조한 단테의 『신곡』을 읽다 보면 이 책이 작가의 상상력과 지식에 의한 문학작품이라는 사실을 부인할 수는 없지만 그에 그치지 않고 실제로 단테가 저승체험을 했을 것이라고 추정되는 구절들이 다수 등장한다. 이에 대한 논의를 여기서 할 수는 없지만 관심을 가지고 연구할 가치가 있다고 생각한다. 분명한 사실은 단테의 『신곡』은 인류의 가장 위대한 문학작품에 속하며, 단테가 정치인으로서의 명예와 권력을 상실하고 망명생활을 하며 세상을 떠돌아다녀야 했던 고통과 위기의 시기에 쓰였다는 사실이다.[11] 단테에게 인간적인 실패와 고통이 다른 한편으로는 그로 하여금 불후의 명작을 탄생시키게 한 신의 은총이었다고 볼 수 있는 것이다.

프란치스코 성인과 오상의 비오 성인은 그리스도와 똑같은 오상五傷, 다시 말해 두 손과 두 발과 옆구리의 상처를 받았다. 프란치스코 성인(1182~1226)은 죽기 2년 전에 오상을 받았고, 비오 성인(1887~1968)은 오상을 받고 피가 흐르는 상태로 40년을 살았다. 프란치스코 성인에 관해서는 성인과 동시대 사람인 토마소 첼라노Tommaso Cellano(1185~1260)라는 제자가 쓴 전기가 있어서 그가 행한 많은 기적들이 전해지지만 800년 전의 인물이니 오상 여부에 대해 의심할 수도 있다. 하지만 비오 성인은 20세기 인물이니 이를 입증하는 수많은 사진과 자료들이 있기에 의심의 여지가 없다. 이 같은 초현실적인 현상에 대해 신의 현존 말고 무엇으로 설명할 수 있을까?

나는 미켈란젤로가 그의 창조 작업을 통해 신과 만났다고 생각한다. 그토록 거부했던 시스티나 소성당의 천장화와 벽화를 결국 맡게 된 것도 신의 뜻이었다고 생각하며 그의 삶, 그의 작품들은 신앙을 생각하지 않고는 불가능한 것들이라 생각한다. 신과의 만남에서 오는 행복은 인간적인 행복과는 전혀 다른 차원의 것인즉, 그래서 미켈란젤로의 삶이 사람들의 눈에는 고통으로 보일지라도 실제로 본인은 그 안에서 남모를 기쁨을 누렸을 것이다.

신이란
무엇인가
?

믿음으로 말미암아
인류의 걸작은 탄생하나니

믿음으로 말미암아
인류의 걸작은 탄생하나니

—박성은

신은 형상화될 수 있는가

서양미술사에서 신神의 모습이 어떻게 변화해왔는지를 살펴보는 일은 매우 흥미로운 문제다. 그것은 우선 초대교회를 통해 신은 형상적 존재인가 비형상적 존재인가에 대한 문제를 놓고 이교도들과 논쟁하던 신학자들에게서 매우 중요한 일이었다. 물론 신학적 의견에 따라 그림을 그려야 했던 기독교 미술을 담당하던 화가들에게도 신을 형상화하는 일은 더욱 어렵고 민감한 문제였다. 그렇다면 초대교회에서 신의 형상화는 가능했던가? 이에 대한 대답은 한마디로 "불가능하다"였다. 왜냐하면 기독교의 하나님은 시공을 초월한 절대적 존재이기 때문에. 그러나 서양미술사를 통해 살펴보면 하나님의 형상은 수없이 많이 남아 있다. 어떻게 이와 같은 일이 가능했을까?

352

교회사에서 신에 대한 재현은 언제부터 가능했는가? 그 재현이 가능했다면 어떤 모습으로 재현되었는가에 대해 잠시 살펴보자. 우리는 이제 글로벌시대를 살며 상황이 되어 원하기만 하면 언제나 지구 저편에 있는 유럽으로 날아가 유명한 성당들의 천장과 벽에 프레스코기법이나 모자이크기법으로 재현된 다양한 하나님의 모습을 만나볼 수 있다. 특히 서구교회가 중세와 르네상스시대를 통해 남겨놓은 수많은 하나님의 모습을 재현한 걸작들은 서구 인류가 비가시적인 하나님의 모습을 어떻게 재현해낼 수 있었는지를 보여주고 있어 인간의 예술적 상상력의 위대함에 깊은 감동을 느끼게 된다.

유대교의 영향을 받은 초대기독교에서는 구약성경의 십계명에 그 근거를 두어 하나님의 형상화를 금지했다. 그러나 초기기독교 이후 근세까지 서양미술사에서 이미지의 사용과 함께 다양하게 표현되어온 하나님의 모습을 우리는 확인할 수 있다. 때로는 찬란한 오색구름 속에 나타나는 '신의 손'으로, 때로는 검은 수염이 난 중장년의 모습으로, 그리고 결국에는 하얀 수염이 달린 건장한 족장시대의 할아버지와 같은 모습으로…. 사실 초대기독교가 탄생하던 시기, 고대 유럽 세계에서 이미지는 장식적인 기능과 함께 조형언어로서 인간의 생각과 감정을 전달하는 아주 중요한 역할을 담당하고 있었다.[12] 따라서 신의 형상화에 대한 강한 거부감을 보였던 초대교회와 교부들도 당시 로마제국에서 사용되고 있던 메시지 전달이란 언어적 수단으로서 이미지의 기능에 대한 깊은 관심을 보이고 있었다. 초대교회는 조심스럽게 이교도들이 사용하던 기호와 상징을 받아들여 조금씩 변형시키거나 아예 그 의미를 기독교식으로 바꾸어 교회 내부와 순교자들의 묘실을 모자이크나 프레스코화 기법으로 장식하곤 했다.

초대교회는 우상숭배의 위험을 이유로 입체적인 조각의 사용을 금지시켰으나 위험이 거의 없는 평면적인 회화 이미지는 사용을 허용했다. 6세기 초, 대그레고리 교황은 마르세유 주교에게 보내는 서신에서 글을 읽을 수 없는 문맹자들을 위해 이미지의 사용을 허락했으며 회화 이미지의 교육적인 기능을 강조했다. 그것은 기호로서 그림 또는 도상이 갖는 언어적인 기능에 기초하고 있다.[13] 대상과의 유사성에 기초하고 있는 기호로서 도상이 언어 기능을 할 수 있음은 초기기독교 교회에서 이미 확인되었다. 중세 천년 동안 서양미술사에서 완전하게 사라졌던 조각(평면적인 부조는 사용이 허락되었으나 삼차원적인 환조는 우상숭배를 이유로 사용이 금지되었다)이 다시 서양미술사에 재등장하게 되는 것은 기독교가 인간 중심으로 바뀌어가던

15세기를 기다려야 한다. 이처럼 회화와 부조relief 이미지는 공적 예배 맥락에서 초대교회에서부터 이미 사용되기 시작했는데, 특히 11세기부터 묵상과 기도의 보조로 사용되기 시작해 15, 16세기에는 그 기능이 절정에 달했다.

13세기 이탈리아에서는 개인 신심을 자극하기 위해 성 프란체스코 수도회와 도미니코 수도회가 이미지 사용을 적극적으로 후원했다. 이제 그림은 기독교인들의 묵상을 위한 하나의 보조로서 공식적으로 인정되었던 것이다.[14] 특히 15세기는 시민계급의 부상과 평신도 신심의 성장으로 알프스 이남의 이탈리아와 이북의 오늘날 벨기에에 해당하는 플랑드르에서 제단화alterpiece가 크게 발달했다. 즉 부유한 상인들이 자기 가문의 예배당을 교회 안에 사들인 후 제단을 꾸미기 위해 제단화의 수요가 크게 늘었던 것이다. 물론 제단화의 주제로는 대부분 자신들의 영혼의 구원을 빌어줄 수 있는 성모자상이나 최후의 심판과 같은 도상들이 크게 유행했다. 기독교 미술사에서 회화 이미지의 교육적 기능을 간과한 또 다른 중요한 예는 1517년 마르틴 루터의 종교개혁과 개신교의 공격을 받은 가톨릭교회가 내부 정화와 신자들의 신앙적 교육을 위해 18년에 걸쳐 열린 트렌트공의회(1545~1563)에서 미술을 적극적으로 활용할 것을 결정한 데서도 확인된다.

예술을 분류할 때 인간의 감각기관을 토대로 음악을 청각예술, 미술을 시각예술이라 부른다. 또한 시간과 공간을 기초로 할 때 음악을 시간예술, 미술을 공간예술이라고 부른다. 그리고 형태를 만든다는 의미로 미술을 조형예술이라 부른다. 따라서 시각예술, 공간예술 그리고 조형예술로서 미술은 가톨릭교회에서 신자들의 신심 자극을 위해 적극적인 교육의 목적으로 사용되어왔다는 사실을 현대의 우리는 이해하고 당대 작품을 대해야 한다. 오늘날 전 세계 인류가 감동하는 시스티나 예배당의 〈천지창조〉역시 교황의 개인 신심을 위한 회화 이미지였음을 인식할 필요가 있다. 그 후에 그곳에 표현된 미켈란젤로의 천재적인 예술적 측면을 살펴보는 것이 순서가 될 것이다. 그런데 미켈란젤로의 〈천지창조〉에 나타난 신에 대한 혁신적인 사고를 만나기 전에 우선 16세기 이전 전통 기독교 사회에서 하나님을 어떻게 형상화했는지 먼저 살펴보자.

'신의 손'에서 '인간의 모습'으로 형상화된 하나님

신학에서 많은 논쟁거리가 되는 것으로 비가시적인 하나님을 형상화하는 작업은 6세기에 구름 속의 '신의 손'으로 처음 등장했다. 이탈리아 아드리아해海를 향한 항구도시 라벤나의 산비탈레San Vitale 성당 벽에 모자이크화로 표현

[그림1] 〈이삭의 희생〉, 마므레 상수리나무 밑의 아브라함과 세 명의 천사, 모자이크화, 547, 이탈리아 라벤나 산비탈레 성당

된 〈이삭의 희생〉[그림1]에서 우리는 하나님의 손이 오색 찬란한 구름을 뚫고 나타나는 것을 볼 수 있다. 6~7세기 '신의 손'으로 표현되던 하나님의 형상은 12세기 로마네스크 양식기에 '중년의 검은 수염이 난 남성의 모습'으로 변화했다. 이탈리아의 시칠리아 몬레알 대성당의 〈아담의 창조〉[그림2]에서 우리는 셈족의 짧고 검은 수염이 난 중년의 하나님이 아담의 코에 숨을 불어넣는 모습과 처음으로 만나게 된다. 이는 동지중해를 중심으로 한 비잔틴 미술 이미지의 영향으로 도식적이지만 서구유럽에서 인간의 모습으로 표현된 최초의 신의 모습이다. 신의 형상화 작업은 13세기 알프스 이북 지역인 프랑스에서도 동시

[그림2] 〈아담의 창조〉, 모자이크화, 1147~1200, 시칠리아 몬레알 대성당(좌)
[그림3] 〈아담과 이브의 창조〉, 스테인드글라스, 13세기, 샤르트르 대성당(우)

에 진행되었다. 예를 들면 프랑스 4대 고딕양식으로 유명한 샤르트르 대성당의 색유리로 제작된 〈아담과 이브의 창조〉[그림3]에서 우리는 시칠리아에서와 같은 그러나 금발 머리를 한 유럽식 하나님을 확인할 수 있다. 일반적으로는 서양역사에서 기독교의 세속화가 15세기로 알려져 있지만 12~13세기에 기독교의 인간화는 이미 시작되고 있음을 알 수 있는 장면이다.

세 번째 단계는 긴 수염이 날리는 '할아버지 모습'으로 형상화된 하나님이다. 마치 고대 유대의 족장들처럼 긴 수염을 가진 노인의 모습으로 표현된 신의 모습이 서양미술사에 나타난 것은 15세기 초였다. 이탈리아 조각가 야

358

[그림4] 야코포 델라 퀘르치아, 〈아담의 창조〉, 1425~39, 이탈리아 볼로냐 산페트로니오 성당(좌)
[그림5] 랭브르형제, 〈원죄〉, 『베리 공작의 매우 호화로운 기도서』 필사본 삽화, 15세기 초, 프랑스 콩테박물관(우)

코포 델라 퀘르치아가 볼로냐의 산페트로니오 대성당 정면 중앙 문에 부조로 조각한 〈아담의 창조〉[그림4]가 그것이다. 물론 같은 시기 알프스 이북의 프랑스 궁정의 필사본 삽화가였던 랭브르 형제Limburg brothers가 베리Berry 공작을 위해 제작한 『베리 공작의 매우 호화로운 기도서』[그림5]에도 같은 유형의 하나님이 등장해 15세기의 이와 같은 현상은 서구교회에서 보편적이었던 것으로 보인다.

조각가 미켈란젤로에게 영향을 준 것으로 추측되는 야코포 델라 퀘르치아의 〈아담의 창조〉를 살펴보면 선악과나무를 배경으로 바위 위에 앉아 상체를 일으킨 건장한 젊은이에게 굵은 주름이 잡힌 망토를 입고 긴 수염을 한 노인이 선 자세로 손을 들어 축복의 자세를 취하고 있다. 삼위일체를 상징하는 삼각형 광배를 머리에 쓴 것으로 보아 이 노인은 아담을 창조한 하나님이다. 이와 같은 '수염 달린 하나님' 유형은 피렌체 조각가 기베르티가 1425~52년 사이 27년간 피렌체의 청동 문에 부조로 조각한 〈아담의 창조〉에서도 발견된다. 하나님은 한 손으로는 축복의 자세를, 또 다른 한 손으로는 아직은 무기력하게 늘어져 있는 아담을 손잡아 일으켜주시는 인간적인 모습을 보여주고 있다. 당시 기독교의 세속화가 어느 정도인지 가늠할 수 있는 장면이다.

1508년 화가 미켈란젤로는 인문주의자 교황 율리우스 2세의 명령으로 바티칸 교황청 시스티나 예배당 천장에 〈천지창조〉(1장 [그림8] 참조)를 제작했다. 프레스코기법으로 제작된 이 작품은 종교, 사회적 관점에서 미켈란젤로가 당시 인간과 함께 신神에 대해 어떤 생각을 가졌었는지를 확인해볼 수 있는 중요한 단서가 된다.

전체 구성이 아홉 장면으로 된 〈천지창조〉에서 '빛을 어둠에서 분리', '해와 달과 초목의 창조', '물에서 물을 분리', 그리고 '아담의 창조'와 '하와의 창조' 등 다섯 장면에 하나님이 등장한다. 여기 등장하는 하나님은 한마디로 위대한 인간의 모습을 띠고 있다. 그러나 시공에 얽매어 있는 유한한 존재인 인간과 달리 신은 시공을 초월한 절대

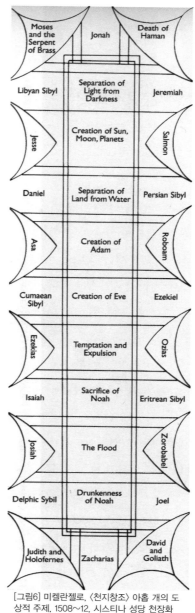

[그림6] 미켈란젤로, 〈천지창조〉 아홉 개의 도
상적 주제, 1508~12, 시스티나 성당 천장화

[그림7] 미켈란젤로, 〈해와 달을 창조하는 하나님〉, 프레스코화, 1508~12, 시스티나 성당 천장화(좌)
[그림8] 미켈란젤로, 〈아담을 창조하는 하나님〉, 프레스코화, 1508~12, 시스티나 성당 천장화(우)

적인 존재자로서 하얀 수염을 휘날리며 공중을 날아 우주 만물과 인간을 창조하는 모습을 보여준다. 이와 같은 하나님은 회화사상 그 유례를 찾아볼 수 없는 역동적이며 가부장적인 시대의 인간적인 모습이다.[그림 7, 8]

여기서 우리는 잠시 어쩌면 '하나님께서 자기 형상대로 사람을 창조했다'는 것을 거꾸로 뒤집어서 "사람이 자기 마음의 소원을 성취시켜줄 하나님을 사람의 형상대로 창조한 것"이 신의 모습이라는 언급을 한 포이에르바흐의 생각이 옳은 것은 아닐지 생각하게 된다.

권위적인 족장시대의 인물처럼 긴 수염을 한 하나님을 우리는 이미 15세기 조각가 퀘르치아의 작품에서 보았다. 그러나 퀘르치아의 하나님이 수직의 자세로 땅 위에 서 있는 정적인 하나님이었다면 공중을 날며 인간의 조상 아담을 창조하시는 미켈란젤로의 하나님은 휘몰아치는 폭풍을 몰고 오듯 역동적이며 참으로 인간적인 모습을 하고 있다. 회화적 관점에서 공중을 날아다니며 우주 만물과 인간을 창조하시는 하나님의 모습에서 우리는 화가가 얼마나 사실적인 인체 표현에 필요한 단축법forshortening에 통달하고 있었는지를 느끼며 감동하게 된다. 모든 시대에 걸쳐 미술 비평가들과 관객으로부터 찬사를 받아온 걸작으로서 〈천지창조〉는 기독교가 신 중심 사회에서 인간 중심 사회로 넘어오는 과도기적인 시기에 제작된 것으로 신에 대한 당시 사회와 교회의 입장을 충분히 반영하고 있다. 레오나르도 다빈치, 라파엘로와 함께 16세기 전성기 르네상스미술을 대표하는 천재적인 예술가로 불리는 미켈란젤로는 여기서 새로운 하나님의 유형을 창조해냄으로써 서양회화사에 한 획을 그은 것이다.

예술은 신에 대한 믿음을 전달하는 가장 강력한 도구

신학교 교수로 있던 마르틴 루터는 로마서의 한 구절을 읽고 1517년 종교개혁을 일으키게 되었다고 한다. 루터에게 종교개혁의 동기를 부여한 그 유명한 구절은 '칭의의 복음서'로 불리는 로마서 1장 17절 구절이다.

복음에는 하나님의 의가 나타나서 믿음으로 믿음에 이르

게 하나니 기록된바 오직 의인은 믿음으로 말미암아 살리
라. (롬 1:17)

　　종교개혁이 일어나기 전 16세기 유럽사회에서 가톨릭
교회는 인간의 행위와 공로를 강조하고 행위로 말미암아
구원을 얻는다고 가르치고 있었다. 자선과 면죄부 판매는
죄인인 인간이 구원을 받기 위한 최선의 방법이었다. 그
러나 마르틴 루터는 이와 같은 로마가톨릭의 교리를 부정
하고 오직 하나님에 대한 믿음으로 말미암아 의롭게 된다
고 역설했다. 종교개혁 과정에서 로마가톨릭은 1545년에
서 1563년까지 18년간에 걸쳐 트렌트공의회를 열어 개신
교 공격에 방어하기 위해 부패한 교회 내부의 정화와 일
부 교리를 강화하는 노력을 기울였다.

　　그러나 이와 같은 교회사에서 신학적인 논쟁은 존재론
적 관점에서 신의 존재를 인정한 후에야 가능하다. 종교
의 비합리성과 그것이 인간사회에 끼치는 폐단을 역설하
는 무신론자들에게는 종교의 핵이 되는 '신에 대한 믿음
은 필요한가?'라는 질문은 불필요하다. 예를 들면 『만들어
진 신』의 저자 리처드 도킨슨은 신을 인간에 의해 만들어
진 존재로 보고 신의 존재하지 않음을 과학적 논증을 통
해 증명하고자 하는데, 많은 사람들은 무신론자로서 그

의 과학적인 증명에 박수를 보내며 오랜 인류사회가 갈등해온 종교의 압박에서 벗어나는 듯 신선함을 느끼기도 한다. "가장 명석한 사람들, 지혜와 덕을 겸비한 사람들 중에 종교적 회의론자들이 얼마나 많은지를 알게 된다면 세상은 경악할 것이다"라는 존 스튜어트 밀의 말은 '인간이 꼭 신을 믿어야만 하는가'라는 문제를 제기하게 한다.

기독교의 소용돌이치는 변화 속에서 당시 피렌체와 바티칸 교황청을 오가며 고객들의 주문을 받아 작품을 제작하던 예술가 미켈란젤로의 신에 대한 믿음은 어떠했을까? 오직 하나님에 대한 믿음으로 말미암아 의롭게 된다는 개신교의 '칭의 교리'가 등장하기 전 조각가 미켈란젤로는 당시 유럽인들처럼 가톨릭교인으로서 신에 대한 믿음을 갖고 있었다. 피렌체가 공화국의 영광을 위해 주문한 다비드상은 가톨릭교인으로서 그의 신에 대한 믿음을 감동적으로 표현해내고 있다. 앞에서 본 것처럼 15세기 초기 르네상스시기 다비드상의 형식은 베들레헴의 목동인 다윗이 블레셋의 적장 거인 골리앗에게 물매로 조약돌을 던져 그를 쓰러트린 후 그의 칼을 뽑아 목을 벤 후 머리를 발로 밟고 서 있는 것이 일반적인 모습이었다.

그러나 미켈란젤로는 다비드상을 15세기 도나텔로의 청동상과 달리 대리석 소재를 사용해 거대한 스케일과 전성기 르네상스양식의 특징인 완결된 힘과 조화를 통해 신에 대한 믿음을 조각적으로 표현해내고 있다. 그 앞에 선 관객은 거대한 스케일에 압도당하고 영웅적인 다비드의 모습에서 초인적인 힘과 에너지를 느끼게 된다. 조각가로서 미켈란젤로는 한 인간의 하나님에 대한 믿음을 그리고 피렌체공화국의 영광 위에 내리는 하나님의 영광을 그의 다비드상을 통해 표현해내고자 한 것이다. 다비드의 웅장하고 결연한 자세에서 '하나님이 함께하신다'는 믿음에서 오는 다윗의 승리와 함께 미켈란젤로 자신이 이룩한 조각의 승리를 확인할 수 있다. 이처럼 회화와 달리 우상숭배 염려로 중세 천년 동안 제작이 금지되었던 환조 조각이 16세기의 천재적인 조각가 미켈란젤로에 의해 하나님을 재현하고 자신의 신에 대한 믿음과 예술혼을 전달하는 데 가장 강력한 도구가 되었다는 사실은 매우 의미심장하다.

미켈란젤로에게 묻고 싶은 질문과 답 **18**

창조는
파괴를 통해
탄생하는가
?

미켈란젤로의 미학,
'완벽에서 파괴로'

미켈란젤로의 미학, '완벽에서 파괴로'[15)

—고종희

완벽을 향해 나아가다

미켈란젤로의 초기 걸작으로 꼽히는 〈피에타〉[그림1]는 그의 나이 25세 이전인 1498~99년에 제작했으며, 프랑스의 추기경이자 교황 알렉산드로 6세의 프랑스 교황대사였던 장 드 빌레르가 주문한 것이다. 처음에는 주문자의 묘가 있던 로마의 성 페트로닐라 성당에 설치되었는데 오늘날의 베드로 성당으로 옮겨진 것은 1626년이다. 이 작품은 미켈란젤로가 서명한 유일한 작품으로 성모의 가슴 띠 안에 작가의 이름을 다음과 같이 새겼다.

MICHEL.ANGELUS.BONAROTUS.FLORENT
FACIBIEBAT

[그림1] 미켈란젤로, 〈피에타〉, 바티칸 성베드로 성당

　'피렌체 출신의 미켈란젤로 부오나로티 제작'이라는 뜻
이다.[16] 피에타란 '불쌍히 여기다'라는 의미가 있으나 미
술작품에서는 성모마리아가 죽은 예수를 안고 있는 것을
가리킨다. 제작 직후 이 작품에서 성모마리아의 얼굴이
너무 젊다는 논란이 있었으나 이에 대해 미켈란젤로는 다
음과 같이 설명했다.

순결한 여인은 그렇지 않은 여인보다 훨씬 더 젊음을 유지한다. 단 한 번도 육욕에 빠진 일이 없는 여인이라면 몸의 변화도 없다. 이 같은 신선한 젊음을 유지하게 된 것은 신이 마리아의 순결과 영원성을 증명하기 위해 내린 은총이다. (…) 그러니 아들은 그 나이에 맞게 만들고 어머니를 나이보다 젊게 만들었다고 해서 놀랄 필요는 없다. (콘디비, 55)

'피에타'는 14세기 고딕 시대에 독일 등의 알프스 이북에서 선호된 주제로 이탈리아에서는 이 주제로 작품이 거의 제작되지 않았다. 작품의 주문자가 프랑스 추기경이었다는 것은 작품의 주제에서 이 같은 북유럽의 정서를 반영했다는 의미가 있다. 이는 또한 미켈란젤로가 직접 보고 참고해야 할 샘플이 이탈리아에서는 거의 부재했음을 의미한다. 아무리 위대한 예술가라 하더라도 선례 없는 구상構想은 쉽지 않다. 그렇다면 미켈란젤로는 〈피에타〉를 제작하기 위해 어떤 작품을 참고했을까?

이탈리아에는 '마에스타Maestà'라고 불리는 도상이 오랜 전통으로 내려오고 있었다. 마에스타는 장엄이란 뜻으로 미술에서는 성모자가 옥좌에 앉아서 천사들에 둘러싸여 있는 도상을 가리킨다. 청년 미켈란젤로는 피에타를 의뢰받고 마사초의 마에스타 〈성모자〉상[그림2]을 떠올렸을

가능성이 있다. 마사초
의 이 작품은 회화임에
도 불구하고 중량감, 볼
륨 등 입체감이 강조되
었고 빛의 효과가 극대
화되는 등 미켈란젤로
가 좋아하는 요소들을
두루 갖추었다.

　두 작품을 비교해보
면 성모마리아의 두건
부터 부드럽게 연결된
망토, 튀어나온 무릎이
주는 입체감, 빛의 효과,
고개를 약간 숙인 자세
[그림3], 인물 표정의 엄

[그림2] 마사초, 〈성모자〉상, 런던 내셔널갤러리

숙함 등에서 유사성이 발견된다. 예수가 성인 남성이다
보니 미켈란젤로는 마리아의 신체 중 예수를 받치고 있는
양 다리를 마사초의 그림보다 넓게 벌려서 공간을 확보했
고, 죽은 예수를 성모마리아에 비해 작게 만들었다. 더구
나 마사초의 성모자상은 성모마리아를 대단히 육중하
게 그렸으니 아기예수만 죽은 그리스도의 몸으로 바꾸

[그림3] 마사초의 〈성모자〉상과 미켈란젤로의 〈피에타〉상 비교

면 〈피에타〉가 된다. 미켈란젤로가 마리아의 얼굴을 북유
럽의 피에타상처럼 고통스럽게 일그러진 얼굴이 아니라
'마에스타', 즉 신의 어머니로서의 장엄함을 잃지 않은 모
습으로 표현한 것은 이 같은 추측을 뒷받침해준다.

　〈피에타〉는 미켈란젤로의 젊은 시절 대표작이다. 피라
미드 구도는 그가 아직 레오나르도 다빈치나 베로키오
와 같은 15세기 선배 작가들의 영향권에 있음을 보여준
다. 또한 옷주름을 비롯한 돌을 다룬 솜씨는 완벽 그 이상
이지만 초기 르네상스 피렌체 미술에서 크게 벗어나 있지

않다. 〈피에타〉는 한편으로는 콰트로첸토로 명명되는 초기 르네상스미술의 완성이요, 피에타라는 익숙지 않은 도상을 이탈리아 르네상스 미술계에 선보인 새로운 시도였다. 〈피에타〉의 축 늘어진 그리스도상은 이후 라파엘로, 폰토르모, 브론지노와 같은 동시대 작가는 물론 바로크 시대의 카라바조, 신고전주의 시대의 자크 루이 다비드를 비롯한 후대 작가들을 통해 거듭 모방되었다.

'완벽에서 파괴로' 혁신하다

1. 시스티나 천장화와 매너리즘

미켈란젤로의 시스티나 천장화는 매너리즘을 탄생시켰다. 일반적으로 매너리즘의 사전적 의미는 "일정한 기법이나 형식 따위가 습관적으로 되풀이되어 독창성과 신선한 맛을 잃는 일, 또는 그러한 경향"이라고 설명되어 있다. 사전의 해석대로라면 이 말에는 부정적 의미가 내포되어 있다. 하지만 매너리즘이 처음부터 부정적 의미를 가졌던 것은 아니며 매너리즘은 미켈란젤로의 신봉자였던 폰토르모가 시스티나 천장화에서 이룬 미켈란젤로의 혁신을 바탕으로 새로운 개념의 미술을 탄생시킨 것에서 시작되었다.

나는 매너리즘의 탄생을 아방가르드적 관점에서 연구한 적이 있는데, 논문을 집필했던 2000년 당시에는 이를 폰토르모가 미켈란젤로와 라파엘로로 대표되는 전성기 르네상스 미술가들에게 도전한 혁신적이며 독창적인 양식으로 해석했었다.[17] 그리고 15년이 흐른 지금 미켈란젤로를 연구하면서 폰토르모의 혁신성에는 변함이 없으나 그 원천적 아이디어가 미켈란젤로의 시스티나 천장화에서 나왔고 그것을 토대로 폰토르모가 매너리즘 양식을 만들어냈음을 알게 되었다. 매너리즘은 당대에는 꽃을 피우지 못하다가 5세기가 지난 20세기 초 초현실주의 비평가들과 미술가들에게서 그 가치를 인정받게 되었다.

　폰토르모의 작품들은 르네상스 고전주의에서 벗어나 실험적이고 개혁적인 방식으로 표현되었다. 그 방법은 색채와 형태, 공간구성을 통해 실현되었는데 가장 중요한 것은 원근법적 공간의 탈피라고 할 수 있다. 이는 당시 미술계에서는 대단히 파격적인 화풍이라 할 수 있는 것으로 그 시작은 미켈란젤로의 시스티나 천장화에서 찾아야 할 것이다.

　폰토르모의 〈이집트에서의 요셉〉(1517~1518)[그림4]은 매너리즘의 탄생을 알린 작품이다. 폰토르모가 24세에 제작한 것으로 살비 보르게니라는 사람이 자신의 신혼방을

[그림4] 폰토르모, 〈이집트에서의 요셉〉, 런던 내셔널갤러리

장식하기 위해 의뢰한 작품 중의 하나다. 주인공 요셉은
구약성경에 나오는 야고보의 아들로서 보라색 망토를 입
고 있는데 이 그림에서 여러 차례 등장한다. 요셉은 그를
시샘하는 형들에 의해 구덩이에 묻혔다가 지나가는 미디
안 상인에게 발견되어 이스마엘 사람들에게 팔렸고, 그들
은 요셉을 이집트로 데리고 가서 파라오의 경호대장 보디
발에게 다시 팔았다. 우여곡절 끝에 요셉은 이집트 파라
오의 꿈을 해몽한 공로로 이집트 최고의 통치자가 된다.
그 꿈은 이집트에 7년의 풍년과 7년의 흉년이 올 것을 풀이한 것이었다. 과연 꿈 풀이대로 되어서 흉년이 오자 온 세계 사람들이 이집트로 몰려들어 곡식을 구했고, 요셉의 아버지 야고보도 마찬가지여서 자식들을 이집트로 보내 곡식을 구해오게 했다. 그리하여 요셉의 열 명의 형이 곡식을 사러 이집트에 오게 되었을 때 요셉은 곡식을 파는 총책임자였다.[18]

그림 왼쪽 장면은 요셉이 이집트의 파라오에게 자신의 형제들을 소개하는 모습이고, 화면 오른쪽은 요셉이 기근이 들었을 때 곡식을 이집트 백성들에게 나누어주는 장면이다. 화면 전경과 후경을 계단이 이어주고 있는데 요셉은 이 계단을 두 아들과 함께 오르는 모습으로 또 한 번 등장한다. 화면 상단 오른쪽은 요셉의 부친 야고보의 임종장면이다.

여기서 폰토르모는 르네상스회화의 규범을 깨고 있다. 공간은 더 이상 원근법에 의해 수학적으로 그려지지 않았다. 중앙에 있는 인물들은 오른쪽 인물들에 비해 근경임에도 불구하고 너무 작게 그려졌는가 하면 인물들의 크기는 원근법에서 벗어나고 있다. 원근법의 소실점도 찾아볼 수 없다. 한 그림 안에 여러 장면이 그려진 것은 중세시대에 흔히 있었던 기법이다.

이 그림을 주목하게 만드는 또 하나의 요소는 마치 살

아 있는 듯이 느껴지는 조각상들이다. 이들 조각상은 이 그림을 비현실적으로 보이게 하는 데 톡톡한 몫을 하고 있다. 폰토르모의 살아 있는 듯한 조각상의 출처는 어디일까? 바로 시스티나 천장화에 등장하는 수많은 나체상들이다. 시스티나 천장화의 인물들은 비록 그림이지만 마치 조각을 그림으로 그려놓은 것처럼 보인다. 이 점을 폰토르모가 놓치지 않고 자신의 작품에서 살아 움직이는 듯한 조각으로 그려서 완전히 새로운 느낌을 주었고, 4세기 후 조르조 데 키리코는 자신의 작품 속에 살아 있는 듯한 조각상들을 본격적으로 등장시킴으로써 초현실주의 운동의 단초를 제공했다. 작가들은 작품을 탄생시킬 때 다른 작가의 작품에서 특정 요소를 모방하곤 하는데 폰토르모와 키리코에게는 미켈란젤로의 천장화에 그림으로 그려진 조각상들이 그것이었다. 미켈란젤로, 폰토르모, 키리코로 연결의 끈이 이어진 것이다. 이것이 단순한 추측이 아님을 다음 작품에서 알 수 있다.

폰토르모의 〈방문〉(1528~29)[그림5]은 마리아가 엘리사벳을 방문하는 루카복음의 장면을 그린 것이다. 클로즈업된 네 사람이 보이는데 앞뒤 인물들은 동일인들로 앞쪽의 두 사람은 측면으로, 뒤쪽 두 사람은 정면으로 그려졌다. 같은 사람들을 같은 비례로 각도만 바꿔서 두 번씩 그린

[그림5] 폰토르모, 〈방문〉, 카르미냐노 성 미카엘 성당

것은 이전에는 결코 볼 수 없었던 방식으로 이 역시 르네 상스의 합리적인 사고에서 벗어난 초현실적 발상이다. 화면의 대부분을 차지하고 있는 이들 네 인물상 뒤쪽에 작게 그려진 건축물과 그 아래 아주 더 작은 인물들이 보인다. 이 그림에서 건물들과 인물의 비례는 서로 맞지 않아 비현실적인 느낌을 준다. 바로 키리코가 즐겨 사용한 방식이다.

나는 이 방식 역시 미켈란젤로의 천장화에서 그 뿌리를 찾고자 한다. 천장화를 보면 각 인물들은 건축물의 틀 안에 배치되어 있는데 그 크기가 각기 다르다. 원근법을 따르지 않은 것이다. 이를테면 어느 한 지점에서 천장을 바라보면 같은 거리임에도 예언자는 거대하게 그려졌고, 그 앞의 그리스도 조상들은 원근법에 따른다면 더 크게 그려져야 함에도 불구하고 작게 그려졌으며, 두 명이 한 조를 이룬 예언자 뒤편의 아기 조각상들과 나체 인물상들도 각기 다른 크기로 그려졌음을 알 수 있다. 미켈란젤로는 원근법을 버렸고, 폰토르모는 바로 이 점에 주목해 자신의 작품에서 새로운 공간개념을 선보인 것이며, 그것이 추상 미술이 시작된 20세기 초 키리코에 의해 초현실적 공간 구성으로 재탄생하게 된 것이다.

2. 색채 혁명

시스티나 천장화의 색채는 복원작업 이후 새롭게 드러났다. 미켈란젤로는 작업 초기에는 전통적인 색채로 채색했지만 점차 이전 화가들이 사용한 적이 없는 선홍, 보라, 오렌지, 샛노랑, 올리브그린 등 밝고 추상적인 파스텔 톤, 혹은 강렬한 원색과 이들 사이의 혼합색을 탄생시켰다. 그것은 자연의 색이 아니라 추상적이고 인위적인 색상으로서 이전에는 예를 찾아볼 수 없는 색상들이다.

시스티나 천장화가 1990년대에 복원되기 전까지 그 형태의 완벽함은 누구나 인정했지만 색채는 주목받지 못했었다. 500년 이상 쌓인 먼지와 그을음이 천장화를 시커멓게 덮었으니 원색을 볼 수가 없었던 것이다. 하지만 복원을 통해 그을음과 묵은 때를 깨끗이 씻어내니 미켈란젤로가 예전에는 볼 수 없었던 새로운 개념의 색채를 탄생시켰음이 드러났다. 미켈란젤로는 색채에서도 혁신가였던 것이다.[19]

미켈란젤로는 여기서 자연의 색을 재현한 것이 아니라 작가의 머릿속에 있는 추상적이고 환상적이며 불타는 듯한 색채를 탄생시켰다. 5세기 후 고흐나 마티스가 그랬던 것처럼 머릿속으로 생각한 주관적 색채 혹은 표현주의적 색채를 구사한 것이다. 미켈란젤로가 시스티나 예배당에서 선보인 색채는 매너리즘 화가들에게 계승되었다. 특히 미켈란젤로의 애제자 폰토르모는 당대의 누구도 선보이지 않은 추상적인 색채를 사용함으로써 매너리즘의 독창성을 과시했다.

이탈리아 르네상스미술 전문가인 존 셰어먼John Shearman에 따르면 시스티나 천장화는 바닥에서 위를 바라봤을 때 그 본질을 이해할 수 있다. 즉 그 현란함에도 불구하고 천장화는 색채로 인해 형태와 움직임이 명료해진다는 것이다. 특히 오늘날의 채광은 19세기 이후 다시 만든 것이고 미켈란젤로 시대에는 자연채광이었기 때문에 미켈란젤로는 색채를 통해 형태가 더욱 뚜렷해지도록 할 필요가 있었다는 것이다.

형태와 마찬가지로 색채 역시 1차 시기와 2차 시기에서 많은 변화를 일으켰다. 1차 시기에는 단색의 조화가 주를 이루었다면, 2차 시기에 제작된 "페르시아 무녀"부터 "다니엘"에 이르기까지 시계 반대방향으로 그려진 예언자와 무녀는 색채에 비춰진 빛의 반사를 더욱 현란하게 표현했다. 그것은 이전 회화에서 볼 수 없었던 완전히 추상적인 색이다. 이를테면 예레미아와 레베카의 경우 붉은 옷이 빛을 받은 부분은 샛노랑으로 표현한다든가, 요나의 초록 옷이 빛을 받은 부분에서 회색으로 변화하고, 다니

[그림6] 미켈란젤로, 〈다니엘〉, 바티칸 시스티나 소성당

엘의 초록 옷[그림6]이 완전히 의외의 노랑으로 칠해지는 것이 그것이다. 이들 색채로 인해 인물들이 입고 있는 옷의 재질은 섬세한 실크 느낌을 만들어낸다. 또한 같은 초록이라도 "페르시아 무녀"의 경우 흰색으로, "요나"의 경우 회색으로, 그리고 "다니엘"의 경우 샛노랑으로 변화시킴으로써 자유분방한 변화를 시도하고 있다.

빛에 따른 색조의 변화는 이미 기를란다요나 페루지노, 그리고 시뇨렐리의 벽화에서도 시도되었으나 이처럼 과감하고 반자연적이며 인공적인 색채를 찾아보기란 쉽지 않다. 이전 작가들의 경우 빛의 반사 부분을 단색으로 밝게 처리했으나 미켈란젤로는 두 가지 색 이상을 사용한 경우도 많다. 중요한 것은 미켈란젤로가 이들 색채로써 형태를 강조하는 중요한 요소로 활용했다는 점이다. 오늘날에는 전기 조명을 사용하고 있으나 당시에는 촛불이나 등잔이 있기는 했지만 그 넓은 공간을 고루 밝게 비춘

다는 것은 불가능했을 것이고, 주로 자연채광에 의존했을 것이다. 그런 상황에서 미켈란젤로는 색채에 사물의 표면을 보여주는 전통적인 역할 외에도 형태를 보다 뚜렷하게 보이게 하는 조명의 기능을 부여한 것으로 보인다.

사실상 미켈란젤로의 창조적 발상은 놀라움의 연속이다. 게다가 그것이 실용적 목적으로 탄생된 것이라면 더욱 놀라지 않을 수 없다. 시스티나 천장화는 이들 색채로 인해 인물들의 입체감, 조형성, 운동감, 표정, 디테일 등이 훨씬 잘 드러나는데 이는 조각가가 아니면 고안이 어려운 발상이다. 그는 그림을 그릴 때조차도 뼛속까지 조각가였던 것이다.

3. 시스티나 천장화와 초현실주의

1907년 피카소의 〈아비뇽의 처녀〉 이후 큐비즘이 시작되었고, 1910년을 전후하여 큐비즘은 고대 그리스로마 이래 2천 년 이상 서구 회화를 지탱해온 자연의 모방이라는 개념에 종지부를 찍는 계기가 되었다. 이제 화가들은 각자 새로운 표현방식을 찾고자 열광했는데 그 같은 미술운동 중의 하나가 데 키리코의 '형이상학파'다. 그는 한 그림 내에서 다수의 소실점을 사용했는가 하면, 거리에 따른 원근법적 크기 개념을 파괴했고, 살아 있는 듯한 조각을 등장시켰으며, 지나치게 강조된 빛을 통해 비현실적인 느낌의 공간을 탄생시켰다.

"이 시기에 그는 일련의 〈이탈리아 광장들〉 연작을 제작했는데 강렬한 그림자, 서로 다른 광원의 사용, 여러 개의 서로 다른 소실점의 등장, 굴뚝, 탑, 기차, 관목, 과일 등과 함께 묘사된 기울어진 바닥 등을 통해 꿈같은 환상적 효과를 만들어냈다."[20] 키리코의 이 같은 방식은 미켈란젤로의 시스티나 소성당 천장화에도 해당된다. 시스티나 천장화의 수많은 인물상들은 하나의 광원에 의해 통일성 있게 구성되는 방식이 아니라 각기 독립적인 광원에 의해 그려졌다. 시스티나 천장화에서 미켈란젤로는 소실점 역시 복수를 사용했다. 이를테면 중앙의 천지창조와 노아 이야기를 그린 9점의 장면은 각기 다른 소실점으로 그려져 있다. 이들 중앙 장면과 주변의 예언자를 비롯한 인물군 역시 각자의 소실점을 갖고 있다. 이는 일반적으로 하나의 그림에 하나의 소실점을 사용하던 르네상스 원근법에서 벗어나는 것으로 시스티나 천장화 이후 미켈란젤로는 르네상스를 지배했던 원근법으로부터 완전히 자유로워졌다고 할 수 있다.

키리코의 작품이 가지는 파격성 중에는 크기에 대한 문제도 있다. 그의 대표작 중 하나인 〈사랑의 찬가〉(1914)[그림7는 건축물의 벽에 조각상 두상과 고무장갑이 붙어 있는데 이 두 사물은 건물 벽을 가득 메우고 있다. 이는 두 사물의 정상적 크기를 과장되게 확대한 것이다. 이와 같은 크기의 극단적 과장과 확대는 키리코에 의해 시도되었으며 이후 르네 마그리트와 같

[그림7] 데 키리코, 〈사랑의 찬가〉, 1914, 뉴욕 현대미술관

은 초현실주의 화가에게 이어졌다. 이를 본격적으로 활용한 작가는 팝아티스트 올덴버그Claes Thure Oldenburg(1929~)로서 그는 일상적 사물인 배드민턴 공, 빨래집게, 티스푼, 빗자루와 쓰레받기 등을 거대한 크기로 확대해서 광장이나 공원에 설치했다.

크기의 과장을 통해 생소하면서도 초현실적 분위기를 연출하는 방식 역시 미켈란젤로의 천장화에서 그 뿌리를 찾아볼 수 있다. 시스티나 천장화의 구도는 구획된 공간 안에 각자 독립된 크기의 인물 혹은 인물군을 그려 넣고 있다. 예수의 조상들은 예언자와 무녀들보다 더 앞쪽에 위치하고 있으나 이들보다 더 작게 그려진 것을 비롯

[그림8] 데 키리코, 〈헥토르와 안드로마케〉, 1924, 로마 국립현대미술관

해 각각의 이미지 그룹들은 각기 고유의 크기를 가짐으로써 르네상스 원근법에서 벗어나고 있다.

키리코가 미켈란젤로의 애제자였던 폰토르모의 〈방문〉을 응용한 〈헥토르와 안드로마케〉(1924)[그림8]와 그 변형작으로서 또 한 점의 〈헥토르와 안드로마케〉(1946)를 제작했다는 사실은 키리코가 미켈란젤로 회화의 비밀을 꿰뚫고 있었으며 그것을 연구했다는 증거다.

4. 미완성 조각

〈성 마태오〉상[그림9]은 1503년 모직물 조합과 피렌체 대성당의 계약에 따라 1505~06년경에 제작한 것으로 추정된다. 이 작품은 미켈란젤로 조각의 특징인 미완성 조각의 공식적인 첫 사례다. 그가 의도적으로 미완성으로 남긴 것인지 혹은 피렌체를 떠나야 하는 상황에서 어쩔 수 없이 미완의 상태로 남긴 것인지는 확실치 않지만 미켈란젤로 조각의 가장 큰 특징인 미완성 조각의 시작이라는 점에서 의미가 크다. 이후에 제작된 그의 조각들은 대부분이 다 미완성으로 남겨졌다. 피렌체의 아카데미아 미술관에 소장된 〈죄수〉 시리즈는 대표적인 미완성 작품이며 말년에 제작한 세 점의 〈피에타〉 역시 미완성이다.

그 중 마지막 작품으로 죽기 일주일 전까지 작업했다고

[그림9] 미켈란젤로, 〈성 마태오〉, 1505~06, 피렌체 아마데미아 미술관(좌)
[그림10] 미켈란젤로, 〈론다니니의 피에타〉, 1452~64, 밀라노 스포르체스코 성(우)

알려진 〈론다니니의 피에타〉[그림10]에서는 젊은 시절의 〈다
비드〉나 〈바쿠스〉에서 볼 수 있었던 에너지를 찾아볼 수
없다. 아름다움의 상징인 8등신 대신 인체는 길게 늘어져
있고 육신의 생기도 사라졌다. 성모마리아가 죽은 예수를
안고 있는 젊은 시절의 〈피에타〉는 이제 마리아가 아들에

게 엎혀 있는 형상으로 바뀌었다. 이 작품에 표현된 것은 인체의 외적 아름다움이 아닌 작가의 내면세계다. 미켈란젤로의 후기 작품들은 미술을 자연의 모방으로 보았던 르네상스미학이 완전히 막을 내리고 있음을 보여준다. 대신 미술이란 작가의 내면의 표현이라는 새로운 미학을 제시하는데 그것이야말로 시대를 초월해 미술가에게는 진리와 같은 미의 개념이다.

"진정한 아름다움은 자연이 아닌 작가의 머릿속에서 나온다"
르네상스시대에 미술이란 자연을 재현하는 것이고 그 목적은 자연의 완벽함과 아름다움bellezza을 표현하는 것이었다. 하지만 미켈란젤로에 이르러 선택selezione의 개념이 탄생한다. 예술가는 표현할 가치가 있는 것을 선택한다는 것이다. 선택의 기준에는 외적 요소뿐만 아니라 작가의 내면세계도 작용한다. "인간의 눈은 한 번도 보지 못한 것, 혹은 존재하지 않는다고 생각한 것을 그린다"는 미켈란젤로의 말은 그래서 중요하다. 이로써 예술가는 자연을 모방하지 않아도 됨은 물론 이 세상에 존재하지 않는 것이나 추한 것 혹은 인위적인 것 등 작가의 머릿속에 있는 그 모든 것을 표현할 수 있는 길이 열린 것이다.
　"그림은 머리로 그리는 것이지 손으로 그리는 것이 아

니다"라는 말은 미켈란젤로가 쓴 편지의 한 구절이다. 작품을 판단하는 것은 손이 아니라 눈이라는 주장이다. 미켈란젤로에게서 예술은 개인적인 것이지 보편적인 것이 아니었다. 이 점은 레오나르도 다빈치와도 다른 견해다. 그림을 판단하는 것은 작가의 눈, 다시 말해 머릿속 생각이라는 것이다. "진정한 아름다움은 자연에서 오는 것이 아니라 작가의 머릿속에서 나온다"는 것, 이 얼마나 명쾌한 정의인가.

그렇다고 미켈란젤로가 자연 혹은 물질의 아름다움을 부정한 것은 아니다. 다만 예술은 이전의 비례, 균형과 같은 보편적인 규범에 의해 판단되는 것이 아니라 지극히 개인적인 것임을 밝힌 것이다. 이를테면 인간을 표현할 때 〈다비드〉처럼 똑바로 세워진 상태로 인체의 아름다운 비례를 보여줄 수도 있지만 움직임과 자세, 혹은 다른 상황에 따라 비례는 얼마든지 달라질 수 있는 것이다. 미켈란젤로가 시스티나 천장화에서 보여준 과감한 단축법, 추상적 색채, 미완성 조각 등은 결국 이 같은 미학의 산물이며, 이는 20세기 현대 미술의 개념과도 일맥상통하는 것이다.

여성이란
무엇인가
?

이브와 마리아,
두 개의 여성 이미지

이브와 마리아,
두 개의 여성 이미지

—박성은

미켈란젤로가 바라는 여자는 건강하고 착한 여자

미켈란젤로는 여성을 어떻게 생각했을까? 미켈란젤로의
여성에 대한 생각은 보수적이고 기독교적이다. 일상적인
삶 속에서 생활인으로서 그가 원하는 여성은 소박하고 순
종적이었다. 미켈란젤로는 89년을 독신으로 살았다. 16세
기를 대표하던 레오나르도 다빈치, 라파엘로, 티치아노와
같은 거장들은 모두 정식으로 결혼하지 않은 독신의 삶을
산 예술가들이었다. 미켈란젤로는 살면서 르네상스시대
거장들의 모범을 따르고자 했는데, 당대에 쏟아져나온 결
혼에 대한 글들은 예술이나 학문과 같은 탁월한 일에 헌
신했던 사람들에게 결혼을 권하는 것을 마땅치 않게 생각
했다. 미켈란젤로의 친구가 쓴 소네트에서 당시 엘리트와
예술가들의 결혼에 대한 생각을 확인할 수 있다.

따져보면 볼수록 / 이 모든 권태와 고통을 헤아려보건대 / 최악은 여자를 얻는 것이네.[21]

16세기의 이와 같은 결혼에 대한 생각은 문인과 예술가 사이에 아주 널리 퍼져 있던 공공연한 생각이었다. 미켈란젤로는 독신으로 살면서 예술과 결혼한 진정한 조각가이자 화가이고 건축가이면서 시인이었다. 그러나 그는 조카가 결혼할 여성에 대해서는 현실적으로 개입을 했다. 81세라는 만년의 나이에 미켈란젤로는 조카에게 정상적인 결혼을 권장했다. 그가 결혼을 앞둔 조카에게 한 조언에서 잠시 그의 세속적인 여성관을 확인할 수 있다.

색시와 그 신랑은 적어도 나이가 10년 차이는 있어야 한다는 점을 명심하고, 마음씨만이 아니라 건강한지도 확인해야 한다. (…) 대단한 예물을 받을 생각일랑 말고, 오직 몸과 마음이 건장한지 혈통이 고상한지 바라야 할 것이다. 품행이 깨끗한지 부모가 어떤 사람인지, 이는 아주 중요한 문제야.[22]

그에게서 조카가 결혼하게 될 여성이 지녀야 할 중요한 점은 건강과 고상한 혈통과 품행이었다. 그리고 여성의

덕목으로 부지런하며 살림을 잘하고 사치와 낭비를 멀리
하는 것을 손꼽는 평범하고 보수적인 사람이 미켈란젤로
였다.

"독실한 신앙생활을 위해서 선반에 물건을 쌓아놓는 것보
다 더 중요한 것은 실과 천을 짜는 데에 부지런한 것이겠
지."
"부끄러움이 없는 여자를 찾아야 하고, 부엌일과 가사를
잘해야 할 뿐만 아니라 불필요한 사치와 미친 짓거리로 내
재산을 축내지 않는 여자라야 해."
"가문의 위신과 부는 걱정거리가 될 뿐이다. 왜냐하면 그
런 것은 지혜나 자유와는 어울리지 않기 때문이지."
"몇몇 집안에서 보는 사치와 광기가 두렵다. 네가 여자의
노예가 될지 모르니까."[23]

검소한 삶을 살던 예술가 미켈란젤로가 바라는 여자는
이처럼 건강하고 착한 여자였다. 그는 훌륭한 집안도, 부
유한 집안의 출신도 원하지 않았다. 요즈음 대한민국 사
회에서 유명인사들과 대기업 자제들의 물질을 위한 정략
결혼을 생각해보면 16세기 르네상스시대의 천재적인 예
술가 미켈란젤로가 일상에서 원하는 여성의 덕목은 순종

과 부지런함뿐이다. 오직 가사에 충실하고 순종적인 자질을 지닌 여자가 결혼생활에서 남자의 평화와 자유를 보장한다고 그는 조카에게 충고하고 있는 것이다.

원죄와 여성의 부정적 이미지

한편 예술가로서 미켈란젤로 작품에 나타나는 여성상은 이중적이다. 첫째는 기독교 교리와 중세의 도덕과 윤리관을 토대로 남성을 유혹하고 타락시키는 부정적인 여성상으로서 이브이고, 둘째는 이와 상응되는 뉴 이브New Eve로서 구원의 여성상인 성모마리아다. 이와 같은 중세시대 교회와 고위성직자들의 지시를 받아 제작된 상반된 여성상에 대해서는 중세미술 전공자인 미술사학자 헨리 크라우스가 『이브와 마리아-중세의 상반된 여성 이미지』에서 자세히 밝혀내고 있다.[24]

미켈란젤로의 긴 인생 여정에 등장하는 그와 관계된 중요한 인물들은 모두가 정치·경제·사회적으로 그리고 특히 종교적으로 15~16세기를 대표했던 위대한 남성들이었다. 소년 미켈란젤로가 천재적인 예술가로 발전할 수 있었던 것은 모두 그가 피렌체와 로마에서 청소년시절과 장년, 그리고 노년에 만난 부유하고 지적인 후원자들 덕택이었다. 14세에 조각가를 꿈꾸면서 피렌체 메디치 저택에 머물 때 미켈란젤로에게 후원을 아끼지 않았던 위대한 후원자 로렌초 데 메디치는 그가 어린 시절 처음 만난 아버지 같은 남성이었다. 또한 거액의 교황청 재정을 탕진해가며 그에게 위대한 회화와 조각 그리고 건축 작품들을 주문한 결과 종교개혁을 초래한 교황 율리우스 2세와 레오 10세, 클레멘스 7세와 바오로 3세는 인문주의자 교황들이자 기독교사회의 최고 수장으로서 막강한 권력을 갖고 미켈란젤로가 천재적인 예술가의 능력을 최대한 발휘할 수 있도록 도와준 야심적인 남성들이었다.

한편 그의 영혼을 사로잡은 로마의 유서 깊은 가문 출신으로 귀족이자 미술애호가인 젊은 토마소 데 카발리에리는 평생을 독신으로 산 미켈란젤로가 동성연애자라는 꼬리표를 달게 만든 아름다운 육체와 영혼을 소유한 남성이었고, 그의 전기를 써준 열정적이고 사교적인 조르조 바사리와 성실한 제자 아스카니오 콘디비, 그리고 노년의 그가 마지막으로 의지한 성실한 하인 우르비노조차도 남성 조각가였다.

이와는 대조적으로 그의 개인적인 삶에서 90년 가까운 긴 생애를 살면서 그에게 특별한 의미를 지닌 여성은 단 세 명이었다. 늙어 죽을 때까지 그리워한, 그가 여섯 살에 세상을 떠난 어머니가 첫 번째 여성으로 죽은 엄마에 대

한 기억과 그리움은 여러 조각과 회화 작품을 통해 잘 나타나 있음을 앞에서 살펴보았다. 둘째는 그가 소년시절 피렌체에서 메디치가 저택에 살 때 만난 후원자 로렌초의 딸 콘테시나로, 그녀는 그가 홀로 짝사랑한 소녀였다. 그리고 처음으로 미켈란젤로 전기에 공식적으로 등장한 고귀한 여성으로 그가 61세 노년에 로마에서 만나 정신적인 사랑을 나누며 종교적인 동지애를 나누던 귀족이자 시인인 비토리아 콜론나가 전부였다. 그러나 콜론나에 대한 사랑의 본질은 고귀한 존재에게 향하는 애정과 같은 정신적 동지로서의 플라토닉한 사랑이었다.

연구자들에 따르면 미켈란젤로는 깊은 여성혐오증 환자misogynist였다. 그러한 미켈란젤로의 작품에 나타나는 여성상은 어떤 것일까? 결론적으로 그가 바티칸 시스티나 예배당 천장에 1508~12년 사이 제작한 〈천지창조〉(1장 [그림8] 참조)의 여섯 번째 장면으로 '낙원추방'과 같은 공간에 그려져 있는 '유혹The Temptation' 또는 '원죄The Original

Sins'[그림1]로도 불리는 도상에 나타난 여성상은 매우 부정적이다. 인류에게 남긴 최대의 문화유산으로서 관객의 영혼을 뒤흔들어놓는 〈천지창조〉에 나타나는 그의 여성 이미지는 매우 전통적이고 보수적이다. 단적으로 작품에 나타난 그의 여성상은 전통적인 중세 기독교 윤리관을 토대로 하고 있다. 따라서 어떤 점에서 그의 여성에 대한 태도가 보수적이며 중세 기독교 윤리를 따르고 있는지, 그리고 왜 서양 중세와 르네상스 미술에서 '원죄' 또는 '유혹'에 등장하는 사탄인 뱀은 여성의 머리와 가슴을 가진 뱀으로 표현되었는지[그림2], 이러한 질문과 함께 미켈란젤로가 그린 '원죄' 장면을 자세히 살펴보자.

미켈란젤로가 프레스코화로 천장을 장식하도록 의뢰받은 장소는 공적인 베드로대성당 곁에 있는 시스티나 예배당의 천장으로 그곳은 전 세계 기독교사회의 수장인 교황의 사적인 예배당이다. 미켈란젤로가 이 작품을 제작하던 16세기 초반의 유럽사회는 1500년 동안 지속되어온 신 중심의 기독교사회 풍토를 고스란히 물려받은 시기로 아직은 북유럽의 종교개혁에 의해 전통적인 로마가톨릭교회의 교리가 도전받지 않던 때였다. 따라서 서양미술은 중세교회에 의해 규정된 대부분의 사회적 규범들을 토대로 탄생한 이미지들이 커다란 변화 없이 화가들에 의해

[그림2] 그림1의 세부, '원죄'

[그림3] 〈원죄〉, 벽화, 4세기, 로마 산 피에트로와 마르첼리누스 카타콤(좌)
[그림4] 〈원죄〉, 클리페아타 석관, AD 315, 로마(우)

지켜져 내려오고 있었고, 미술가들은 인문주의자 교황들
의 지시로 전 세계 시선이 주목되는 가톨릭 중심의 로마
시내를 영광의 도시로 변화시켜가고 있었다.

　이러한 시대적 배경 속에서 미켈란젤로가 '원죄'에서
그린 뱀 이미지에 주목할 필요가 있다. 여기서 그는 핵심
모티프에 해당하는 사탄으로서 뱀을 뱀의 머리가 아닌 여
성의 머리로 표현하고 있는 것이다. 이와 같은 하이브리
드적인 모티프 즉 이종의 모티프를 섞어 표현하는 현상은
초기기독교 시대에는 나타나지 않았다. 초대기독교 미술
에 나타난 사탄의 모습은 단순한 뱀의 모습이었다. 즉 4세

[그림5] 〈원죄〉, 트뤼모 조각, 12~13세기, 파리 노트르담 대성당, 서측 파사드 오른편 문

기 고대 로마 말기 지하 카타콤 벽화[그림3]에 나타난 원
죄를 보면 선악과를 사이에 두고 무화과 나뭇잎으로 몸을
가린 채 아담과 이브가 서 있고 선악과나무를 몸으로 칭
칭 감고 있는 뱀이 그들을 향해 혀를 날름거리고 있다. 같
은 시기 나타난 2층으로 된 석관sarcophagus[그림4]의 〈원죄〉
도 마찬가지로 뱀의 모습에서 여성의 머리는 발견되지 않
는다.

　'원죄' 도상에서 여성의 머리를 가진 뱀이 처음 등장한

곳은 필자의 연구에 따르자면 13세기 중반 파리 노트르담 대성당 서쪽 정문 오른편 문 트뤼모trumeau조각에서다.[그림5] 교회 건축에서 서쪽 정문의 중앙 문은 예수그리스도에게 바쳐지며 그리스도와 최후의 심판 장면이 조각된다. 반면 오른쪽 문은 성모마리아에게 바쳐져 성모자상과 성모대관식 장면이 조각된다. 여기서 수직기둥 역할을 하는 트뤼모에 아기예수를 안고 있는 성모자상 조각이 서 있고, 성모마리아 발아래에는 원죄 장면이 조각되어 있다. 에덴동산에서 선악과를 따먹고 있는 인류의 조상 아담과 이브가 선악과나무를 사이에 두고 서 있고 선악과나무를 칭칭 감고 있는 뱀으로 변한 사탄의 모습이 보이는데, 이것은 긴 머리와 가슴을 지닌 여성의 머리로 그려지고 손은 뾰족한 발톱을 가진 살쾡이의 발바닥으로 표현되어 있다. 이처럼 유혹적인 여성의 긴 머리를 한 뱀은 한 손으로 선악과를 먹으면서 또 다른 손으로 선악과를 아담에 손에 쥐어주는 이브를 교활한 모습으로 내려다보고 있다.

이와 같은 이미지는 인류의 원죄에 대한 책임을 여성에게 돌리려는 데 있음이 분명하다. 즉 여성을 악의 근원으로 규정한 중세 신학과 교회의 태도에 대한 미술작품의 시각적 표현이다. 당시 이와 같은 도상은 여성을 억압하기 위한 교회의 통제 수단으로서 커다란 성공을 거두었고

[그림6] 야코포 델라 퀘르치아, 〈원죄〉, 1425~39, 이탈리아 볼로냐 산페트로니오 성당(좌)
[그림7] 기베르티, 〈원죄〉, 산조반니 세례당 청동문 부조, 15세기(중앙)
[그림8] 〈원죄〉, 베리 공작의 매우 호화로운 기도서, 필사본 삽화, 15세기(우)

이후 15세기에 계승되어 서양미술사의 단골 메뉴가 되었
다. 이에 16세기 남성 예술가 미켈란젤로는 이와 같은 전
통을 답습하고 있는 것에 불과하다.

여성 혐오의 이데올로기를 벗지 못한 미켈란젤로

미국의 종교사학자이자 프린스턴대학의 종교학과 교수
인 일레인 페이걸스는 1988년 『아담, 이브, 뱀: 기독교 탄
생의 비밀』[25]이란 책에서 로마제국의 국교로 재탄생한 기
독교가 성과 자유, 그리고 원죄에 대해 어떤 입장을 취했
는가 하는 문제를 다루고 있다. 그녀의 책이 다루는 이와
같은 문제들은 특히 '원죄'가 가부장적 구조의 중세사회

에서 만들어진 도상으로, 교회가 여성을 억압하는 사회적 장치로 만들었다는 우리의 주제와 직접 연결되는 것이기에 매우 흥미롭다.

우선 미켈란젤로의 '원죄'에 양식적 모델이 되어준 것으로 추정되고 있는 15세기 이탈리아 볼로냐의 산페트로니오 대성당 현관의 부조인 〈원죄〉와 피렌체의 산조반니 세례당 청동문의 〈원죄〉, 그리고 프랑스 콩테박물관에 소장되어 있는 랭브르형제가 그린 필사본 삽화로서 『베리공작의 매우 호화로운 기도서』 중의 〈원죄〉를 살펴보면 매우 흥미로운 현상을 찾아볼 수 있다. 일부 남성 미술사학자들은 이것을 15세기 인간중심주의 미학의 증거라고 하지만 필자의 생각으로는 여성의 머리를 한 뱀의 모습은 중세시대 교회가 여성을 억압하고 통제하는 장치로 이용되던 이미지를 계승한 것이다. 헨리 크라우스가 주장하고 있듯이 그것은 이브를 온갖 악의 근원으로, 그리고 그녀의 더러운 죄가 후세의 모든 여성에게 인계되었다고 생각한 교회 신학의 회화적 대응인 것이다.

4세기 초기기독교 미술에서 카타콤 벽화의 '원죄'에 나타난 뱀의 모습과 그로부터 1200여 년이 흘러간 뒤 16세기에 미켈란젤로가 시스티나 천장화에 그린 '원죄'를 비교해보면서 여성의 입장에서 그 이유가 무엇이었을까 깊은 생각에 빠지게 된다. 그리고 결국 에덴동산신화에 관한 이와 같은 시각적 표현은 역시 당시 인간학에서 "공동체 생활의 가부장적 구조를 강화하기 위해 이용되었다"고 하는 일레인 페이걸스의 이야기에 동의할 수밖에 없게 된다.[26]

'아담의 창조'에서 위대한 예술적 상상력으로 신 앞에 건강하고 아름다운 모습으로 길게 누워 당당하게 손끝으로 오는 하나님의 생명을 부여받는 능동적인 아담이라는 새로운 도상을 창조해낸 미켈란젤로의 예술적인 역량과 비교해볼 때, '원죄'에서 드러난 수동적이며 보수적인 그의 뱀으로 변신한 사탄에 대한 표현은 위대한 예술가 미켈란젤로도 당시 가부장적 사회에서 교회가 만들어낸 여성 혐오의 이데올로기를 벗어나지 못하고 있다는 생각에 커다란 아쉬움이 든다.

필자가 그의 '원죄'에 나타난 사탄의 도상을 역사적 고찰을 통해 비교해볼 때 사탄의 모습을 여성의 머리를 가진 뱀으로 표현하는 것은 그가 여성을 정상적인 인간존재로서 남성과 같이 보고 있지 않다는 사실을 증명해준다. 물론 미켈란젤로가 단순히 교회의 고위 성직자가 지시하는 대로 여성의 머리를 가진 뱀으로 사탄을 표현해낼 수도 있었을 것이다. 그러나 미켈란젤로는 주문받은 작품을 제작할 때 자신의 의지대로 주제와 도상을 이끌어갈 창조적인 능력이 있는 천재적인 예술가였다. 그가 원했다면 뱀으로 변신한 사탄의 모습을 여성의 머리를 가진 뱀으로 표현하는 일은 하지 않을 수도 있었을 것이다. 30년 이상을 로마에서 살며, 교황들이 선호하는 화가, 조각가였던 미켈란젤로가 초기기독교 미술에서 중요하게 취급되는 카타콤 벽화와 석관의 부조를 통해 자주 재현된 '원죄'에 등장하는 뱀의 이미지를 몰랐을 수는 없다. 그것은 로마가톨릭의 본산인 교황청 분위기 속에서 가부장적인 남성우월주의 사회 속에 살던 여성 혐오자로서 미켈란젤로의 손쉬운 선택이었을 뿐이다.

이처럼 타락한 이브와 신학적으로 대비를 이루는 것이 이브의 죄를 보상하는 깨끗하고 고상한 성모마리아다. 즉 인류를 타락시킨 원죄를 안겨준 구이브에 대한 부정적인 이미지 반대편에 새로운 이브로서 인류를 구원하기 위해 오신 예수그리스도의 어머니로서 긍정적인 성모마리아 도상이 있다. 성서와 초기기독교 미술에서 별로 표현되지 않던 성모마리아 이미지는 12세기 프랑스의 성 베르나르에 의해 신장된 마리아 숭배사상으로 기독교신학과 함께 서양미술사에서 새로운 전기를 맞게 된다. 이와 같은 새로운 이브New Eve로서 마리아 숭배사상은 인류에게 죄를 안겨준 구이브Old Eve와 대립되는 개념으로 구원의 상징과 연결되어 전 유럽으로 퍼져나갔다.

로마가톨릭교회는 미술을 통해 구원의 뉴 이브로서 마리아 모티프를 성모자상과 최후의 심판 날 '중재자' 역할을 하는 데이시스, 그리고 피에타 도상을 통해 적극적으로 장려했다. 당시 미켈란젤로에게 위대한 조각가의 명성을 안겨준 신플라톤주의 경향의 '피에타'에 등장하는 성모상은 이와 같은 순결한 여성상의 대표적인 이미지에 해당한다. 이처럼 미켈란젤로의 이중적 여성관은 그의 여성혐오증을 보여주는 '원죄'를 통해 드러나는 한편, 순결하고 이상적인 여성상은 〈피에타〉나 〈성모자〉상에서 잘 드러나고 있다. 그러나 이 시대 "여성상의 원형으로서 이브와 마리아의 이미지는 모두 같은 정도로 극단적이고 비인간적이며 현실적인 여성에게는 규범이 될 수 없을 뿐더러 가까이할 수도 없는 존재"임을 크라우스는 옳게 설명하고 있다. 미켈란젤로가 '원죄'에서 사탄을 뱀의 몸통에 여성의 머리를 갖고 있는 존재로 표현한 것은 미켈란젤로 개인의 여성혐오증뿐만 아니라 남성 위주의 가부장적인 중세 기독교사회에서 남성들의 여성에 대한 인식이 어떠했는지를 보여주는 의미 깊은 지표에 해당한다고 할 수 있다.

주석

서문

1) 미켈란젤로는 조각을 "대리석에서 인체를 해방시키는 것"이라고 했다. 조각은 환조free standing sculpture와 부조relief로 나뉜다. 환조는 3차원 현실공간에 놓이는 것으로 사방을 돌러볼 수 있고, 부조는 회화처럼 2차원 평면 위에 작업되므로 튀어나옴의 정도에 따라 저부조, 중부조, 고부조로 나뉜다. 고부조로 된 인체는 벽면에 등이 붙어 있어 부조지만 거의 환조와 같은 느낌을 준다.

2) 프레스코fresco기법은 회화의 한 기법으로, 예를 들면 15세기에 등장한 유화oil painting기법이 기름을 매개로 물감을 섞어 쓰는 데 비해 이 기법은 물감을 섞을 때 물을 매개로 사용한다. 회반죽으로 된 벽이 마르기 전에 붓질을 한다고 해 '신선하다'는 의미인 프레스코라는 용어가 탄생되었다. 지금으로부터 이미 3천 년 전 고대 이집트 분묘 벽화에서 프레스코기법이 사용되었다.

3) 14, 15세기 유행한 제단화는 주로 알프스 이남과 이북에서 동시에 발달했다. 기후에 따라 이탈리아에서는 주로 미루나무가, 플랑드르 지역에서는 참나무가 사용되었다. 목재를 패널로 만들고 경첩을 사용해서 연결해 제작했다. 패널 수에 따라 둘로 이어진 제단화는 딥티크diptych, 세 개의 패널로 연결되면 트립티크triptych, 네 개 이상의 여러 패널로 이어지면 폴립티크polyptych라고 부른다. 15세기 베네치아에서 천으로 된 캔버스가

등장하기 전 주로 사용되었다.

4) 서양미술사는 근세미술을 16세기 르네상스양식과 17세기 바로크양식으로
분류한다. 미술사학자들은 르네상스양식의 특징을 균형과 조화의 원리를
추구하는 고요하고 정적인 양식이라고 규정하는 반면 바로크양식은
운동감, 즉 변화의 원리를 선호하는 역동적인 양식이라고 규정한다.
따라서 르네상스양식은 구도에서 수평구도, 수직구도, 그리고 삼각구도를
선호하며 바로크양식은 대각선과 소용돌이구도를 선호한다. 이것을
철학용어로 바꾸어보면 존재론에서 '있음Being'과 '생성Becoming'에 해당될
것이다. 흥미로운 것은 이와 같은 양극을 향한 양식적 특징이 이미 고대
그리스미술에서 고전주의와 헬레니즘시기, 중세에서 로마네스크와
고딕양식, 그리고 19세기 신고전주의와 낭만주의에서도 반복되었다는
사실이다. 따라서 서양미술사가 보여주는 이와 같은 양식의 반복 현상은
마치 시계추의 운동과 같이 인간정신으로서 조형감각이 양극의 사이를
오가는 것으로 보인다.

5) * 이 책에서의 주된 참고문헌은 다음과 같다. 조르조 바사리, 이근배
역, 『이탈리아 르네상스 예술가전』 제III권, "미켈란젤로 부오나로티",
탐구당, 1986, 1328~1408쪽 ; 로맹 롤랑, 김영아 역, 『미켈란젤로 평전』,
거송미디어, 2005 ; 주교회의 성서위원회, 『성경, 한국천주교주교회의』,
2005.

* 본문에 소개된 미켈란젤로 관련 인용구는 콘디비와 바사리의
전기에서 인용했다. 서간이나 시는 로맹 롤랑의 저서에서, 성경 구절은
한국천주교주교회의 출판본에서 인용했고, 그 밖의 인용문은 본문이나
각주에서 표시했다.

* 아스카니오 콘디비의 『미켈란젤로의 생애』는 미켈란젤로 생전인
1553년에 출판된 원전을 1938년 피렌체의 Rinascimento del Libro
출판사에서 재출판한 것을 필자가 직역해 실었다. 조르조 바사리의 전기
『가장 위대한 화가, 조각가, 건축가의 생애』는 미켈란젤로 생전인 1550년에
초판이, 사망 후인 1568년에 개정 증보판이 출판되었는데, 이 책에서는
탐구당에서 출판된 한국어 번역본을 참고로 했다.

6) 반면 미켈란젤로의 직접적인 생각을 담은 편지는 로맹 롤랑의 『미켈란젤로 평전』에서 인용했다. 로맹 롤랑, 김정아 옮김, 『미켈란젤로 평전』, 거송미디어, 2005 참조.

1부

1) 이정우, 『영혼론 입문』, 살림출판사, 2003, 16쪽.

2) 중세 천년 동안 인간과 자연은 기독교미술에서 제외되었다. 하나님께 불순종한 아담의 후예로서 인간과 그를 둘러싼 환경으로서 자연은 기독교미술의 주제가 될 수 없었다. 오직 신과 예수그리스도와 성모마리아, 그리고 성인들과 순교자들만이 기독교미술의 테마가 될 수 있는 자격을 갖고 있었다. 그러나 15세기 초 피렌체에서 고대 그리스로마의 미술이 재생Renaissance되면서 인체와 자연은 다시 미술의 중심 주제가 되었다. 15세기는 인체와 자연 풍경화, 그리고 정물화의 완벽한 자연주의적 기법을 관찰하고 연구하는 탐구의 시기였다. 특히 인간의 '몸'은 예술가들에게 새로운 관심의 대상이 되었다. 조각가, 화가들은 16세기 초까지 약 천년 동안 중세미술에서 경시되던 인체를 객관적으로 재현하고자 명암법, 단축법, 원근법, 그리고 해부학을 탐구했다. 이제 2차원 평면 화면에 3차원 현실공간이 원근법에 의해 재현되었고, 명암법에 의해 사물의 양감이 표현되었다. 그리고 사실적인 인체 표현을 위해 단축법과 해부학이 적용되었다. 15세기 사실주의 회화의 문을 연 피렌체의 화가 마사초에 의해 인체표현에서 고대미술 이후 처음으로 길게 늘어진 그림자가 등장하게 되었다. 회화에 나타난 인체는 더 이상 중세시대의 주관적인 비례와 변형된 표현주의적인 형태가 아닌 객관적인 비례로 재현되었다.

3) 기원전 5세기경 고대 그리스 고전기에 완성된 인체 자세다. 이와 같은 자세는 당시를 대표하던 조각가 폴리클레이토스가 7등신의 〈창을 든 사나이Doryphoros〉라는 운동자상에서 창조해낸 것이다. 혁신적이며 독창적인 콘트라포스토 자세는 중심축에서 인체의 힘을 한편으로 이동시켜 무릎을 구부리어 쉬고 있는 자연스러운 자세인데, 당시 이집트의 정면성 법칙의 영향을 받아 부동자세 조각을 하던 그리스 조각은 이후

410

서양 인체조각사에 커다란 영향을 끼쳤다. 이와 같은 콘트라포스토 자세는 인간의 육체를 부정하던 중세 천년을 지나 15세기 초기르네상스기에 부활해 16세기 미켈란젤로에 의해 그 정점에 도달하게 되었다. 그리고 이와 같은 전통은 20세기 초 추상조각이 등장하기 전 19세기까지 서양조각사에 거대한 흐름이 된다.

4) 정면성의 법칙law of frontality은 고대 이집트 초상조각에 나타나는 일반적 특성이다. 이집트 파라오의 권위와 영원성을 표현하기 위해 두 눈을 크게 뜨고 정면을 응시하며 두 팔을 동체에 붙이고 두 다리를 붙여 곧게 서 있는 부동의 조각양식을 일컫는다. 그러나 한 발은 앞으로 내밀어 생명감을 표현하고 있다.

5) 의상조사 법성게 참조.

6) 김명용, 『칼 바르트의 신학』, 이레서원, 2011, 218~219쪽 참조. "성 아우구스티누스는 육욕을 죄의 근원으로 보았기에 인간의 육체를 결코 하나님의 형상으로 볼 수 없었다. 그러나 사도 바울에 따르면 인간의 몸은 하나님이 거하시는 성전이다. 인간의 모든 악의 근원은 육체가 아니라 영혼이다."

7) 모자이크기법은 고대 그리스와 로마제국 시대에 등장해 중세 기독교미술에서 발전한 회화기법의 하나다. 로마미술에서는 주로 흑백으로 된 자갈을 이용해 바닥 장식용으로 사용한 데 비해 중세 기독교에서는 성스러운 성인들의 모습을 밟을 수 없으므로 바닥이 아닌 벽이나 천장에 장식했다. 교회를 장식하기 위해 채색된 자갈 특히 깨진 유리를 사용해 빛의 굴절을 이용, 빛으로 가득한 성당 내부의 신비한 효과를 추구했다.

8) Francesco Papafava, *Vatican*, Edizioni Musei Vaticani, 149쪽 참조.

9) 로맹 롤랑, 이정림 역, 『미켈란젤로의 생애』, 범우사, 2013, 92쪽.

10) 같은 책, 93쪽.

11) 조반니 파피니, 정진국 역, 『미켈란젤로 부오나로티 1』, 글항아리, 2008, 310쪽.

12) 조르조 바사리, 이근배 역, 『이탈리아 르네상스 미술가전』(Giorgio Vasari, *Le*

Vite de´più Eccellenti Architetti, Pittori e Scultori, Giunti, Firenze, 1568), 탐구당, 1987, 1377쪽.

13) 앤소니 휴스, 남경태 역,『미켈란젤로』, 한길아트, 2003(1997), 314쪽.

14) P. 아리에스, 유선자 역,『죽음 앞에 선 인간(상)』, 동문선, 2006(1983), 39쪽.

15) 같은 책, 101쪽.

16) 바니타스는 라틴어로 '헛되다'는 의미로 중세 기독교시대 메멘토모리memento mori 즉 '죽음을 기억하라'를 핵심 메시지로 이용하면서 서양미술사에 등장했다. 특히 덧없는 인생과 물질의 헛됨을 경고하는 메시지를 전달하기 위해 사용된 정물화에는 해골, 시계, 물방울, 시들어버린 꽃, 벌레 먹은 과일을 등장시켜 우주만물은 고정된 실체가 없으며 모두 변해 소멸되어버린다는 존재론적인 메시지를 전달한다. 17세기 바로크시대에 꽃정물화, 과일정물화로 대유행했다.

17)「마태오」 25:31~46.

18) 단테 알리기에리, 김운찬 역,『신곡』, 열린책들, 2009, 25쪽.

19) 앤소니 휴스,『미켈란젤로』, 249~250쪽.

20) 루이스 벌코프, 권수경·이상원 역,『벌코프 조직신학』, 크리스천다이제스트, 2015(2001), 444~450쪽 참조.

21) 성경전서 개역한글판, 대한성서공회, 2006, 2쪽.

22) 같은 책, 3쪽.

23) 루이스 벌코프,『벌코프 조직신학』, 438쪽.

24) 엘리스 K. 터너, 이찬수 역,『지옥의 역사』, 도서출판 동연, 1998(1993), 25~26쪽 참조.

25) 박성은,『최후의 심판 도상 연구』, 다빈치, 2010, 8~9쪽 참조.

26) 단테 알리기에리, 한형곤 역,『신곡』, 서해문집, 2007, 185쪽.

27) 탈 벤 샤하르 강의(왕엔밍 엮음/김정자 역),『행복이란 무엇인가』, 느낌이있는책, 2014, 36쪽.

28) 제오르자 일레츠코,『I, Michelangelo : 미켈란젤로가 말하는 미켈란젤로의 삶과 예술』, 예경, 2012, 6쪽.

29) 조반니 파피니,『미켈란젤로 부오나로티 1』, 61쪽.

2부

1) 조르조 바사리, 『이탈리아 르네상스 미술가전』, 1328쪽.

2) 조반니 파피니, 『미켈란젤로 부오나로티 1』, 57쪽.

3) 조르조 바사리, 『이탈리아 르네상스 미술가전』, 1330~1331쪽 참조.

4) 제오르자 일레츠코, 『I, Michelangelo : 미켈란젤로가 말하는 미켈란젤로의 삶과 예술』, 28쪽.

5) 같은 책, 26쪽.

6) 조반니 파피니, 『미켈란젤로 부오나로티 1』, 280쪽.

7) 같은 책, 281쪽.

8) 같은 책, 같은 곳.

9) 제오르자 일레츠코, 『I, Michelangelo : 미켈란젤로가 말하는 미켈란젤로의 삶과 예술』, 2쪽.

10) 율리우스 2세에 대한 소개는 고종희, "라파엘로의 바티칸 스탄차에 나타난 교황 이미지와 정치적 의도", 『서양미술사학회 논문집』 제43집, 193~194쪽, 서양미술사학회, 2015 참조.

11) 율리우스 2세는 미켈란젤로 외에도 건축가 브라만테를 시켜 바티칸의 성 베드로 성당을 재건축하게 했고, 라파엘로에게는 교황청에 '라파엘로의 방Stanza di Raffaello'이라고 불리는 4개의 홀에 벽화와 천장화를 주문해 르네상스 최고의 걸작을 남기게 했다.

12) 호데게트리아는 비잔틴 미술에서 유래된 성모상 유형으로 '길'을 의미하는 희랍어 호도스hodos에서 유래한 용어다. 여기서 호도스는 길의 인도자이신 아기예수를 상징하며 성모가 왼손으로 아기예수를 무릎 위에 안고 아기예수가 그 '길의 인도자'이심을 오른손 손가락으로 가리키고 있다. 형식적으로는 권좌에 앉은 성모와 아기예수가 부동 자세로 정면을 향하고 있어 위엄에 찬 모습을 추구하고 있는데 이는 13, 14세기 서구유럽에서 패널 제단화로 대유행했다.

13) 역시 비잔틴 미술에서 유래된 성모상의 한 유형으로 '수유하는 성모'나 아기예수가 성모의 얼굴을 손으로 잡는 등 애정을 표현하는 가정적 모습을 보인다. 그 중 바닥 방석 위에 앉아 아기예수에게 젖을 먹이는 성모의

모습 즉 '겸손의 마리아' 유형은 15세기 기독교가 세속화되어가던 시기 예술가들이 가장 즐겨 사용하던 유형이다.

14) 현존하는 가장 오래된 작품으로 15~18세 무렵 제작했다.

15) 18세 무렵 제작했다.

16) 매너리즘Mannerism은 영어의 스타일에 해당하는 이탈리아어 마니에라Maniera에서 유래했으며, 여기서 마니에라는 르네상스 거장들의 작품 스타일을 가리킨다. 매너리즘은 16세기 중후반 이탈리아에서 전 유럽으로 확산되었다. 고종희(공저), 『서양미술사전』, 미진사, 2015, 259쪽.

3부

1) 카노사는 이탈리아 북부의 작은 도시로 황제 하인리히 4세가 추운 겨울 알프스 산을 넘어 교황 그레고리오 7세가 있던 카노사 성에 찾아와 맨발로 3일을 서서 파문을 사면받았다는 '카노사의 굴욕'으로 잘 알려진 마을이다.

2) '7 liberal arts'라고 부른다. 고대에 자유로운 신분을 가진 시민을 위한 기본적인 교양과목에서 나온 학예로서 문자를 기본으로 하는 문법, 변론, 논리와 수리적 학문인 기하, 산술, 음악, 천문 등 7가지 학예가 여기에 포함된다. 전한호(공저), 『서양미술사전』, 미진사, 2015, 934쪽.

3) 다빈치의 회화론은 이미 16세기부터 유럽 각지에서 출판되기 시작했다. 이 책은 총 8부, 935번으로 구성되었으며 최근판으로는 티 아르테 출판사에서 나온 보급판이 있다. Leonardo da Vince, *Trattatto della Pittura*, Milano, Tea Arte, 1995.

4) 콰트로첸토는 400이란 뜻의 이탈리아어로 미술사, 역사, 문학에서 15세기를 가리킨다. 콰트로첸토 미술은 자연에 대한 새로운 시각과 로마에서 발견된 고대 로마의 고전 조각 및 건축 모델을 통해 중세 미술에서 벗어나 새로운 미술을 탄생시킨 초기 르네상스미술을 가리킨다. 미켈란젤로는 천장화를 통해 콰트로첸토 미술에서 벗어나 전성기 르네상스 혹은 친퀘첸토Cinquecento로 불리는 전성기 르네상스미술의 시대를 열었다.

5) 이탈리아어로 '정반대의 것'이라는 뜻으로, 미술에서 '대칭적 조화'를

의미한다. 한쪽 발에 무게중심을 두고 다른 쪽 발의 무릎은 자연스럽게 약간 구부려서 전체적으로 완만한 에스S자 모양이며, 얼굴·가슴·대퇴부 등 신체 각 부위의 정면이 조금씩 틀어져 있는 자세. 출처: 네이버지식백과(http://terms.naver.com/entry.nhn?docId=1221916&cid=40942&categoryId=33048)

4부

1) 최정만, 『비교종교학 개론』, 도서출판 이레서원, 2013(2002), 42쪽.

2) 채필근, 『비교종교론』, 대한기독교서회, 1992, 45쪽 재인용.

3) 제오르자 일레츠코, 『I, Michelangelo : 미켈란젤로가 말하는 미켈란젤로의 삶과 예술』, 1쪽.

4) 같은 책, 30쪽.

5) 김상근, 『천재들의 도시 피렌체 : 피렌체를 알면 인문학이 보인다』, 21세기북스, 2013, 242쪽 ; 전광식, 『신플라톤주의의 역사』, 서광사, 2002 참조.

6) 조반니 파피니, 『미켈란젤로 부오나로티 1』, 172~173쪽.

7) 앤소니 휴스, 『미켈란젤로』, 61쪽.

8) 제오르자 일레츠코, 『I, Michelangelo : 미켈란젤로가 말하는 미켈란젤로의 삶과 예술』, 56쪽.

9) 고종희, 『명화로 읽는 성인전』, 한길사, 2013, 6쪽.

10) 「지혜서」 3장 1~9절의 부분적 인용.

11) 단테는 피렌체의 정치인으로 1300년에는 여섯 명으로 구성되는 행정 '최고위원priore'의 자리에 올랐다. 당시 피렌체 정계는 교황파와 황제파로 나뉘어 있었고 교황파는 다시 흑당과 백당으로 나뉘어 있었다. 교황파의 흑당이었던 단테는 1303년 반대당 백당의 보복으로 재산을 몰수당했고 체포될 경우 화형에 처한다는 선고까지 받았다. 이때부터 단테의 망명생활이 시작되어 이탈리아의 여러 도시들을 전전하는 신세가 되었다. 『신곡』의 집필은 바로 이 망명시기인 1307년에 시작되었다. 그는 조국 피렌체로 돌아오지 못했고, 1321년 사망했으며, 그의 무덤은 말년에 살았던

라벤나에 있다. 단테 알리기에리, 김운찬 역, 『신곡』, 610~614쪽 참조.

12) James Snyder, *Art of the Middle Ages:Painting, Sculpture, Architecture, 4th~14th Centurry*, Harry N. Abrams, Inc., New York, 1989, 9쪽.

13) 강미정, 『퍼스의 기호학과 미술사』, 이학사, 2012, 158~159쪽 참조.

14) 김은주, 「플랑드르 화가 헤라르트 다비트(1455~1523)의 〈그리스도의 세례〉 연구」, 이화여자대학교 대학원 석사학위 논문(2012), 26~27쪽 참조.

15) 이 장의 일부는 『지식의 지평』에 발표한 내용을 발전시킨 것이다. 고종희, 『지식의 지평』 17호, 2014, 179~196쪽.

16) 작가들이 자신의 작품에 서명을 하기 시작한 것은 개인적인 명성을 얻게 된 르네상스시대에 들어서다. 자신의 이름을 드러내고 타 작가의 작품과 구별하거나 표절을 막기 위해서다. 독일의 뒤러는 자신의 모든 작품에 서명을 한 것으로 유명하다.

17) 고종희, "아방가르드 미술로서의 초기 매너리즘", 서양미술사논문집, 2000.

18) 「창세기」 37~43장.

19) 미켈란젤로의 이 같은 추상적 색채는 오리비에토 대성당에 그려진 루카 시뇨렐리의 벽화와 천장화에서 일부 영향을 받은 것으로 보인다.

20) 이은기 외, 『서양미술사전』, 미진사, 2015, 130쪽.

21) 조반니 파피니, 『미켈란젤로 부오나로티 2』, 295쪽.

22) 같은 책, 297쪽.

23) 위와 같음.

24) 노르마 브루드 & 메어리 D. 개러드 편저, 호승희 역, 『페미니즘과 미술사』, 동문선, 1994, 15쪽.

25) 일레인 페이걸스, 류점식 · 장혜경 역, 『아담, 이브, 뱀: 기독교 탄생의 비밀』, 아우라, 1988, 18쪽.

26) 같은 책, 22쪽.